beck'sche reihe

W0308990

Volker Ullrichs Essays und Reportagen über Napoleon und Bismarck, über Schinderhannes, Rosa Luxemburg, den deutschen Robin Hood Karl Plättner, über die «Daily Telegraph»-Affäre oder den «Preußenschlag» vom 20. Juli 1932 sind Meisterstücke historischer Prosa. In zwei abschließenden Essays geht der renommierte Redakteur der «ZEIT» auch dem Verhältnis von Geschichtsschreibung und Öffentlichkeit nach.

Volker Ullrich ist Redakteur bei der «ZEIT» und Historiker. Bei C. H. Beck ist zuletzt von ihm erschienen: Fünf Schüsse auf Bismarck. Historische Reportagen 1789–1945 (bsr 1496).

Volker Ullrich

Das erhabene Ungeheuer

Napoleon und andere historische Reportagen

Verlag C. H. Beck

Originalausgabe

© Verlag C. H. Beck oHG, München 2008
Gesamtherstellung: Druckerei C. H. Beck, Nördlingen
Umschlagabbildung: Napoleon in Fontainebleau, 31. März 1814.
Nach Paul Delaroche. Mit freundlicher Genehmigung
des Napoleonmuseums Thurgau, Schloss & Park Arenenberg.
Umschlaggestaltung: + malsy, Willich
Printed in Germany
ISBN 978 3 406 56820 6

www.beck.de

Inhalt

Vorwort

Am 26. Mai 1789, wenige Wochen vor Beginn der Französischen Revolution, hielt Friedrich Schiller in Jena seine akademische Antrittsrede «Was heißt und zu welchem Ende studiert man Universalgeschichte?». Darin wandte er sich direkt an die Studenten: «Es ist keiner unter Ihnen allen, dem Geschichte nicht etwas wichtiges zu sagen hätte; alle noch so verschiedenen Bahnen Ihrer künftigen Bestimmung verknüpfen sich irgendwo mit derselben; aber eine Bestimmung teilen Sie alle auf gleiche Weise miteinander, diejenige welche Sie auf die Welt mitbrachten – sich als Menschen auszubilden – und zu dem Menschen eben redet die Geschichte.»

Dass die Geschichte als Bildungsmacht ein wesentlicher Teil des menschlichen Lebens ist, darüber herrscht seit den Tagen der Aufklärung Einigkeit. Aber was heißt das eigentlich: sich historisch zu bilden? Gewiss gehört dazu ein Fundus von Kenntnissen über die Entwicklung der menschlichen Zivilisation im Allgemeinen und der Geschichte der eigenen Nation im Besonderen. Doch historische Bildung erschöpft sich nicht in enzyklopädischem Wissen; viel wichtiger ist das Verständnis der Zusammenhänge, die Einsicht in Ursachen, Triebkräfte und Wirkungen. «Nicht auf das Gedächtnis allein, wie einige glauben, bezieht sich die Historie, sondern Schärfe des Verstandes fordert sie vor allem», bemerkte der frisch gebackene Berliner Geschichtsprofessor Leopold von Ranke 1836. Und, wie man hinzufügen kann, sie fordert auch Darstellungsgabe, denn eine Geschichtsschreibung, die ihr Publikum verfehlt, kann ihre bildende Funktion nicht erfüllen.

Auch wer sich nicht professionell mit Geschichte beschäftigt, tut gut daran, seine historische Bildung zu pflegen, was auch heißt: Anschluss zu halten an Ergebnisse und Debatten der Forschung. Denn es ist eine ebenso banale wie zutreffende Erfahrung, dass sich in der Gegenwart nur schwer zurechtfindet, wer sich gegenüber der Vergangenheit ignorant verhält. In diesem Sinne verstehen sich die hier versammelten Aufsätze als einen Beitrag zur historisch-politischen Bildung. Sie umgreifen Themen und Aspekte, mit denen sich der Verfasser im Laufe der letzten Jahre und Jahrzehnte immer wieder auseinandergesetzt hat.

«Am Anfang war Napoleon», so beginnt Thomas Nipperdey seine dreibändige Deutsche Geschichte von 1806 bis 1918. «Am Anfang war Bismarck», so antwortete Richard J. Evans in seiner auf drei Bände angelegten Geschichte des «Dritten Reiches». Die Parallelität verweist auf die überragende Rolle, welche die beiden historischen Gestalten für die deutsche Geschichte im 19. und 20. Jahrhundert gespielt haben. Wie sich die Bilder Napoleons und Bismarcks im Laufe der Zeiten gewandelt haben und von welchen Bedingungen und Faktoren dieser Wandel abhängig war, ist Thema des ersten Teils.

Im bewussten Kontrast dazu werden im zweiten Teil drei Rebellen und Außenseiter vorgestellt: der Räuber Schinderhannes, die revolutionäre Sozialistin Rosa Luxemburg und der mitteldeutsche Bandenführer Karl Plättner. Am Lebensweg des lange vergessenen «deutschen Robin Hood» aus der frühen Weimarer Republik lässt sich beispielhaft zeigen, wie aus einem aufgeweckten jungen Sozialdemokraten ein gefürchteter Terrorist werden konnte – ein Thema, das im Blick auf die aktuelle Debatte um die Ursachen des Terrorismus von besonderem Interesse ist.

Der dritte und der vierte Abschnitt beschäftigen sich mit Affären und Krisen des Kaiserreichs und dem Ende der Weimarer Republik. Im einen Fall geht es um die Rolle der wilhelminischen Eliten, deren katastrophales Versagen den Untergang am Ende des Ersten Weltkriegs unvermeidlich machte, im anderen Fall um das Verhalten der SPD im Angesicht der nationalsozialistischen «Machtergreifung», das wahrlich kein Ruhmesblatt in der Geschichte der Partei ist.

Der abschließende letzte Teil geht Fragen der Vermittlung von Geschichtswissenschaft und Öffentlichkeit nach. Dass, wie Schiller sagte, die Geschichte zu den Menschen redet, und deshalb auch so geschrieben werden muss, dass sie gehört werden kann, dieser Gedanke war den Historikern des 19. Jahrhunderts noch selbstverständlich, ist es aber leider in der deutschen Geschichtswissenschaft unserer Tage nicht mehr.

Wie die Reportagen zu dem Buch «Fünf Schüsse auf Bismarck» (2002) sind auch die meisten Beiträge dieses Bandes zuerst in der ZEIT und in dem neuen Magazin ZEIT-Geschichte veröffentlicht worden. Sie wurden für den Wiederabdruck überarbeitet, zum Teil erweitert und auf den neuesten Stand gebracht. Mein Dank gilt besonders Detlef Felken vom Verlag C. H. Beck, der sich wiederum des Manuskripts angenommen hat.

Hamburg, im Oktober 2007 *Volker Ullrich*

I. Napoleon und Bismark

«Wenn Vater uns jetzt sehen könnte ...»

Wie sich sich Napoleon 1804 mit grandiosem Pomp zum Kaiser der Franzosen krönte

In der Nacht vom 1. auf den 2. Dezember 1804, dem Tag, an dem Napoleon zum Kaiser gekrönt werden soll, hat es in Paris geschneit. Am Morgen hört der Schneefall auf, doch es bleibt ungewöhnlich kalt. Die Schaulustigen, die sich hinter den Absperrungen drängen, um dem Spektakel beizuwohnen, frieren erbärmlich. Um zehn Uhr macht sich die kaiserliche Karosse, gezogen von acht prächtigen Pferden, deren Köpfe weiße Federbüsche schmücken, auf den Weg von den Tuilerien nach Notre-Dame. Bevor die Prozession in die Kathedrale einzieht, wo sich über 8000 Würdenträger aus ganz Frankreich versammelt haben, wendet sich Napoleon dem älteren Bruder Joseph zu und flüstert ihm einige Worte in ihrer korsischen Muttersprache ins Ohr: «Si Babbu ci vidia!» – «Wenn Vater uns jetzt sehen könnte!»[1]

Carlo Bonaparte, das Oberhaupt des Clans, war bereits im Februar 1785 gestorben. Damals war Napoleon erst 15 Jahre alt und hatte gerade die Militärschule in Brienne hinter sich gebracht, wo er, der kleine Korse mit dem seltsamen Namen und dem fremden Akzent, oft gehänselt worden war. Doch er hatte es verstanden, sich Respekt zu verschaffen und einen Platz auf der École militaire du Champs-de-Mars in Paris zu ergattern – das Sprungbrett für eine der erstaunlichsten militärischen Karrieren, welche die Geschichte kennt.[2]

In den ersten Jahren nach Beginn der großen Französischen Revolution 1789 suchte der begabte Leutnant sein Glück noch auf seiner Heimatinsel Korsika, doch nachdem er hier gescheitert war, richtete sich sein Ehrgeiz fortan ganz auf das Fortkommen im neuen, revolutionären Frankreich. Im Dezember 1793 bewies er erstmals sein militärisches Talent, als er im Auftrag des Konvents die Engländer aus dem abtrünnigen Toulon vertrieb. Der Sturz der Jakobinerherrschaft am 9. Thermidor (27. Juli) 1794 bedeutete nur einen vorübergehenden Karriereknick, denn schon im Oktober 1795 griff das Direktorium, die neue Exekutive, auf seine Dienste zurück, als es darum ging, einen royalistischen Aufstand niederzuschlagen.

Als Belohnung erhielt Napoleon das Kommando über die italienische Armee, und diese völlig demoralisierte Truppe führte der junge Befehlshaber 1796/97 in Oberitalien von Sieg zu Sieg. Hier begründete General Bonaparte seinen Ruhm als Feldherr, von dem er noch zehrte, als er am 18./19. Brumaire (9./10. November) 1799, gerade von einer eher missglückten Ägypten-Expedition zurückgekehrt, sich mit einem Putsch an die Macht brachte.

Von der Revolution emporgetragen, machte sich Napoleon nun daran, sie zu beerben. Als Erster Konsul, dessen Amt zunächst auf zehn Jahre begrenzt, 1802 jedoch auf Lebenszeit verlängert wurde, besaß er eine Machtfülle, die der eines absoluten Monarchen bereits nahe kam. Allerdings blieb er auf plebiszitäre Zustimmung angewiesen, und um sich die zu sichern, setzte er ein bedeutendes Reformwerk in Gang: Er reorganisierte die Verwaltung, sanierte die Finanzen, förderte Handel und Industrie – und er schuf mit dem Code civil vom März 1804 ein bürgerliches Gesetzbuch, das wesentliche Errungenschaften der Revolution, etwa die Gleichheit vor dem Gesetz oder die Trennung von Staat und Kirche, festschrieb.

Freilich konnte sich der Erste Konsul seiner Herrschaft noch keineswegs sicher sein. Seine recht zahlreichen Gegner trachteten ihm nach dem Leben. Am 24. Dezember 1800 entging er nur knapp einer Bombe. Im März 1804 flog in Paris ein weiteres Mordkomplott auf. Drahtzieher war Georges Cadoudal, der Anführer der gegenrevolutionären bretonischen Chouans. Er hatte einen Kreis von Verschwörern um sich geschart, darunter auch einige Revolutionsgeneräle der ersten Stunde wie Jean-Charles Pichegru und Jean Victor Moreau, die nicht verwinden konnten, dass der Parvenu aus Korsika sie alle übertrumpft hatte. Cadoudal wurde mitsamt zwölf seiner Komplizen hingerichtet; Pichegru fand man erdrosselt in seiner Zelle auf, und Moreau wurde in die Verbannung geschickt.

Die Verschwörung kam der bonapartistischen Propaganda gerade recht, um eine Idee zu lancieren, die der Erste Konsul schon seit längerem verfolgte: nämlich in Frankreich die Erbmonarchie wieder einzuführen. «Die vielen Anschläge auf mein Leben schrecken mich nicht», erklärte Bonaparte. «Aber ich kann den quälenden Gedanken nicht loswerden, wie es heute um unser großes Volk bestellt wäre, wenn das letzte Attentat erfolgreich gewesen wäre.»[3]

Freilich musste es so aussehen, als ginge das Verlangen nach einer Rückkehr zur Monarchie vom Volke selbst aus. Eine Flut bestellter Bittschriften bereitete die Initiative der gesetzgebenden Körperschaften vor. Am 30. April 1804 schlug ein Mitglied des Tribunats, der ehemalige Jakobiner Jean-François Curée, vor, Napoleon zum Kaiser der Franzosen und die kaiserliche Würde für erblich zu erklären. Der Vorschlag stieß auf Zustimmung. Nur einer stimmte dagegen – General Lazare Carnot, der Schöpfer des revolutionären Heeres, das die Republik gegen die Truppen der europäischen Fürsten verteidigt hatte. Der Senat, ein Gremium von 60 auf Lebenszeit ernannten Männern, griff die Initiative auf und verabschiedete am 18. Mai 1804 eine neue Verfassung, deren entscheidender Passus lautete: «Die Regierung der Republik wird einem Kaiser übertragen, der den Titel Kaiser der Franzosen trägt.»[4] Ein Plebiszit sprach sich mit überwältigender Mehrheit (3 572 329 Ja- gegen 2569 Neinstimmen) für die Erblichkeit der Kaiserwürde aus. In vielen Gemeinden hatten die Bürger, wohl mit sanftem Nachdruck der örtlichen Autoritäten, geschlossen mit Ja gestimmt, und das Endresultat wurde, wie schon in früheren Fällen, nach oben aufgerundet. Von einer freien Wahl konnte keine Rede sein.

Warum kaprizierte sich Napoleon auf den Kaisertitel? Zum einen ging es ihm darum, den Abstand zur alten Monarchie zu betonen. Die Wiedereinführung des Königstitels hätte unliebsame Erinnerungen an die Bourbonen heraufbeschworen. Zum anderen wollte er gegenüber den anderen europäischen Regenten deutlich machen, dass er mit ihnen nicht von Gleich zu Gleich zu verkehren gedachte, sondern beanspruchte, die Geschicke Europas nach seinen Vorstellungen zu lenken. Das Vorbild der Cäsaren schwebte ihm vor, aber auch das Karls des Großen. Als er Anfang September 1804 der inzwischen zu Frankreich gehörenden Stadt Aachen einen Besuch abstattete, erwies er dort im Dom dem Thron des «erhabenen Vorgängers» seine Reverenz.

Die Erblichkeit der Kaiserkrone warf allerdings das Problem der Nachfolge auf. Denn die Ehe mit der sechs Jahre älteren Joséphine de Beauharnais, die Napoleon im März 1796 geheiratet hatte, war kinderlos geblieben, und es war nicht zu erwarten, dass die immerhin schon 41-Jährige ihm noch den ersehnten Erben schenken würde. Da Joseph nur Töchter besaß, der zweite Bruder Lucien zum großen Ärger Napoleons Madame Jouberthon, eine Witwe von zweifelhaftem Ruf, geheiratet hatte, bot sich an, den ältesten Sohn seines dritten Bruders Louis zu adoptieren, der aus der Verbindung mit Joséphines Tochter Hortense hervorgegangen war.

Dagegen jedoch protestierten Joseph und auch Louis, die ihre eigenen Ansprüche auf die Nachfolge anmeldeten. Der unerquickliche Zwist wurde noch dadurch verschärft, dass auch Napoleons Schwestern Elisa und Caroline sich zurückgesetzt fühlten, weil nur die Gemahlinnen von Joseph und Louis den Titel «Prinzessin» tragen durften. Enerviert vom Familienkrieg, wies Napoleon die Eifersüchtigen zurecht: «Nach Ihren Ansprüchen, meine Damen, sollte man wahrhaftig glauben, dass wir die Krone aus den Händen Seiner Majestät unseres hochseligen Vaters empfangen haben.»[5]

Was den Bonaparte-Clan, bei allem Zwist, einte, war der Hass auf «La Beauharnais». Hinter ihrem Rücken streuten sie Gerüchte über ihre angebliche Untreue, ja mehr oder weniger offen bedrängten sie den Bruder, sich von seiner Gemahlin scheiden zu lassen. Napoleon ließ sich davon wenig beeindrucken. Im September 1804 stand für ihn fest, dass er sich mit Joséphine gemeinsam krönen lassen wollte: «Wie könnte ich diese gute Frau verstoßen, nur weil ich mächtiger werde? […] Ich habe ein menschliches Herz, ich bin nicht von einer Tigerin geboren […] Ja, sie wird gekrönt werden.»[6]

Der neuen Monarchie wollte Napoleon durch eine pompöse Feier eine besondere Weihe verleihen. Wie einst bei der Krönung Karls des Großen sollte der Papst anwesend sein. Allerdings wollte sich der Kaiser der Franzosen nicht nach Rom begeben, sondern der Heilige Vater sollte in die französische Hauptstadt kommen, um den Herrscher zu salben. Anfang August 1804 erging die Einladung an Pius VII. Der war über das Ansinnen keineswegs erbaut, und lange zögerte er, ob er dem Lockruf aus Paris Folge leisten sollte. Schließlich glaubte er sich nicht entziehen zu können, zumal Napoleon mit dem Konkordat vom Juli 1801 seinen Willen zum Ausgleich mit der römischen Kurie bekundet hatte. Vielleicht, so verständigte man sich im Kardinalskollegium, könnte der Papst sein Entgegenkommen dazu nutzen, um weitere Verbesserungen für die Kirche auszuhandeln.

Gerade fünf Monate blieben den Organisatoren Zeit für die Vorbereitung der Zeremonie.[7] Wo sollte sie stattfinden? Die Könige von Frankreich waren seit 1179 in der Kathedrale zu Reims gekrönt worden; dieser Ort kam also nicht infrage. Aber auch das Pariser Marsfeld, Ort der revolutionären Feste, lehnte Napoleon ab. Hier würde er, «in alle diese Gewänder gehüllt, wie eine Kleiderpuppe aussehen», gab er zu bedenken.[8] Dahinter verbarg sich die Furcht des Emporkömmlings, zum Gespött des Publikums zu werden. Schließlich einigte man sich auf die Kathedrale Notre-Dame, die wenige Jahre zuvor noch in einen «Tempel der Vernunft» verwandelt worden war. Sie bot den Vorteil, dass der Platz für die Würdenträger reserviert und das Volk auf Distanz gehalten werden konnte. Die Straßen wurden neu gepflastert, ganze Häuser abgerissen, um Platz zu schaffen für den Krönungszug.

Zum Zeremonienmeister wurde Louis Philippe de Ségur bestellt; der Spross eines alten Adelsgeschlechts war als ehemaliger Botschafter mit der Etikette bestens vertraut. Er verfasste ein Programm, in dem der Ablauf bis ins kleinste Detail festgelegt wurde. Der Hofmaler Jean-Baptiste Isabey entwarf die Kostüme. Er ließ sich dabei von Renaissance-Gewändern inspirieren, kreierte Pluderhosen und Westen nach spanischer Mode und Hüte aus Velours. Nach seinen Zeichnungen arbeiteten die Werkstätten in ganz Paris – Schneider, Sticker, Posamentierer, Kürschner, Gürtler, Hutmacher, Schuster konnten sich vor Aufträgen kaum retten. Auch Goldschmiede und Juweliere kamen auf ihre Kosten. Es herrschte eine fieberhafte Geschäftigkeit.

Nach langem Suchen fand man das Zepter Karls des Großen und ein Schwert, das er angeblich bei der Krönung getragen hatte. Eine Krone allerdings existierte nicht mehr (die des Heiligen Römischen Reiches lag unerreichbar in Wien), und so erhielt der Goldschmied des Kaisers, Martin-Guillaume Biennais, den Auftrag, eine neue zu liefern. Er schuf, nach römischem Vorbild, einen Lorbeerkranz aus Gold, der aus 44 großen und 12 kleinen Blättern bestand. Zum neuen Emblem seiner Würde wählte Napoleon, statt der Lilie der Bourbonen, das Merowinger-Symbol der Biene.

Mit der musikalischen Gestaltung wurden der Italiener Giovanni Paisiello, den Napoleon 1802 als Kapellmeister nach Paris geholt hatte, und sein Nachfolger, der Franzose Jean-François Le Sueur, betraut. Paisiello schrieb die Krönungsmesse und das darauffolgende «Te Deum», Le Sueur den Einzugsmarsch und die übrigen Stücke. Zwei Orchester, mit je vier Chören und 300 Musikern, sollten antreten.

Napoleon plante das gigantische Schauspiel, als gelte es, eine Schlacht zu schlagen. Nichts sollte dem Zufall überlassen bleiben. Einige Wochen vor dem Ereignis befahl er Isabey, ihm Zeichnungen anzufertigen, auf denen alle Momente der Inszenierung dargestellt sein sollten. Damit brachte er den Maler, der ohnehin schon mit seiner Arbeit im Verzuge war, in allergrößte Verlegenheit. Schließlich hatte Isabey einen rettenden Einfall: Er durchstöberte die Spielwarenläden, kaufte alle Holzpuppen, die er finden konnte, bekleidete sie mit Papierkostümen und zeichnete einen Grundriss von Notre-Dame. Anhand dieses Modells konnten Napoleon und Joséphine nun ihren Auftritt proben.

Doch es gab noch einen Unsicherheitsfaktor: den Papst. Pius hatte sich erst Anfang November auf den Weg gemacht, und er ließ sich mit seinem großen Tross viel Zeit. So musste der Termin der Krönung mehrfach verschoben werden: vom 9. November, dem 5. Jahrestag des Staatsstreichs, den Napoleon ursprünglich favorisiert hatte, auf den 2. Dezember als letztmöglichen Zeitpunkt. Am 24. November begibt sich der Hof nach Fontainebleau südlich von Paris, um Pius zu empfangen, dessen Ankunft für den nächsten Tag gemeldet worden ist. Napoleon fährt ihm einige Meilen entgegen. Der mächtigste Mann Europas, gekleidet wie zur Jagd, und der

Stellvertreter Christi auf Erden – sie fallen sich in die Arme. Dann lässt Napoleon seine Kutsche vorfahren, steigt als Erster ein, und fordert den Papst auf, an seiner Seite Platz zu nehmen. Die Rollen sind damit von Anfang an klar verteilt.

Bald nach seiner Ankunft bittet Joséphine Seine Heiligkeit um eine Privataudienz und gesteht ihm, dass sie nicht kirchlich getraut sei. Für den Papst steht fest: Er wird an der Krönung nicht teilnehmen, solange das Versäumte nicht nachgeholt ist. Napoleon schäumt vor Wut, doch er muss nachgeben. Am Nachmittag des 1. Dezember wird in aller Heimlichkeit im Arbeitskabinett des Kaisers in den Tuilerien die kirchliche Trauung vollzogen. Napoleons Oheim, Kardinal Joseph Fesch, selbst hat es übernommen, dem Paar das Jawort abzunehmen. So steht der Krönung nichts mehr im Wege.

Schon früh am Morgen des 2. Dezember ist in den Tuilerien alles auf den Beinen. Napoleon steht um acht Uhr auf. Er ist bester Laune, doch das Anlegen des monströsen Kostüms – goldbestickte Strümpfe, eine weißsamtene Kniehose, Knöpfe und Schnallen mit Diamanten besetzt, die Weste von weißem, goldbesticktem Samt, der Rock von karmesinrotem Samt mit weißen Aufschlägen, ein ebenfalls karmesinroter, mit russischem Hermelin besetzter Umhang, das Barett von schwarzem Samt, mit zwei weißen Federn geschmückt – macht Schwierigkeiten; während ihn seine Diener ankleiden, stößt der Kaiser allerhand Verwünschungen aus.[9] Dann begibt er sich in die Gemächer Joséphines. Die Kaiserin hat sich noch sorgfältiger schminken und frisieren lassen als sonst. Sie trägt ein langärmeliges weißes, mit Gold und Silber besticktes Satinkleid, dessen Oberteil tief dekolletiert ist, dazu ein kostbares Diamantstirnband. Wie eine 25-Jährige sieht sie an diesem Tag aus, und ihr Gemahl lässt sich von ihrem Anblick wieder einmal bezaubern.

Noch während sich das Paar zurechtmacht, strömen die ersten Gäste in die Kathedrale. Pünktlich um neun Uhr verlässt der Papst die Tuilerien. Seine Karosse wird von vier Dragoner-Schwadronen begleitet. Ihr voran reitet auf einem Maulesel der päpstliche Kämmerer, Monsignore Speroni, ein großes Kreuz in den Händen. Der Anblick erregt die Spottlust der Zuschauer, es fallen herbe Bemerkungen: «Voilà la mule du pape, c'est elle qu'on baise!»[10]

Über eine Stunde muss Pius in der kalten Kathedrale warten, denn der Zug mit dem Paar verspätet sich. Erst gegen zwölf Uhr, als der Himmel aufreißt und sich erste Sonnenstrahlen zeigen, kündet der Donner der Kanonen seine Ankunft an. Vor dem Erzbischöflichen Palais hält der Zug. Hier legt Napoleon den Krönungsmantel an – ein mit goldenen Bienen besticktes, mit Hermelin gefüttertes Gewand, unter dessen Last er fast zusammenbricht. Auch Joséphine hat schwer an der langen Schleppe zu tragen, zumal ihre Schwägerinnen, die sich nur widerwillig als Trägerinnen haben kommandieren lassen, sich wenig Mühe geben, ihr die Bürde zu erleichtern. Einmal lassen sie sogar die Schleppe mutwillig fallen und bringen dadurch Joséphine ins Straucheln. Mit einigen schneidenden Worten ruft der Kaiser die renitente Verwandtschaft zur Raison.

Unter den Klängen des Krönungsmarsches zieht die Gesellschaft in die Kathedrale ein. Napoleon, beobachtet eine Hofdame, ist «äußerst blass, wahrhaft bewegt, der Ausdruck seiner Züge streng und ein wenig unruhig».[11] Das kaiserliche Paar nimmt vor dem Altar auf Sesseln Platz. Die Feier zieht sich über vier Stunden hin, und je länger sie dauert, desto weniger kann Napoleon ein Gähnen unterdrücken. Nach der Messe salbt der Papst das Paar auf Scheitel und Handflächen und segnet die Kronen. Dann erhebt sich Napoleon, nimmt die goldene Lorbeerkrone vom Altar und setzt sie sich aufs Haupt. Das ist mit dem Papst so verabredet, und die zuerst vom französischen Historiker Adolphe Thiers in den zwanziger Jahren des 19. Jahrhunderts aufgebrachte und seither immer wieder kolportierte Geschichte, nach der Napoleon dem Papst die Krone entrissen habe, um ihm die Schau zu stehlen, ist nichts weiter als eine Legende.

Danach kniet Joséphine vor den Altarstufen nieder, um sich von Napoleon krönen zu lassen. Die Herzogin von Abrantès, die Frau des Generals Andoche Junot, hat in ihren Erinnerungen die Szene beschrieben: «Aber als endlich der Moment kam, die Frau zu krönen, die, wie er glaubte, sein glücklicher Stern war, da fing er an, [...] ein kokettes Spiel mit ihr zu treiben. Er setzte ihr die kleine Krone [...] wie zur Probe einmal auf, nahm sie dann ab und setzte sie ihr wieder auf, als wollte er ihr auf diese Art die Versicherung geben, dass die Krone ihr leicht sein und sie niemals drücken sollte.»[12] Es ist genau dieser Augenblick, den Jacques-Louis David in seinem berühmten Gemälde «Le sacre» festgehalten hat. Freilich nahm es der Maler mit den Details nicht so genau, denn auf Geheiß Napoleons platzierte er auch Letizia Bonaparte, Madame Mère, in den Hintergrund des Bildes, obwohl diese der Zeremonie fern geblieben und stattdessen nach Rom zu ihrem Sohn Lucien gereist war, den der Kaiser wegen der angeblichen Mesalliance verstoßen hatte.

Nachdem der sakrale Akt vorüber ist, zieht sich der Papst zurück. Die Hand auf die Bibel gelegt, schwört Napoleon, «die Unversehrtheit des Staatsgebiets der Republik zu erhalten, die Gesetze des Konkordats und die Glaubensfreiheit, die Gleichheit vor dem Gesetz, die politische und bürgerliche Freiheit, die Unwiderruflichkeit des Verkaufs der Nationalgüter zu respektieren».[13] Mit dieser Eidesformel versucht er, das scheinbar Unvereinbare, das Kaisertum von Gottes Gnaden und die Ideale der Revolution, zusammenzuzwingen – ein vergebliches Unterfangen, wie sich bald herausstellen wird. Doch am 2. Dezember überwiegt noch die Genugtuung, dass das Spektakel ohne unliebsame Zwischenfälle über die Bühne gegangen ist. Am Abend speist der Imperator allein mit Joséphine, und er bittet sie, die Krone aufzubehalten, weil sie ihr so gut steht.

Glaubt man den Berichten der Agenten, so reagierte das Volk von Paris auf das zwischen Pomp und Pathos schwankende Schauspiel eher zurückhaltend. Jedenfalls hielt sich die Begeisterung in Grenzen, und dass im «Moniteur», dem offiziellen Regierungsorgan, keine Zeile über die Zeremonie erschien, spricht Bände.[14] Auch außerhalb Frankreichs gab es manche enttäuschten Reaktionen von ehemaligen Bewunderern des Revolutionsgenerals.

«Ist es nicht ein schönes Resultat», hatte Napoleon im Juli 1804 Staatsrat Miot de Mélito gefragt, «bis zu jener Höhe gelangt zu sein wie ich; sich von Königen mit ‹mein Bruder› anreden zu lassen …?»[15] Doch der Kaiser der Franzosen täuschte sich. Die europäischen Regenten fürchteten zwar den Emporkömmling auf dem Thron, solange er stark genug war, sie militärisch in Schach zu halten, doch als einen ihresgleichen akzeptierten sie ihn nie.

Weder im Innern noch nach außen hat die Einführung des Kaisertums die Stellung Napoleons befestigt. Claude Joseph Rouget de Lisle, der Schöpfer der Marseillaise, sandte Bonaparte nach der Krönung einen zornigen Brief: «Sie werden zugrunde gehen und, was schlimmer ist, Frankreich mit sich ins Verderben stürzen.»[16] Prophetische Worte.

Das erhabene Ungeheuer

Bewundert und gefürchtet, geliebt und gehasst – die Gestalt Napoleon Bonapartes hat die Deutschen immer fasziniert

Napoleon und die Deutschen – das war immer eine ganz besondere, allerdings auch etwas einseitige Beziehung. Was den korsischen General, der sich 1804 zum französischen Kaiser krönte, betrifft, lagen die Dinge ziemlich einfach: Er hatte von den Deutschen keine allzu gute Meinung. Gern spottete er über ihre Neigung zu «transzendentalen Ideen». «Von einem so braven, so vernünftigen, so kalten, so geduldigen Volke» wie den Deutschen, beruhigte er im Dezember 1811 seinen Marschall Davout im inzwischen dem französischen Herrschaftsgebiet angegliederten Hamburg, habe man gar nichts zu befürchten, am allerwenigsten irgendwelche Ausschreitungen. «Wenn eine Bewegung in Deutschland ausbrechen sollte, dann wird sie am Ende für uns und gegen die kleinen Fürsten gehen.»[1] Mochte Bonaparte hier auch irren, so wird doch deutlich, worin er den Hauptcharakterzug der Deutschen sah: in ihrer Anhänglichkeit an die Obrigkeit, gleich welcher Couleur. Noch während seiner Verbannung auf Sankt Helena bemerkte er: Wäre er als deutscher Prinz geboren und zum Herrscher über die dreißig Millionen Deutschen erwählt worden, so würde ihn dieses Volk «auch nie im Stich gelassen haben»[2] – ein recht zweifelhaftes Kompliment. Darin schwang, unüberhörbar, Kritik mit an den eigenen Landsleuten, denen der Ex-Kaiser vorhielt, ihn nach seiner bittersten Niederlage, der Schlacht bei Waterloo am 18. Mai 1815, verraten zu haben.

Wie aber dachten die Deutschen über Napoleon? Hier liegen die Dinge wesentlich komplizierter. Bereits im März 1814, als sich Napoleons Herrschaft dem Ende zuneigte, schrieb einer seiner entschiedensten Widersacher, der konservative Publizist Friedrich von

Gentz, an den österreichischen Außenminister, Klemens Fürst von Metternich: «Die Quelle aller großen Irrtümer und folglich aller großen Leiden unserer Zeit war, daß man Napoleon durchgängig entweder für einen Halbgott oder für ein Ungeheuer oder allenfalls für beides zugleich hielt. Daher ist man bis auf den heutigen Tag in Ansehung seiner in einem der beiden Extreme gewesen. Entweder sich ohne Widerstand von ihm erdrücken zu lassen oder mit nichts Geringerem als seinem Untergange zufrieden zu sein.»[3] Halbgott oder Ungeheuer – zwischen den Polen rückhaltloser Bewunderung und abgrundtiefer Verachtung hat sich das Bild, das sich die Deutschen von Napoleon machten, immer bewegt. Je nach politischer Konjunktur neigte sich das Pendel der Bewertung mal zur einen, mal zur anderen Seite. Und immer ging es dabei nicht nur um den Kaiser der Franzosen, sondern um die Deutschen selbst, um Probleme ihrer Selbstfindung als Nation. Mit anderen Worten: Wie sich die Deutschen der Figur Napoleons bemächtigten, ob sie ihn priesen oder verdammten, sagt mehr aus über ihre eigene Befindlichkeit als über den Gegenstand ihrer Betrachtung.

I. Am Anfang herrschte Bewunderung. Den jungen Revolutionsgeneral, der während des Italienfeldzuges 1796/97 von Sieg zu Sieg eilte, um danach zum kühnen Abenteuer der Ägypten-Expedition aufzubrechen, feierten deutsche Schriftsteller und Dichter in überschwänglichen Versen. «Rufet Heil dem Sieger Buonaparte», lautete die Schlusszeile eines Gedichts des Koblenzer Jakobiners Franz von Lassaulx vom Dezember 1797[4], und sein Schwager Joseph Görres, damals noch Republikaner, veröffentlichte 1798 in seiner Zeitschrift *Das rothe Blatt* eine Ode auf Napoleon, die mit der Strophe begann: «Entweich, unheiliger Pöbel! ich singe den/Lorbeer bekränzten Retter Italiens,/Fortunas Liebling, Oestreichs Schrecken,/Den schon unsterblichen Buonaparte.»[5]

Die Begeisterung galt nicht nur dem Feldherrn, dessen Erfolge ganz Europa erstaunten, sondern auch dem kommenden Politiker, der dazu bestimmt schien, das revolutionäre Chaos in Frankreich zu bändigen, ohne die Früchte der Revolution zu beseitigen. Noch vor dem Staatsstreich des 18. Brumaire 1799 beschrieb Christoph Martin Wieland in seinen «Gesprächen unter vier Augen» Napoleon als einen Mann, «wie es in jedem Jahrhundert kaum einen gibt und dessen Genius alle andern in Respekt zu halten und zu überwältigen wisse».[6] Als sich der General dann im November 1799 an die Macht putschte, herrschte im Hause der Dichter-Brüder Schlegel eitel Freude. Man bemühte sich, in Berlin eine Napoleon-Büste zu kaufen, und August Wilhelm Schlegel verfasste ein Sonett, das er dem Bewunderten zukommen ließ: «Am Abgrund schon, wo er des Endes harrte,/Der Menschen Kunst verloren war der Staat./Da nahm ihn endlich er in gute Warte,/Der Cäsar ist und Brutus: Buonaparte,/Des großen Frankenvolkes würd'ger Rat;/Zum Zeus verwandelt hat sich Mars, der harte.»[7]

Die Napoleon-Schwärmerei unter den deutschen Intellektuellen steigerte sich noch, nachdem der Erste Konsul nicht nur ein bedeutendes innenpolitisches Reformwerk in die Wege geleitet, sondern mit den Friedensschlüssen von Lunéville 1801 und Amiens 1802 dem Kontinent scheinbar eine neue Friedensperiode beschert hatte. Was Napoleon auszeichne, bemerkte Johann Wilhelm von Archenholz, einer der bekanntesten Publizisten der Zeit, sei «dieser Geist der Ordnung und des Friedens, die geräuschlose allumfassende Tätigkeit».[8] Und dieser Eindruck verstärkte sich, als Napoleon begann, die deutsche Staatenwelt mit dem Reichsdeputationshauptschluss vom Februar 1803 nach seinem Bilde zu formen. Vielen Beobachtern, nicht zuletzt den Bürgern des «dritten Deutschland», also der süddeutschen Staaten, die Hauptnutznießer der territorialen Flurbereinigung waren, erschien der Erste Konsul als die Inkarnation des Fortschritts, der endlich für frische Luft in der Rumpelkammer des Heiligen Römischen Reiches deutscher Nation sorgte.

Freilich regte sich bald auch Kritik. Derselbe Görres, der Napoleon eben noch als Beglücker der Menschheit gepriesen hatte, zeigte sich nach einem Besuch in Paris 1799 ernüchtert: «Nehmt euch in Bälde den Suetonius zur Hand, denn der neue Augustus ist fertig.»[9] 1802, als sich Bonaparte zum Konsul auf Lebenszeit erhob, warnte der Dichter Johann Wilhelm Ludwig Gleim: «Setze die Krone nicht Dir, setze dem Werk sie auf!»[10] Als sich der Erste Konsul am 2. Dezember 1804 dann tatsächlich die Kaiserkrone aufs Haupt drückte, reagierten auch andere seiner früheren Bewunderer enttäuscht: «Ist der auch nichts anderes als ein gewöhnlicher Mensch? Nun wird er auch alle Menschenrechte mit Füßen treten, nur seinem Ehrgeize frönen; er wird sich nun höher als alle anderen stellen, ein Tyrann werden!», soll Beethoven ausgerufen haben, als er in Wien die Nachricht von der Kaiserkrönung erhielt.[11] (Dass er aus diesem Grunde auf dem Widmungsblatt seiner eben fertiggestellten «Eroica» den Namen «Bonaparte» getilgt habe, ist freilich eine Legende, die unlängst plausibel widerlegt worden ist.)[12]

Doch das blieben vorerst Einzelstimmen. In weiten Kreisen der deutschen Bevölkerung, nicht nur unter den Gebildeten, überwog die Zustimmung zu Napoleon auch dann noch, als er erneut die Kriegsfurie entfesselte. Seine Schlachtensiege, etwa bei Austerlitz Anfang Dezember 1805, übten auf die Gemüter eine seltene Faszination aus. Karl Friedrich Klöden, Sohn eines preußischen Unteroffiziers und kleinen Steuereintreibers, erinnerte sich, wie in Märkisch-Friedland, einem kleinen Nest im Westpreußischen, während seiner Kindheit die Napoleon-Verehrung grassierte: «Er war nicht bloß der Held des Tages, er war der strahlende Held der Weltgeschichte; mein Vater schwärmte für ihn und hätte gern unter seinen Fahnen gefochten.»[13] Die Überzeugung, es bei Napoleon mit einer ganz außergewöhnlichen Erscheinung zu tun zu haben, deren Ausstrahlung man sich kaum entziehen könne, teilte auch der Jenaer Philosoph Georg Wilhelm Friedrich Hegel. Am 13. Oktober 1806, einen Tag vor der Doppelschlacht von Jena und Auerstedt, welche die Niederlage Preußens besiegelte, schrieb er einem Bekannten: «Den Kaiser – diese Weltseele – sah ich durch die Stadt zum Rekognoszieren hinausreiten; – es ist in der Tat eine wunderbare Empfindung, ein solches Individuum zu sehen, das hier auf einen Punkt konzentriert, auf einem Pferde sitzend, über die Welt übergreift und sie beherrscht.»[14]

Als Ende Oktober 1806 die siegreichen Regimenter, Napoleon an der Spitze, in Berlin einrückten, empfing sie, wie die «Vossische Zeitung» berichtete, «eine unermeßliche Menge Volks ... mit den lebhaftesten Freudenbezeugungen».[15] Ein französischer Hauptmann notierte in sein Tagebuch: «Die Berliner lagen in den Fenstern wie die Pariser am Tage unserer Heimkehr von Austerlitz.»[16] Einen ähnlich begeisterten Empfang bereiteten die Einwohner Erfurts dem Kaiser, als er im Oktober 1808 zum Fürstenkongress anreiste.

«Eine unermeßliche Menschenmenge füllte die Straßen, und auf dem Platz vor dem Palais, wo der Kaiser absteigen sollte, standen Tausende Kopf an Kopf», beobachtete Talleyrand, Napoleons früherer Außenminister. «Jeder wollte den Mann sehen, und so genau wie möglich sehen, der Kronen und Throne verteilte und der die Geschicke Europas, Freude und Hoffnung, Not und Elend in seiner allmächtigen Hand hielt.»[17] In den Fenstern Erfurter Bürgerhäuser waren Transparente befestigt, auf denen Huldigungsadressen zu lesen waren, wie diese: «Gäb's jetzt noch einen Göttersohn/ So wär's gewiß Napoleon.» Oder: «Handel und Wandel macht blühend das Land;/Mehr noch Napoleons Herz und Verstand.»[18]

Am Rande des Erfurter Fürstentages kam es zu einer denkwürdigen Begegnung: Napoleon empfing Goethe zu einer Audienz. «Vous êtes un homme», begrüßte der Kaiser den Weimarer Dichterfürsten – ein Ausspruch, in den viel hineingedeutet worden ist, obwohl er wohl nichts anderes besagte als: «Ihr seid ein Kerl!»[19] Napoleon unterhielt sich, während er sein Frühstück verzehrte, mit Goethe über den «Werther», den er angeblich siebenmal gelesen hatte. Wie zum Beweis dessen, bezeichnete er eine Stelle des Romans, die, wie er fand, misslungen war. Goethe fühlte sich geschmeichelt: «Ich will gerne gestehen, daß mir in meinem Leben nichts Höheres und Erfreulicheres begegnen konnte, als vor dem französichen Kaiser, und zwar auf eine solche Weise zu stehen», schrieb er an seinen Verleger Cotta.[20] Anders als die meisten seiner Zeitgenossen, die sich bald von Napoleon abwenden sollten, blieb Goethe zeitlebens ein Verehrer des großen Franzosen. «Sein Leben war das Schreiten eines Halbgottes von Schlacht zu Schlacht und von Sieg zu Sieg», äußerte er nach 1828, vier Jahre vor seinem Tod, in einem Gespräch mit Eckermann. «Von ihm könnte man sehr wohl sagen, daß er sich in dem Zustand einer fortwährenden Erleuchtung befunden, weshalb auch sein Geschick ein so glänzendes war, wie es die Welt vor ihm nicht sah und vielleicht auch nach ihm nicht sehen wird.»[21]

II. Von Sieg zu Sieg schritt Napoleon freilich nach 1808 nicht mehr; vielmehr hatte er damals, ohne es zu ahnen, den Zenit seiner Machtentfaltung bereits überschritten. In Spanien wurden seine Armeen in einen neuartigen grausamen Guerillakrieg verwickelt, den sie nicht gewinnen konnten. Zwar konnte Napoleon 1809 Österreich noch einmal besiegen, aber in der Schlacht bei Aspern hatte er zum ersten Mal eine Niederlage hinnehmen müssen. Sobald der Nimbus der Unbesiegbarkeit schwand, schlug die Stimmung um. Bewunderung verwandelte sich in Hass. In Deutschland hat ihm keiner so giftigen Ausdruck verliehen wie der Dichter Heinrich von Kleist. In seinem Drama *Die Hermannsschlacht* von 1808 inszenierte er den Kampf Hermanns, des Fürsten der Cherusker, gegen die Römer als Modell für den erhofften Befreiungskampf gegen die Franzosen. Im Frühjahr 1809 schrieb Kleist, nach dem Vorbild des spanischen Bürger-Katechismus, einen *Katechismus der Deutschen*, in dem Vater und Sohn ein Zwiegespräch führen. Auf die Frage des Vaters: «Was hältst du von Napoleon, den berühmten Kaiser der Franzosen?», antwortet der Sohn: «Für einen verabscheuungswürdigen Menschen; für den Anfang alles Bösen und das Ende alles Guten; für einen Sünder, den anzuklagen die Sprache der Menschen nicht hinreicht, und den Engeln einst, am jüngsten Tag, der Odem vergehen wird.»[22] Noch deutlicher wurde Kleist in seinem Gedicht *Germania an ihre Kinder* (1809): «Schlagt ihn tot, das Weltgericht/fragt Euch nach den Gründen nicht.»[23]

Allerdings blieb die Wirkung der antinapoleonischen Traktate 1808/09 noch beschränkt, nicht zuletzt auch deshalb, weil die Zensur ihre Verbreitung immer wieder unterband. Doch nach dem Untergang der Grande Armée in Russland 1812 wurden die deutschen Staaten von einer Flut nationalistischer Propaganda überschwemmt. «Mit Mann und Roß und Wagen/So hat sie Gott geschlagen», lauteten die Eingangsverse eines der populärsten Lieder der damaligen Zeit.[24] Der triumphalistische Tonfall sollte vergessen machen, dass die deutschen Hilfskontingente Napoleon bei seinem Feldzug willig gedient hatten. In der Lyrik der sogenannten «Befreiungskriege» von 1813 schufen sich Hass- und Rachegefühle ein ungehemmtes Ventil. «Der Wütrich ist gefallen,/Durch Gott den Herrn gefallen,/Mit seinen Henkerhorden», hetzte Ernst Moritz Arndt, einer der Urväter des deutschen Nationalismus und Antisemitismus.[25] Bereits in seinem Werk *Geist der Zeit* von 1806 hatte Arndt Napoleon als ein «erhabenes Ungeheuer» bezeichnet[26] – ein Urteil, in dem

Abscheu und Bewunderung sich noch die Waage hielten. «Ich sage nicht, daß er der verruchte Bösewicht ist, wozu ihn manche im Haß machen.»[27] In der patriotischen Zweckdichtung von 1813 hingegen erschien der Kaiser der Franzosen nur noch als ein blutrünstiges Monster, eine Geißel der Völker und Ausgeburt der Hölle. «Du menschgewordener Satan, Missetäter,/Wie selbst der Abgrund keinen sah und sieht», hieß es in der «Schand- und Schimpfode» von Johann Friedrich Schink zur Feier der Völkerschlacht von Leipzig im Oktober 1813.[28] Joseph Görres, der sich mittlerweile zu einem fanatischen Napoleon-Hasser gemausert hatte, bemerkte Anfang April 1815, als der entmachtete Kaiser aus Elba zurückgekehrt und seine Hundert-Tage-Herrschaft errichtet hatte: «Sein System ist das Element aller Nichtswürdigkeit gewesen, und er war der weitgebietende Kaiser aller Bosheit und Niedertracht auf Erden.»[29]

Wie tief die Wirkung dieser Hasspropaganda reichte, ist schwer zu beurteilen. Aber sicher ist, dass Napoleons Popularität auch unter den Deutschen seit 1807/08 spürbar gelitten hatte. Die fortwährenden Aushebungen von Rekruten, die lästigen Einquartierungen von Soldaten, die wirtschaftlichen Schäden infolge der gegen England verhängten «Kontinentalsperre» – all das hatte dazu geführt, dass die befreienden Aspekte seiner Herrschaft in den Hintergrund traten und die bedrückenden Faktoren um so stärker empfunden wurden. Gewiss, der «Befreiungskampf» von 1813 war kein Volkskrieg, wie es die antinapoleonische Legende lange glauben machen wollte, aber er war auch keine reine Angelegenheit der Monarchen und Fürsten mehr, sondern fand Unterstützung und Widerhall in allen Schichten der Bevölkerung. Vor allem in Preußen, das durch die Katastrophe von 1806 zu tiefgreifenden Reformen gezwungen worden war, wurde die Erhebung gegen Napoleon populär. In der Poesie der «Befreiungskriege» wurde sie zum nationalen Erwekkungserlebnis überhöht. «Es ist kein Krieg, von dem die Kronen wissen, es ist ein Kreuzzug, 's ist ein heil'ger Krieg» – diese pathetischen Verse des Kriegsfreiwilligen Theodor Körner spiegelten eine verbreitete Stimmung wider.[30] Nicht alle freilich stimmten in die Hassgesänge ein. Goethe, von Eckermann befragt, warum er sich nicht an der patriotischen Bewegung von 1813 beteiligt habe, entgegnete: «Liebesgedichte habe ich nur gemacht, wenn ich liebte.

Wie hätte ich nun Lieder des Hasses schreiben können ohne Hass! – Und, unter uns, ich hasste die Franzosen nicht, wiewohl ich Gott danke, daß wir sie los sind.»[31]

III. Doch schon bald nach 1815 begann sich das düstere Napoleonbild wieder aufzuhellen. Das hatte etwas zu tun mit den deutschen Zuständen nach dem Wiener Kongress von 1814/15. Die Träume der Patrioten von einem Nationalstaat hatten sich nicht erfüllt. In der Mitte des Kontinents entstand ein Deutscher Bund, ein lockerer Zusammenschluss der 34 Einzelstaaten (und vier Reichsstädte), in dem Österreich und Preußen den Ton angaben. Beide Vormächte lösten ihr Verfassungsversprechen nach 1815 nicht ein; stattdessen wurden alle liberalen und nationalen Bestrebungen im Zeichen einer monarchischen Restauration rigoros unterdrückt. Auf den Despotismus Napoleons, meinte der preußische Bildungsreformer Wilhelm von Humboldt, sei ein schlimmerer gefolgt – «der Despotismus der Stupidität».[32] Und Goethe spottete 1816: «Gott Dank! Daß uns so wohl geschah,/Der Tyrann sitzt auf Helena!/Doch ließ sich nur der eine bannen,/Wir haben jetzo hundert Tyrannen.»[33] Mit den Karlsbader Beschlüssen von 1819 wurde ein umfassendes System der Zensur und Gesinnungsschnüffelei errichtet, an dem gemessen sich die Repression während der napoleonischen Ära eher harmlos ausnahm. In der wachsenden Wertschätzung, derer sich der nach Sankt Helena verbannte Kaiser der Franzosen erfreute, drückte sich immer auch Unzufriedenheit mit den herrschenden Verhältnissen im Deutschen Bund aus.

Das galt besonders für das Rheinland, namentlich für die linksrheinischen Gebiete, die dem französischen Empire angehört hatten und nach 1815 Preußen zugeschlagen wurden. Die Rheinländer taten sich mit den neuen Herren schwer. Man erinnerte sich der Errungenschaften, welche die französische Herrschaft mit sich gebracht hatte – die Einführung des Code civil, die Abschaffung der Frondienste, die gleiche Verteilung der Abgaben, die Beseitigung der adligen Privilegien, die Öffentlichkeit der Gerichte. Bereits im Herbst 1814 kritisierte der Republikaner Andreas Georg Friedrich Rebmann, während der Franzosenzeit Richter in Mainz und Trier, die Sucht der Deutschtümler, alles zu «entnapoleonisieren».[34] Vollends nach dem Tode Napoleons 1821 begann die liberale Napoleonlegende im Rheinland kräftige Blüten zu treiben. Eine Flut von Büchern, die von seinem vermeintlichen Martyrium auf Sankt Helena Zeugnis ablegten – allen voran das achtbändige *Mémorial de Sainte Hélène* von Las Cases –, verbreitete sich von Frankreich aus über die preußischen Rheinprovinzen. Es waren gerade die Juristen, die sich im Kampf um die Erhaltung der französischen Rechtsinstitutionen auf deren Schöpfer beriefen. So schrieb der Aachener Landgerichtsdirektor Bernhard Freiherr von Fürth 1827: «Mag der gewesene Kaiser Napoleon als Welterschütterer einem Dschingiskhan, Timur oder Attila zur Seite stehen ..., als Gesetzgeber darf er aber, wenn unparteilich entschieden werden soll, immer mit den größten Männern verglichen werden!»[35] Noch 1834 brachte der Düsseldorfer Advokat Cremer eine deutsche Übersetzung des Code civil mit einem Bild des Kaisers heraus unter dem Titel: «Gesetzbuch Napoleons oder das in den Königlich-Preußischen Rhein-Provinzen geltende bürgerliche Recht».[36] Im Jahr darauf äußerte sich der preußische Justizminister Mühler besorgt darüber, dass im Rheinland «eine lebhafte Erinnerung an die napoleonische Regierung» dazu benutzt werde, «ein nachteiliges Licht auf die Anhänglichkeit der Bewohner der Rheinprovinz an Preußen zu werfen».[37]

Träger des Napoleonkultes waren vor allem die Veteranenvereine, die in allen Staaten des ehemaligen Rheinbundes gegründet wurden, um das Andenken an den Kaiser zu bewahren und der gemeinsamen Feldzüge zu gedenken. Am 15. August, Napoleons Geburtstag, kam man zusammen, tauschte Erinnerungen aus und sang Lieder mit Strophen wie dieser: «Aber nichts gleicht dem Entzücken/Wenn sich unsern heitren Blicken/Stellt das Bild des Kaisers dar, –/Der zu Sieg und Ruhm uns führte,/Frankreichs Thron so herrlich zierte,/Uns – ein treuer Vater war!»[38] In einer Schrift von 1861 *Die Französelei am Rhein, wie sie kam und wie sie ging* hat der Bankier und liberale Politiker Ludwig Bamberger sich erinnert, wie im Vormärz der Mainzer Veteranenverein alljährlich den Todestag Napoleons feierte, «wobei ganz natürlich und ohne Arg noch über dem Idol von Austerlitz die Büste Seiner Königlichen Hoheit des Großherzogs von Hessen thronte».[39]

Kein deutscher Dichter des Vormärz hat sich mehr für Napoleon begeistert wie Heinrich Heine.[40] Als Vierzehnjähriger hatte er Anfang November 1811 den Einzug des Kaisers in Düsseldorf miterlebt. In seinem 1827 erschienenen *Ideen. Das Buch Le Grand* beschrieb er das Ereignis in der Art eines politischen Erweckungserlebnisses: «Aber wie ward mir erst, als ich ihn selber sah, mit hochbegnadigten, eignen Augen ihn selber, hosianna! den Kaiser ... Er ritt ein weißes Rößlein, und das ging so ruhig stolz, so sicher, so ausgezeichnet ... Nachlässig, fast hängend, saß der Kaiser, die eine Hand hielt hoch den Zaum, die andere klopfte gutmütig den Hals des Pferdchens – Es war eine sonnig-marmorne Hand, eine mächtige Hand, eine von den beiden Händen, die das vielköpfige Ungeheuer der Anarchie gebändigt und den Völkerzweikampf geordnet hatten ... Auch das Gesicht hatte jene Farbe, die wir bei marmornen Griechen- und Römerköpfen finden, die Züge desselben waren ebenfalls edel gemessen wie die der Antiken, und auf diesem Gesicht stand geschrieben: Du sollst keine Götter haben außer mir.»[41] Noch kräftiger ins Mythisch-Religiöse stilisierte Heine das Ende des Kaisers auf der einsamen Atlantikinsel: «Und Sankt Helena ist das Grab, wohin die Völker des Orients und Okzidents wallfahrten in buntbewimpelten Schiffen und ihr Herz stärken durch Erinnerung an die Taten des weltlichen Heilands ...»[42]

Für Heines überschwängliche Napoleon-Verehrung gab es plausible Gründe. Er hatte nicht vergessen, wem die Emanzipation der Juden im ehemaligen Großherzogtum Berg, in desssen Hauptstadt Düsseldorf Napoleons Schwager Murat residiert hatte, zu verdanken war. Sein Widerwille gegen den deutschtümelnden Franzosenhass verband sich mit einer ebenso ausgeprägten Abneigung gegen die Preußen, überhaupt gegen alle Erscheinungen der Restauration und der Reaktion im Deutschland der erzwungenen politischen Windstille, jenem vielzitierten Biedermeier der zwanziger Jahre des 19. Jahrhunderts. Und damit stand er unter den Poeten keinswegs allein da. Wilhelm Hauffs Novelle *Das Bild des Kaisers* (1828) schilderte, wie aus einem grimmigen Feind Napoleons ein Bewunderer wird. Am Ende der Bekehrung ertönt der Ruf: «Vive l'Empereur!»[43] Christian Dietrich Grabbe holte in seinem Drama *Napoleon oder die hundert Tage* (1831) den Franzosenkaiser zum erstenmal auf die

Bühne und ließ ihn sagen: «Statt eines großen Tyrannen, wie sie mich zu benennen belieben, werden sie bald lauter kleine besitzen.»[44] Und Franz Grillparzer, der österreichische Dichter, berichtete in seiner Autobiografie, dass ihn die Gestalt Napoleons immer magisch angezogen habe: «Er bezauberte mich wie die Schlange den Vogel.»[45] In seinem Gedicht «Napoleon. Geschrieben im Jahr 1821» hatte Grillparzer dem Kaiser nachgerufen: «Er war zu groß, weil seine Zeit zu klein!»[46]

Einen Höhepunkt erreichte der Napoleon-Kult, als im Dezember 1840 der Leichnam nach Paris überführt und im Invalidendom beigesetzt wurde. Heinrich Heine, der 1831 nach Paris übergesiedelt war, hat das Ereignis in seinem Versepos *Deutschland. Ein Wintermärchen* (1844) besungen: «Ich weinte an jenem Tag. Mir sind/Die Tränen ins Auge gekommen,/Als ich den verschollenen Liebesruf,/Das Vive l'Empereur! vernommen.»[47]

IV. Das Jahr 1840 markierte allerdings auch die Zäsur, an der sich die Welle der deutschen Napoleon-Begeisterung brach. Auslöser war die sogenannte «Rheinkrise»: Um von inneren Schwierigkeiten abzulenken, hatte die französische Regierung unter Adolphe Thiers sich die Forderung nach Rückgabe des linken Rheinufers zu eigen gemacht. Durch ganz Deutschland ging daraufhin eine Welle patriotischer Entrüstung, von der auch die Rheinländer erfasst wurden. Derselbe Mainzer Nikolaus Müller, der noch 1837 *Das Liederbuch für die Veteranen der großen Napoleonarmee von 1803 bis 1814* herausgegeben hatte, veröffentlichte 1841 eine Sammlung *Germanische Kriegslieder*, darunter auch die aktuellen Verse des Nikolaus Becker: «Sie sollen ihn nicht haben, den freien deutschen Rhein.»[48] Die Franzosenfeindschaft aus der Zeit der «Befreiungskriege» war auf einmal wieder höchst lebendig, und sie sollte auch künftig die deutsche Nationalbewegung begleiten. Der positiven Napoleonlegende war damit vorerst, auch im Rheinland, der Nährboden entzogen.

In Frankreich selbst freilich war der Nimbus Napoleons ungebrochen. Ohne ihn wäre der Aufstieg seines Neffen Louis Napoleon zur Macht nicht möglich gewesen. Nach dem Tode von Napoleons Sohn, des Herzogs von Reichstadt, im Juli 1832 in Schönbrunn avancierte er zum Prätendenten auf die Nachfolge. Seine Stunde schlug mit der Februarrevolution von 1848 und dem Sturz des unpopulären «Bürgerkönigs» Louis-Philippe. Ausgestattet mit dem Bonus des großen Namens errang er in der Präsidentschaftswahl vom Dezember 1848 einen überwältigenden Sieg, und drei Jahre später, im Dezember 1851, setzte er, nach dem Muster des 18. Brumaire, mit einem Staatsstreich der Republik ein Ende. Ein Jahr darauf ließ er sich als Napoleon III. zum Kaiser ausrufen. In seiner glänzenden Analyse *Der achzehnte Brumaire des Louis Bonaparte* (1852) hat Karl Marx aus seiner Verachtung für den neuen Napoleon und die um ihn versammelte «Partei der Ordnung» keinen Hehl gemacht. Die Schrift beginnt mit den berühmten Worten: «Hegel bemerkt irgendwo, daß alle großen weltgeschichtlichen Tatsachen und Personen sich sozusagen zweimal ereignen. Er hat vergessen hinzuzufügen: das eine Mal als Tragödie, das andere Mal als Farce.»[49]

Tatsächlich war Napoleon III. nur ein Zerrbild seines großen Vorgängers. In grober Verkennung der Machtverhältnisse wollte er Frankreich erneut die Rolle einer europäischen Hegemonialmacht aufzwingen – und spielte damit direkt dem Mann in die Hände, der sich in den 1860er Jahren anschickte, die deutsche Einheit unter Preußens Führung zu verwirklichen: Otto von Bismarck. Mit einem machiavellistischen Manöver verstand es der preußische Ministerpräsident im Juli 1870, den Franzosen als Aggressor hinzustellen, obwohl die eigentliche Kriegsprovokation von ihm selbst ausging. Nach der Niederlage in der Entscheidungsschlacht von Sedan Anfang September 1870 und der anschließenden Gefangennahme wurde Napoleon III. zum Gegenstand der Spottlust: «Wer kriecht denn da im Busch herum?/Ich glaub, es ist Napolium», lautete ein Vers des damals vielgesungenen «Kutscher-Liedes».[50]

Nun werde wohl «die ganze Weltgeschichte von Adam an siegesdeutsch angestrichen», prophezeite der Basler Historiker Jacob Burckhardt nach der deutschen Reichseinigung von 1870/71.[51] Und tatsächlich glaubten viele Deutsche damals, endgültig über Frankreich triumphiert zu haben. Der überschäumende Nationalismus der Reichsgründungsära fand in Wilhelm I., den preußischen König und deutschen Kaiser, und in Bismarck, den «Eisernen Kanzler», die neuen nationalen Heroen. Hinter dem mächtig aufblühenden Kult um Preußen und sein Herrscherhaus verblasste auch im Rheinland die Erinnerung an die Franzosenzeit. Hatten die liberalen Historiker des Vormärz dem ersten Napoleon noch viele Sympathien entgegengebracht, so verschob sich das Bild in der deutschen Geschichtsschreibung nach 1871 entschieden ins Negative. Heinrich von Sybel etwa warf – an Johann Gottlieb Fichtes Verdikt aus der Zeit der «Befreiungskriege» anknüpfend – Napoleon vor, «bei aller Größe des militärischen und staatsmännischen Talents ... keine Ahnung von den sittlichen Gedanken» besessen zu haben, «welche die Menschenbrust bewegen».[52] Und für Heinrich von Treitschke, den einflussreichsten Historiker des frühen Kaiserreichs, verkörperte Napoleon in seiner «eingefleischten Verlogenheit», seiner «vollendeten Selbstsucht», seiner «wüsten Ländergier» das Böse schlechthin. Sein Fazit: «Napoleons Name wird nachkommenden Geschlechtern wie Kanonendonner und gellender Pfeifenklang ins Ohr tönen.»[53]

V. Doch schon unter Wilhelm II. setzte eine neuerliche Umwertung ein. Und wie immer waren es Veränderungen der politischen Konstellationen, die den Wandel des Napoleon-Bildes bewirkten. Um 1900 trat der Gegensatz zwischen Deutschland und Großbritannien, ausgelöst durch die forcierte deutsche Flottenrüstung, beherrschend in den Vordergrund. Das «perfide Albion», so schien es der neuen Generation wilhelminischer «Weltpolitiker», war die Macht, die sich dem deutschen Verlangen nach einem «Platz an der Sonne» am entschiedensten in den Weg stellte. Nun erinnerte man sich daran, dass ja auch schon für Napoleon England der Hauptfeind gewesen war, den er selbst mit den Mitteln des verschärften Wirtschaftskrieges nicht hatte in die Knie zwingen können. Damit war der Boden bereitet für die Rezeption einer Deutung, die der Altmeister unter den Historikern, Leopold von Ranke, bereits in den siebziger Jahren der Napoleon-Verdammung Treitschkes und seiner Jünger entgegengesetzt hatte: Bei diesen erscheine der Franzosenkaiser lediglich als «Eroberungsbestie, auf den Augenblick lauernd, wo er einen nach dem anderen seiner Nachbarn verschlingen könne». Dabei werde – so Ranke – «das größte Weltverhältnis, in welchem Napoleon sich überhaupt bewegte, der Kampf gegen England ... so gut wie ganz aus der Acht gelassen».[54]

Von den Vertretern der «Ranke-Renaissance» um die Jahrhundertwende wurde dieser Faden aufgenommen, allen voran von Max Lenz, neben Erich Marcks der prominenteste Historiker des wilhelminischen Deutschland. In seiner für ein großes Publikum geschriebenen Biografie aus dem Jahr 1908, die bis 1924 immer neue Auflagen erlebte, versuchte er nachzuweisen, dass nicht Napoleon, sondern England den Frieden von Amiens 1802 gebrochen und den Ersten Konsul in einen neuen Krieg «hineingezwungen» habe.[55] Der maßlose Eroberer, als den ihn die Historiker der Bismarck-Zeit hatten sehen wollen, verwandelte sich so unter der Hand in einen Friedenspolitiker, der allerdings durch englische Hinterlist an der Ausführung seiner lauteren Absichten gehindert worden sei. Diese Interpretation entsprach dem Selbstbild der wilhelminischen Eliten, die ihrer aggressiven Politik gern das Mäntelchen der Friedensliebe umhängten und sich gegenüber dem überlegenen britischen Weltreich in eine Opferrolle hineinphantasierten. Nach Beginn des Ersten Weltkriegs 1914 verfasste Lenz einen Aufsatz *Napoleons Kampf gegen England im Lichte der Gegenwart*, in dem er seine Deutung ganz unverhüllt für die Zwecke der Kriegspropaganda aktualisierte.[56] Gustav Stresemann, der nationalliberale Parteiführer und spätere Außenminister, knüpfte hieran an, als er in einer Rede vor dem preußischen Landtag im Januar 1917 Napoleon als einen «Vorkämpfer Europas gegen das Inselreich» pries.[57]

Von anderer Art war dagegen die Napoleon-Schwärmerei, wie sie der junge expressionistische Dichter Georg Heym in seinen Tagebüchern zum Ausdruck brachte. Wie nicht wenige seiner Generation war er der langen Friedenszeit überdrüssig: «Dieser Frieden ist so faul, ölig und schmierig wie eine Leimpolitur auf alten Möbeln.» Der Wunsch, aus den Zwängen der wilhelminischen Gesellschaft auszubrechen, mischte sich mit der Sehnsucht nach Kampf und Bewährung: «Warum war die Natur so verrückt, mich nicht unter Napoleon geboren werden zu lassen? Götter, mit welcher Begeisterung ich das ‹vive l'empereur› geschrien hätte ... Das erste wäre, daß ich mich aus Preußen weggemacht hätte und meinetwegen Offizier in einem französischen Reiterregiment geworden wäre.»[58] Georg Heym schrieb einen Sonett-Zyklus «Mont St. Jean» (1910), der Napoleon bei der Schlacht von Waterloo zeigte, und zwei Jahre lang, zwischen 1908 und 1910, versuchte er sich an einem Napoleon-Drama *Der Tod des Helden*, doch das Werk gelangte über zwei Fragmente nicht hinaus.[59]

Der Einfluss Friedrich Nietzsches war hier zu spüren. Der Philosoph hatte sich in den 1880er Jahren immer wieder mit der Erscheinung des Korsen – «das Hauptereignis des letzten Jahrtausends» – beschäftigt, ihn als «Synthesis von Unmensch und Übermensch» gefeiert, als den großen Täter jenseits jeder Moral.[60] Auf die von Krisenängsten geschüttelte wilhelminische Gesellschaft des Fin de siècle, die ihre Verunsicherung durch Kraftmeierei zu übertönen suchte, übte Nietzsches Lesart eine nicht geringe Anziehungskraft aus. Das Interesse an der Gestalt Napoleons war jedenfalls vor 1914 groß, und keiner hat es so erfolgreich bedient wie der Publizist und Privatgelehrte Friedrich Kircheisen, der nicht nur eine vielbändige Napoleon-Biografie verfasste, sondern eine große Zahl von Quellen, Memoiren und Korrespondenzen aus dem Französischen übersetzte und in Auswahleditionen dem deutschen Publikum zugänglich machte. Eine regelrechte «Empereur-Industrie» entwickelte sich vor 1914, mit Napoleon-Kalendern, -Almanachen, Stichen, Radierungen, Ansichtskarten.[61]

Ihren eigentlichen Höhepunkt erreichte die «Korsomanie» in Deutschland jedoch nach 1918, und erst jetzt entfaltete Nietzsches Interpretation ihre volle Durchschlagskraft. Das Ende des Kaiserreichs, die Wirren der Revolution und der von vielen Deutschen als Schmach empfundene Versailler Friedensvertrag ließen das Bedürfnis nach einem Retter, einem Messias wachsen. Der Kult um Napoleon kam diesem Bedürfnis entgegen. Oswald Spengler bezeichnete den Franzosenkaiser in seinem vielgelesenen Buch *Der Untergang des Abendlandes* (1918/22) als Prototyp des Cäsaren, der «die Geschichte der nächsten Jahrhunderte im voraus geformt» habe: «Napoleon beherrscht uns alle innerlich, unsere Staaten und Heere, unsere öffentliche Meinung, unser ganzes politisches System.»[62] Ähnlich hymnisch äußerten sich die Jünger des Dichters Stefan George. Der Heidelberger Germanist Friedrich Gundolf pries Napoleon in seinem Cäsar-Buch von 1924 als «Weltkraft», der «an unbedingtem Tätertum» alles bisher Dagewesene in den Schatten stelle.[63] An hemmungsloser Beweihräucherung noch übertroffen wurde Gundolf von Berthold Vallentin, ebenfalls ein Mitglied des George-Kreises. Er wollte in seiner Napoleon-Biografie von 1923 den «ursprünglichen, den wesenhaften Menschen» zeigen, «den Kern seiner Ausstrahlungen, sein einmaliges, nur ihm eigenes Menschtum».[64] Napoleon wurde hier weitgehend entrealisiert, zum übergeschichtlichen Mythos verklärt. Zu welch ungewollt komischen Effekten dies führte, wird etwa deutlich, wenn Vallentin über die zunehmende Korpulenz des Kaisers anmerkte: «Sein Leib nimmt die Form des gedrungenen, in sich gesättigten und ruhenden, des Imperatorentypus an.»[65] Gegenüber dem wunderlichen Byzantinismus eines Vallentin nahm sich die psychologische Studie des Erfolgsschriftstellers Emil Ludwig von 1926, die meistverkaufte Napoleon-Biografie der zwanziger Jahre, geradezu wie ein Muster an Zurückhaltung aus, obwohl Ludwig am Ende den Franzosen zu Unrecht zu einem Visionär des vereinten Europa stilisierte.[66]

Gegen die kritiklose Napoleon-Verherrlichung zog 1927 der Schriftsteller Werner Hegemann in seinem Buch *Napoleon oder der Kniefall vor dem Heros* zu Felde. Er geißelte darin die Sehnsucht der Deutschen nach dem «starken Mann», von dem alles Heil erwartet werde.[67] Doch damit blieb er ein einsamer Rufer in der Wüste – 1933 war der «starke Mann» an der Macht, allerdings in einer etwas vulgäreren Version, als die George-Jünger ihn sich erträumt hatten. Die NS-Propaganda unternahm einiges, um Napoleon als Vorläufer eines noch Größeren, nämlich Hitlers, darzustellen, der dessen gewaltiges Werk fortgeführt habe, Europa im Kampf gegen England zu einen. Das war der Tenor der Biografie von Philipp Bouhler, des Leiters der «Kanzlei des Führers» und Organisators des «Euthanasie»-Programms: *Napoleon. Kometenbahn eines Genies*.[68] Das Buch erschien in erster Auflage 1939, wurde allerdings nach den ersten Rückschlägen im Russland-Feldzug 1941 vorübergehend aus dem Verkehr gezogen, weil man die Erinnerung an Napoleons Untergang 1812 nicht neu heraufbeschwören wollte. «Das Beispiel Napoleons wiederholt sich nicht», hatte der NS-Chefpropagandist Joseph Goebbels zu Beginn des Unternehmens «Barbarossa» in seinem Tagebuch notiert.[69]

Doch eben dies geschah, und in dem Maße, in dem sich die militärische Lage zuungunsten Hitler-Deutschlands wendete, versuchte die NS-Propaganda, den antinapoleonischen Mythos der «Befreiungskriege» wiederzubeleben. Hatte das Regime im Dezember 1940, als es den Sarkophag mit den sterblichen Überresten des Napoleon-Sohnes von Wien nach Paris überführen ließ, gegen Frankreich scheinbar eine Geste des guten Willens gezeigt, so gab Goebbels im Juni 1943, vier Monate nach Stalingrad, einen Farbfilm in Auftrag, der den Widerstand der Festung Kolberg gegen die Franzosen in den Jahren 1806/07 zum Thema hatte. Das Epos mit Heinrich George in der Hauptrolle wurde noch im Januar 1945, wenige Monate vor dem Untergang des «Dritten Reiches», in Berlin uraufgeführt. «Es war dies vielleicht der letzte Gebrauch napoleonischer Geschichte zu Propagandazwecken», bilanziert der französische Historiker Roger Dufraisse in einem Essay über *Die Deutschen und Napoleon im 20. Jahrhundert.*[70]

In den Jahrzehnten nach 1945 hat sich das Verhältnis zu Napoleon entspannt. Der große Korse ist weiterhin im Kollektivgedächtnis der Deutschen präsent, aber er ist kein Gegenstand leidenschaftlicher Auseinandersetzungen mehr. Die deutsche Geschichtswissenschaft hat sich wie die französische bemüht, in geduldiger Arbeit an den Quellen das Napoleon-Bild zu historisieren. Dabei werden die Leistungen, die der Kaiser der Franzosen für die Modernisierung der deutschen Staatenwelt zu Beginn des 19. Jahrhunderts erbracht hat, heute in der Regel höher veranschlagt als die Bedrückungen, die seine Herrschaft auch bedeutet hatte. So ist es wohl kein Zufall, dass Thomas Nipperdey seine dreibändige *Deutsche Geschichte* (1983–92) mit dem – mittlerweile sprichwörtlichen – Satz beginnen lässt: «Am Anfang war Napoleon.»[71]

Der hysterische Koloss

Otto von Bismarck, der angeblich so eiserne Reichskanzler, war ein überaus sensibler, von Ängsten und Krankheiten geplagter Mann

Es existiere «gar kein gutes Bild von ihm», klagte der deutsche Reichskanzler Otto von Bismarck im November 1874. Alle Maler machten «den Fehler, ihm einen gewaltsamen Ausdruck zu geben». Dabei sei er «eigentlich eine träumerische, sentimentale Natur».[1] Noch weniger dürfte sich Bismarck in den Denkmälern wiedererkannt haben, die nach seinem Tod 1898 wie Pilze aus dem Boden schossen. Sie zeigten den Reichsgründer in Kürassieruniform mit Pickelhaube, Stulpenstiefeln und Säbel, als martialischen Recken, der grimmigen Gesichts seine Blicke in unbestimmte Ferne schweifen lässt.

Das Monumentalbild vom «Eisernen Kanzler» haben auch die Historiker lange Zeit gehegt und gepflegt. Erst nach 1945, als der von ihm geschaffene Nationalstaat in Trümmern lag, war der Weg frei für eine grundlegende Revision. Die großen Bismarck-Biografen – von Lothar Gall über Ernst Engelberg bis Otto Pflanze – haben die Leistungen und Grenzen des Staatsmanns sorgfältig vermessen, haben die Virtuosität seiner Außenpolitik gepriesen und seinen innenpolitischen Kampfkurs gegen Katholiken und Sozialdemokraten verdammt. Doch für das Seelenleben Bismarcks, seine psychische Konstitution haben sie sich – mit Ausnahme von Pflanze – kaum interessiert. Allerdings hat Bismarck es ihnen auch nicht leicht gemacht. «Faust klagt über die zwei Seelen in seiner Brust; ich beherberge aber eine ganze Menge, die sich zanken. Es geht da zu wie in einer Republik», gestand er einmal einem Vertrauten. «Das meiste, was sie sagen, teile ich mit. Es sind da aber auch ganze Provinzen, in die ich nie einen andern Menschen werde hineinsehen lassen.»[2]

Einen Schlüssel zur komplizierten Persönlichkeit Bismarcks bietet die familiäre Herkunft. Sein Vater, Ferdinand von Bismarck, war der Spross eines alteingesessenen Adelsgeschlechts in der Altmark. Von ihm hatte der 1815 als viertes von sechs Kindern geborene Otto die große, kräftige Statur, dazu eine lebenslange Affinität zur Welt des ostelbischen Landadels. Seine Mutter, Wilhelmine Mencken, entstammte einer Familie von Gelehrten und hohen Beamten. Sie war zart besaitet, besaß ausgeprägte geistige Interessen, mit denen sie bei ihrem ungehobelten, um viele Jahre älteren Ehemann aber auf wenig Resonanz stieß. So flüchtete sie sich, je länger desto mehr, in Unpässlichkeiten und Krankheiten. Von der Mutter hatte Otto von Bismarck die Natur, eine nervöse Intellektualität, gepaart mit sprachlicher Sensibilität, dazu den brennenden Ehrgeiz, einmal den engen Lebenskreis der junkerlichen Existenz hinter sich zu lassen. Es waren also recht gegensätzliche Anlagen und Neigungen, die dem Kind dieses ungleichen Paares mitgegeben wurden. Manche Widersprüche des späteren Politikers haben hier ihre Wurzel.[3]

Das Abiturzeugnis von 1832 bescheinigte dem gerade Siebzehnjährigen «eine sehr erfreuliche Gewandtheit» im Deutschen.[4] Damit war eine der größten Begabungen Bismarcks von seinen Lehrern richtig erkannt worden. Seine späteren Briefe an seine Frau, Johanna von Puttkamer, sind Meisterwerke der Briefkunst – von einer Zartheit und einem Feingefühl, wie man sie bei diesem harten Machtmenschen kaum vermuten würde. Aber auch viele seiner diplomatischen Schriftstücke und Parlamentsreden, dazu manche Partien seiner Memoiren «Gedanken und Erinnerungen» sind große Literatur, beeindruckend durch die Kraft, Elastizität und Anschaulichkeit der Sprache, die ihren Bilderreichtum vor allem aus der genauen Beobachtung des ländlichen Lebens schöpfte. «Das künstlerische, das tiefpoetische Element in Bismarcks Natur» sei «durch die Uniform vielleicht den Blicken des Betrachters verhüllt worden», hat der Publizist Maximilian Harden in seinem Nachruf auf Bismarck 1898 bemerkt.[5]

Zur weichen, künstlerischen Seite Bismarcks gehörte auch das labile Nervenkostüm. Der Junker aus Schönhausen war, dem scheinbar so robusten Äußeren zum Trotz, sehr dünnhäutig. Auf persönliche Kränkungen, überhaupt auf politischen Verdruss aller Art, reagierte er äußerst reizbar. Als er 1859 von seinem Posten als preußischer Bundestagsgesandter in Frankfurt abberufen und nach Petersburg versetzt wurde – «an der Newa kaltgestellt», wie er es empfand[6] –, da legte er sich erst einmal vor lauter Ärger ins Bett. In Petersburg wurde er dann richtig krank. Ein Quacksalber behandelte eine alte Beinverletzung so unsachgemäß, dass eine Vene zerstört wurde und eine Amputation drohte. «Jämmerlich elend, ganz gebrochen, lahm, nervös bis zum Äußersten», kehrte er nach Berlin zurück.[7] Nach einem längeren Kuraufenthalt zog er sich auf der Rückreise nach Petersburg im Herbst 1859 eine schwere Lungenentzündung zu. Wochenlang hing sein Leben an einem seidenen Faden. Dank der aufopferungsvollen Pflege Johannas erholte er sich allmählich, doch seine Gesundheit war seitdem angeschlagen. Allein bei dem Gedanken, noch einmal einen «brauchbaren Minister abzugeben», schrieb er seiner Schwester Malwine, komme er sich vor «wie ein kranker Kunstreiter, der seine Sprünge machen soll».[8]

Auf Bismarcks Berufung zum preußischen Ministerpräsidenten im September 1862 folgten Jahre höchster Anspannung – zunächst im erbitterten Kampf mit der liberalen Opposition um die Heeresreform, in dem der politisch gänzlich isolierte, allseits verhasste Minister ein bemerkenswertes Stehvermögen bewies; dann in der Inszenierung dreier Kriege – gegen Dänemark 1864, Österreich 1866 und Frankreich 1870 –, mit deren Hilfe Bismarck nicht nur Preußens Vorherrschaft über Deutschland etablieren, sondern auch die deutsche Einheit vollenden wollte. «Nervös abgenutzt» fand ihn Kriegsminister Albrecht von Roon in den Monaten der Vorbereitung des unpopulären «Bruderkrieges» gegen Österreich.[9] Am 7. Mai 1866 feuerte der Student Ferdinand Cohen-Blind, ein Stiefsohn des im Londoner Exil lebenden badischen Revolutionärs von 1848/49, Karl Blind, Unter den Linden in Berlin mehrere Schüsse auf den Ministerpräsidenten ab. Der blieb wie ein Wunder unverletzt. In der Öffentlichkeit vor allem der süddeutschen Staaten wurde der Attentäter, der sich im Gefängnis das Leben nahm, wie ein Held gefeiert. «Das Volk bezeichnet ihn laut als einen zweiten Wilhelm Tell», berichtete ein Londoner Korrespondent.[10]

Nach dem sensationellen Sieg der preußischen Truppen bei Königgrätz am 3. Juli 1866 forderte Bismarck die triumphierenden Militärs zur Mäßigung auf. «Ich habe die undankbare Aufgabe», ließ er seine Frau Johanna wissen, «Wasser in den brausenden Wein zu gießen und geltend zu machen, daß wir nicht allein in Europa leben, sondern mit noch drei Mächten, die uns hassen und neiden.»[11] Sein Groll über die starre Haltung Wilhelms I., der dem besiegten Gegner harte Bedingungen auferlegen wollte, entlud sich in Weinkrämpfen, ja er war nahe dran, sich aus dem Fenster in den Tod zu stürzen. Am Ende gab der König nach.

Nach all den Aufregungen erlitt er im September 1866 einen vollkommenen Nervenzusammenbruch. «Er klagte über gänzliche Erschöpfung und Altersschwäche. ‹Das Beste für mich›, sagte er, ‹wäre, wenn ich jetzt meinen Abschied nähme›.»[12] Zwei Monate brachte er in Putbus auf Rügen zu, um seine Kräfte wiederherzustellen, und er nutzte die Abgeschiedenheit, um die Grundzüge der Verfassung des Norddeutschen Bundes (und späteren Deutschen Reichs) zu entwerfen. Im Frühjahr 1867 erlebte ihn die Baronin von Spitzemberg, eine Freundin der Bismarcks, immer noch als «so leidend, daß er es kaum aushält».[13] «Ich habe Nervenbankrott», hörte ihn der amerikanische Gesandte in Berlin, George Bancroft, ein Jahr später klagen.[14] Und 1869 bemerkte Bismarck, er habe «ganz die Empfindung des äußersten Greisenalters».[15] Da war er gerade 54 Jahre alt.

Nach dem Sieg über Frankreich und der Gründung des kleindeutsch-großpreußischen Kaiserreichs 1871 befand sich der Kanzler auf dem Höhepunkt seiner Karriere, doch er fühlte sich erschöpft. «Ich bin müde, und während ich noch mit dem Leben dieser Welt verknüpft bin, fange ich an, den Reiz der beschaulichen Ruhe zu schätzen. Ich würde am liebsten von der Bühne in eine Zuschauerloge abtreten», vertraute er Weihnachten 1871 einem Brief an Katharina Orloff an, die von ihm angebetete russische Diplomatenfrau aus den Tagen des gemeinsamen Urlaubs in Biarritz im Juli 1862.[16]

Doch Bismarck spielte immer nur mit dem Gedanken an einen Rückzug – wirklich ernst war es ihm damit nicht. Dazu war er viel zu verliebt in die Macht; dazu hatte ihn die Leidenschaft für die

Politik allzu heftig ergriffen. Im Grunde hielt er sich für unentbehrlich, da er keinem anderen die Beherrschung des ganz auf ihn zugeschnittenen Regierungssystems zutraute. Seine wiederholten Abschiedsgesuche dienten in der Regel dem Zweck, sich des Rückhalts beim Monarchen zu vergewissern, von dessen Vertrauen er abhing.

Allerdings musste Bismarck immer längere Pausen einlegen. «Mein Öl ist verbraucht, ich kann nicht mehr», klagte er Anfang Mai 1872, bevor er sich für ein Dreivierteljahr auf sein Gut Varzin im tiefsten Hinterpommern zurückzog.[17] Sein englischer Studienfreund John Lothrop Motley, der ihn dort besuchte, fand: «Er sieht aus wie ein Koloß, aber seine Gesundheit ist schon erschüttert.»[18] Auch in den folgenden Jahren dienten ihm Varzin, später auch Friedrichsruh vor den Toren Hamburgs immer wieder als Refugien. Von seinen 24 Kanzlerjahren verbrachte er neun fernab der Reichshauptstadt – ein einsamer Rekord.

Die Liste der Krankheiten, die ihn heimsuchten, ist lang. Bismarck litt unter rheumatischen Entzündungen, Gichtanfällen, Magenkrämpfen, Gallenkoliken, Gelbsucht, Gürtelrose, Gesichtsneuralgien, vor allem aber unter Schlaflosigkeit. «Mein Schlaf ist keine Erholung», offenbarte er im Mai 1872, «ich träume weiter, was ich wachend denke, wenn ich überhaupt schlafe. Neulich sah ich die Karte von Deutschland vor mir, darin tauchte ein fauler Fleck nach dem anderen auf und blätterte sich ab.»[19] Deutlicher als die meisten seiner Zeitgenossen spürte der Reichskanzler, wie zerbrechlich seine Schöpfung war, wie rasch das, was er unter dem «Gewehranschlag des übrigen Europa» zustande gebracht hatte[20], wieder verspielt werden konnte. «Wir balancieren auf der Spitze eines Blitzableiters», hatte er schon im Dezember 1870 bei einem Tischgespräch geäußert. «Verlieren wir das Gleichgewicht, das ich mit Mühe herausgebracht habe, so liegen wir unten.»[21]

Bismarcks schlechter Gesundheitszustand war nicht nur eine Folge seiner gewaltigen Arbeitsbelastung, sondern hatte auch etwas zu tun mit seiner unvernünftigen Lebensweise, zuallererst seinem unmäßigen Appetit. Im Essen und Trinken konnte er nicht Maß halten, ganz im Unterschied zu seiner Diplomatie, die sich bei aller Kühnheit der Phantasie und der Verwegenheit der Mittel unter dem

Gesetz des Maßes wusste. Während des Berliner Kongresses 1878, den Bismarck souverän leitete, beobachtete der britische Premier Benjamin Disraeli: «Fürst Bismarck mit einer Hand voller Kirschen und der anderen voller Garnelen, die abwechselnd gegessen werden, klagt darüber, daß er nicht schlafen kann und nach Kissingen gehen muß.»[22] Bismarck liebte es, große Portionen schwerer Speisen mit mehreren Flaschen Wein oder Champagner hinunterzuspülen. Die kulinarischen Exzesse hinterließen deutliche Spuren: Der Kanzler wurde immer dicker und brachte 1879 fast 250 Pfund auf die Waage. Im März 1880 erlitt er einen leichten Schlaganfall, doch schlug er weiterhin alle ärztlichen Ratschläge in den Wind. «Gegessen wird hier nach wie vor, daß die Wände krachen», notierte ein Mitarbeiter im Oktober 1880 nach einem Besuch in Friedrichsruh.[23]

Mit seiner Völlerei – so der amerikanische Historiker Otto Pflanze[24] – habe sich Bismarck für die emotionalen Entbehrungen seiner Kindheit entschädigt, vor allem für den Mangel an Zuwendung seitens seiner Mutter, die den Knaben im Alter von sechs Jahren aus der ländlichen Geborgenheit des väterlichen Gutes Kniephof in die rauhe pädagogische Wirklichkeit der Plamannschen Erziehungsanstalt nach Berlin verstoßen hatte. Für diese Deutung spricht einiges. Denn auch im ständigen Gejammere Bismarcks über seine zahlreichen Gebrechen schwang unverkennbar das Bedürfnis mit, von seiner Umgebung besonders liebe- und rücksichtsvoll behandelt zu werden. Einen «hysterischen Koloß» hat Thomas Mann ihn einmal genannt – eine Charakterisierung, die ins Schwarze trifft.[25]

Erst einem jungen bayerischen Arzt, Ernst Schweninger, der 1883 die Betreuung übernahm, gelang es, sich auf die psychischen Bedürfnisse seines schwierigen Patienten einzustellen. «Wie die Mutter bei einem unruhigen Kind» hielt er Bismarcks Hand und wachte eine ganze Nacht über seinen Schlaf.[26] Er verordnete dem Kanzler eine strenge Diät, schränkte seinen Alkohol- und Tabakkonsum ein und brachte ihn dazu, sich mehr in frischer Luft zu bewegen. Die Therapie schlug an: Bismarcks Befinden besserte sich. «Er ist überhaupt der einzige Mensch in meinem Leben gewesen, der Macht über mich gewonnen hat und dem ich nahezu unbedingt Gehorsam leiste», hat Bismarck einmal über Schweninger gesagt.[27]

Dennoch waren die achtziger Jahre überschattet durch die nachlassende Fähigkeit des Kanzlers, die außen- und innenpolitischen Krisen zu meistern. Bismarck hatte den Zeitpunkt versäumt, in Würde zurückzutreten. Er klammerte sich mit allen Fasern an die Macht, die ihm doch zusehends entglitt, besonders seit der Enkel Wilhelms I., Wilhelm II., 1888 den Thron bestiegen und keinen Zweifel daran gelassen hatte, dass er die Zügel selbst in die Hand nehmen wollte. Die Entlassung war daher nur eine Frage der Zeit. «Wie einen Bedienten» habe der Kaiser ihn fortgejagt, erklärte Bismarck ein Jahr nach seinem Sturz im März 1890.[28] Diese Kränkung verzieh er dem impulsiven jungen Monarchen nie. Einen «dummen Jungen» nannte er ihn noch auf seinem Sterbebett.[29]

Das Ende war schrecklich. Im Sommer 1897 entdeckte Schweninger im linken Bein des Patienten erste Anzeichen von Altersbrand. Gegen die unerträglichen Schmerzen mussten Bismarck immer höhere Dosen Morphium verabreicht werden. Der Fürst schrie oft so laut, dass man es noch am Schlosstor hören konnte. Einmal flehte er seinen Diener an: «Pinnow, bringen Sie mir den Revolver, ich halte es nicht länger aus.»[30] Die Öffentlichkeit wurde über den kritischen Zustand des Altkanzlers bis zuletzt im Unklaren gehalten. In Friedrichsruh fürchtete man, Wilhelm II. könne sich am Sterbelager einfinden und seinen Gegenspieler in seiner ganzen Gebrechlichkeit zu Gesicht bekommen. Überdies wollte die Bismarck-Familie verhindern, dass das Bild des inzwischen zum nationalen Heros verklärten Reichsgründers durch peinigende Einzelheiten seines Siechtums beschädigt wurde. Damit trug sie freilich selbst zum Mythos vom «Eisernen Kanzler» bei, der den unvoreingenommenen Blick auf diese so wirkungsmächtige Figur der deutschen Geschichte lange Zeit verstellt hat.

«Wie tief man ihn grollend geliebt hat ...»

Das Bismarck-Bild der Deutschen im Wandel der Zeiten

«Von der Parteien Gunst und Haß verwirrt, schwankt sein Charakterbild in der Geschichte.» Auf kaum einen anderen deutschen Politiker und Staatsmann treffen diese Verse aus dem Prolog zu Schillers «Wallensteins Lager» so zu wie auf Otto von Bismarck.[1] Fast drei Jahrzehnte, von 1862 bis 1890, hatte er die Regierungsgeschäfte geleitet, bis 1870 als preußischer Ministerpräsident, danach als Reichskanzler des von ihm gegründeten kleindeutsch-großpreußischen Kaiserreichs. Während dieser ungewöhnlich langen Periode war sein Wirken stets umstritten, war das Bild, das sich die Öffentlichkeit von ihm machte, den heftigsten Schwankungen ausgesetzt. Auch nach seiner Entlassung aus dem Amte im März 1890 bewegten sich die Urteile stets zwischen den Polen glühender Verehrung und leidenschaftlicher Abneigung. Und nicht selten überkreuzten sich die Empfindungen, die man ihm gegenüber hegte.

Auf die Nachricht vom Tode Bismarcks am 30. Juli 1898 notierte der damals noch junge Theaterkritiker Alfred Kerr: «Ein Schaudern und ein Zittern ergreift einen – auch wenn man nicht will. In dieser Sekunde fühlt man, mag eine Art Haß die Grundempfindung gewesen sein, wie tief man ihn grollend geliebt hat.»[2] «Grollend geliebt» – diese Formulierung umschrieb treffend die Ambivalenz der Gefühle, die bereits die Einstellung vieler Zeitgenossen gegenüber dem Dahingeschiedenen charakterisierte. Wenn wir also vom Bismarck-Bild sprechen, müssen wir uns bewusst halten, dass es das eine Bild nicht gibt, sondern mehrere Bismarck-Bilder, die nebeneinander koexistieren oder miteinander konkurrieren – je nach politischer Präferenz und Milieuzugehörigkeit des Betrachters. Und das ist im Grunde bis heute so geblieben, auch wenn sich in den letzten Jahrzehnten, nicht zuletzt dank einiger vorzüglicher großer Bismarck-Biografien, das Verhältnis zu dieser so wirkungsmächtigen Figur der deutschen Geschichte entspannt hat. Darauf wird noch zurückzukommen sein.

Am Anfang überwog die Ablehnung, ja der Hass. Die Berufung Bismarcks zum preußischen Ministerpräsidenten auf dem Höhepunkt des Konflikts um die Heeresreform im September 1862 wurde von den Wortführern der liberalen Opposition im Abgeordnetenhaus als offene Kampfansage interpretiert. «Mit der Verwendung dieses Mannes ist der schärfste und letzte Bolzen der Reaktion von Gottes Gnaden verschossen», kommentierte die Wochenschrift des Nationalvereins. Als einen «vollgültigen Staatsmann» dürfe man den Neuberufenen keineswegs betrachten, sondern nur als einen «Abenteurer vom allergewöhnlichsten Schnitt, dem es lediglich um den nächsten Tag zu tun ist.»[3] Seit seinen ersten Reden im Vereinigten Landtag 1847 und seiner höchst aktiven Rolle in der Gegenrevolution des Jahres 1848 haftete Bismarck der Ruf eines bedenkenlosen reaktionären Scharfmachers an. Dass er während seiner diplomatischen Lehrjahre als Gesandter in Frankfurt und an den Botschaften von St. Petersburg und Paris gereift war und sich von den Vorstellungen seiner ultrakonservativen Mentoren, der Gebrüder von Gerlach, emanzipiert hatte – das war der Öffentlichkeit verborgen geblieben. «Bismarck-Schönhausen bedeutet: regieren ohne Etat, Säbelregiment im Innern, Krieg nach außen», prophezeite ein Sprecher der Liberalen, Max von Forckenbeck. «Ich halte ihn für den gefährlichsten Minister für Preußens Freiheit und Glück.»[4]

In den ersten Jahren seiner Regierung tat Bismarck freilich auch alles, um seinem Negativimage als skrupelloser Gewaltpolitiker gerecht zu werden. Mit seiner provozierenden Feststellung in der Budgetkommision des Abgeordnetenhauses am 30. September 1862: «Nicht durch Reden und Majoritätsbeschlüsse werden die großen Fragen der Zeit entschieden – das ist der große Fehler von 1848 und 1849 gewesen –, sondern durch Eisen und Blut»[5] – mit diesen vielzitierten Worten also brachte er die Liberalen erst recht gegen sich auf. «Höre ich aber einen so flachen Junker, wie diesen Bismarck, von dem ‹Eisen und Blut› prahlen, womit er Deutschland unterjochen will, so scheint mir die Gemeinheit nur noch durch die

Lächerlichkeit überboten», schrieb der Historiker Heinrich von Treitschke, damals noch junger Privatdozent in Leipzig.[6]

Freilich zählte Treitschke zu den ersten, die aus der liberalen Front gegen Bismarck ausscherten. Unter dem Eindruck des Sieges der preußischen und österreichischen Streitkräfte über Dänemark im Frühjahr 1864 korrigierte er sein Urteil über den verhassten Konfliktminister. «In der Weise, wie unsere braven Truppen stürmten», jubelte er, «verrät sich wieder jener Zug von Größe, der sich in diesem Staat nie ganz verleugnet hat.»[7] Das Gros der Liberalen war jedoch noch nicht bereit, diesen Schwenk mitzuvollziehen. So dauerte die schroffe Konfrontation zwischen Kammermehrheit und preußischer Regierung fort.

Im Frühjahr 1866 erreichte Bismarcks Ansehen einen Tiefpunkt. Denn nun wurde offenbar, dass der preußische Ministerpräsident sich anschickte, den Konflikt mit Österreich über die Vorherrschaft in Deutschland gewaltsam zu lösen. «Mit einer solchen Schamlosigkeit, einer solchen grauenvollen Frivolität ist vielleicht nie ein Krieg angezettelt worden», klagte der Rechtsgelehrte Rudolf von Ihering. «Das innerste Gefühl empört sich über einen solchen Frevel an allen Grundsätzen des Rechts und der Moral.»[8] Selbst Bismarcks hochkonservative Freunde gingen auf Distanz zu ihm, nachdem er Anfang April 1866, um Österreich zu provozieren, am Frankfurter Bundestag den Antrag auf Einberufung eines Nationalparlaments hatte einbringen lassen. In einem Leitartikel in der «Kreuzzeitung» vom 8. Mai brach Ludwig von Gerlach den Stab über die zum Kriege treibende Politik, und zugleich verurteilte er den Bundesreformantrag als einen «grundrevolutionären Versuch, ... der das Herz Deutschlands und zugleich das Herz Preußens und Österreichs tief verwundet».[9] «Alles wird dominiert» – bemerkte in jenen Wochen auch der liberale Bonner Historiker Heinrich von Sybel – «durch den bitteren, zähen, allgemeinen Haß, den die Mißregierung im Innern in den letzten vier Jahren hervorgerufen und den leider gerade Bismarck durch seine Bedeutung und seine Allüren auf seine Person konzentriert hat.»[10]

So verwundert es auch nicht, dass der junge Student Ferdinand Cohen-Blind (ein Stiefsohn des im Londoner Exil lebenden badischen Revolutionärs von 1848/49, Karl Blind), der am 7. Mai 1866

Unter den Linden fünf Schüsse auf Bismarck abgab, ohne ihn ernsthaft zu verletzen, in der Öffentlichkeit viel Sympathien fand. In Süddeutschland feierte man den Attentäter, der sich im Gefängnis das Leben nahm, als Märtyrer der Freiheit. Im «Beobachter», dem Blatt der württembergischen Demokraten, war zu lesen: «Es wird sich niemand getrauen, den jungen Mann für einen schlechten Menschen zu erklären, der sein Leben daran gegeben hat, um das Vaterland von einem solchen Unhold zu befreien.»[11]

Die Schlacht von Königgrätz am 3. Juli 1866 änderte alles. Innerhalb weniger Tage wandelte sich das Bild Bismarcks fundamental – ein spektakulärer Vorgang, für den es kaum eine Parallele in der neueren deutschen Geschichte gibt. «Bismarck ist jetzt der populärste Mann in Preußen. Alles schwärmt für ihn, auch die Demokraten», notierte Wilhelm von Kügelgen, Kammerherr am Hof von Anhalt-Bernburg, zwei Tage nach der Schlacht.[12] Tatsächlich korrigierten nun selbst die prinzipienfestesten Liberalen ihr Urteil. Theodor Mommsen, der Berliner Althistoriker, empfand plötzlich «ein wunderbares Gefühl dabei zu sein, wenn die Weltgeschichte um die Ecke biegt».[13] Und Rudolf von Ihering, einer der schärfsten Kritiker, verneigte sich jetzt «vor dem Genius eines Bismarck, der ein Meisterstück der politischen Kombination und Tatkraft geliefert hat, wie die Geschichte wenige kennt»: «Der Mann ist einer der größten Männer unseres Jahrhunderts.»[14] Die gemäßigten Anhänger der liberalen Fortschrittspartei, die sich zur Nationalliberalen Partei zusammenschlossen, machten nun ihren Frieden mit Bismarck, zumal dieser ihnen mit der «Indemnitätsvorlage», also dem Ersuchen um nachträgliche Billigung seines budgetlosen Regiments, eine goldene Brücke baute.

Ihren vorläufigen Höhepunkt erreichte die öffentliche Wertschätzung Bismarcks nach dem Sieg über Frankreich und der Gründung des Kaiserreichs 1870/71. Die Nationalliberalen sahen sich, was die deutsche Einheit betraf, am Ziel ihrer Wünsche. «Wodurch hat man die Gnade Gottes verdient, so große und so mächtige Dinge erleben zu dürfen?», fragte Sybel in einem Brief an seinen langjährigen Weggefährten Hermann Baumgarten wenige Tage nach der Kaiserproklamation in Versailles. «Was zwanzig Jahre der Inhalt alles Wünschens und Strebens gewesen, das ist nun in so unendlich herrlicher Weise erfüllt!»[15] Und auch Theodor Mommsen stimmte in den Chor der Begeisterung ein: «Eine große Zeit liegt hinter uns; wenn die Ernte so mutig eingeheimst wird wie die Saat gesät, so kann man seines Lebens froh werden.»[16]

Doch die euphorische Stimmung machte bald Ernüchterung Platz. Vor allem die nach dem Börsenkrach vom Herbst 1873 einsetzende, langanhaltende Wirtschaftsflaute sorgte für neuen Verdruss an Bismarcks Regiment. Hinzu kam die Verfolgung von Katholiken und Sozialdemokraten, die den Eindruck erweckte, es könne dem Kanzler der Einheit die innere Reichsgründung missglücken. Nach der innenpolitischen Wende von 1878/79, durch die Bismarck die Zusammenarbeit mit den Nationalliberalen abrupt beendete, schwand die Hoffnung auf einen Ausbau der Reichsverfassung im parlamentarischen Sinne. In Kreisen der Nationalliberalen, vor allem ihres linken Flügels um Eduard Lasker, Max von Forckenbeck und Ludwig Bamberger, der sich 1880 abspaltete und 1884 mit der Fortschrittspartei zur Deutsch-Freisinnigen Partei zusammenschloss, wuchs nun wieder die Kritik an Bismarck, vor allem an seinem autoritären Regierungsstil. «Die inhaltleere, bloß auf Ausübung der Macht gerichtete Politik kommt immer mehr zum Durchbruch», beobachtete Ludwig Bamberger im August 1878.[17]

Damit verband sich seit den frühen achtziger Jahren ein Gefühl lähmender Stagnation in der Innen- wie auch in der Außenpolitik. Der Dichter Theodor Fontane hat diesen Stimmungswechsel seismografisch registriert: «Gegen Bismarck braut sich im Volk ein Wetter zusammen», stellte er bereits im April 1881 fest. «Er täuscht sich über das Maß seiner Popularität. Sie war einmal kolossal, aber sie ist es nicht mehr.»[18] Mehr und mehr verdichtete sich seit Mitte der achtziger Jahre der Eindruck, dass Bismarcks Regierungskunst ihren Zenit längst überschritten habe und das Deutsche Reich, sollte er noch längere Zeit dessen Geschicke lenken, Gefahr laufe, die Zukunft zu verspielen. «Es gelingt nichts mehr», mit diesen Worten brachte das Zentrumsblatt «Germania» 1889 den weitverbreiteten Überdruss an der nun schon drei Jahrzehnte währenden Herrschaft Bismarcks auf den Begriff.[19]

So erklärt sich auch, dass Bismarcks Entlassung durch Wilhelm II. im März 1890 zunächst eher mit Erleichterung aufgenommen wurde. «Es ist ein Glück, daß wir ihn los sind», gab Fontane wiederum einer weitverbreiteten Stimmung Ausdruck. «Er war eigentlich nur noch Gewohnheitsregente, tat, was er wollte, und forderte immer mehr Devotion. Seine Größe lag hinter ihm.»[20] «Tiefbewegt im Gemüte, aber ohne jede politische Erschütterung ... scheidet das deutsche Volk von der großen Ära Bismarck, um ein neues Zeitalter zu beginnen», charakterisierte auch Hans Delbrück in den «Preußischen Jahrbüchern» das öffentliche Echo auf den Sturz des Reichskanzlers.[21]

Doch schon wenige Tage später, am Tag der Abreise Bismarcks aus Berlin am 29. März, bot sich ein anderes Bild. Tausende von Menschen säumten die Straßen vom Reichskanzlerpalais bis zum Lehrter Bahnhof, um Abschied zu nehmen von dem Mann, den der junge Kaiser so kühl aufs Altenteil geschickt hatte. «Wie eine Sturmflut warf sich die Menge dem Wagen entgegen, ihn umringend, begleitend, aufhaltend, Hüte und Tücher schwenkend, rufend, weinend, Blumen werfend», berichtete die Baronin von Spitzemberg.[22] Dies war, wie Ludwig Bamberger hellsichtig erkannte, die Geburtsstunde der «Bismarcklegende». «Er ist doch als Großer Teufel gegangen, der seine Nation überragt.»[23]

Der abermalige Umschwung in der öffentlichen Meinung hielt in den folgenden Jahren an. Friedrichsruh, wohin sich der Exkanzler grollend zurückzog, wurde zum Wallfahrtsort einer wachsenden Schar von Verehrern. Bismarcks Nimbus als «Reichsgründer» stieg in dem Maße, wie seine Gegner, allen voran der Kaiser, begannen, ihn offen zu attackieren. Zum Eklat kam es im Sommer 1892, als Wilhelm II. Kaiser Franz Joseph bedrängte, den aufsässigen Vasallen des Hauses Hohenzollern, der zur Hochzeit seines Sohnes Herbert nach Wien reiste, nicht zu empfangen. Doch wo immer der Altkanzler während seiner Reise Station machte, – in Dresden, München, Würzburg, Bad Kissingen oder Jena –, bereitete ihm das Publikum begeisterte Ovationen. Ohne sich darum zu bemühen, war er «zum deutschen Nationalhelden geworden, zum Symbol der Einheit und Größe des Deutschen Reiches».[24] Und schon fast vergessen war das Missvergnügen, das seine letzten Regierungsjahre begleitet hatte.

Die wachsende Idolisierung des Reichsgründers war ein Politikum, das der kaiserlichen Umgebung zunehmend Kopfzerbrechen bereitete. Denn unüberhörbar schwang darin ja auch Kritik am Monarchen mit, der durch sein selbstherrliches Gebaren und seine rhetorischen Entgleisungen bereits viel Kredit verspielt hatte. So ließ sich Wilhelm II. schließlich zu einem Treffen mit Bismarck im Januar 1894 überreden, das als großes Versöhnungsspektakel inszeniert wurde und in der Öffentlichkeit begeisterten Widerhall fand. «Welch ein ungeheurer Faktor in unserem öffentlichen Leben dieser eiserne Mann bildet, das wird jedem unwiderleglich klar, der diese gewaltigen Erregungen in der Volksseele beobachtet und zu deuten weiß», kommentierte die «Magdeburger Zeitung».[25] In der Beliebtheitsskala rangierte Bismarck nach wie vor weit vor dem Kaiser. In allen Kunsthandlungen, in Leipzig wie in Berlin, beobachtete der Referendar Harry Graf Kessler Ende Januar 1894 «Bilder u(nd) bekränzte Büsten von Bismarck».[26]

Bismarcks 80. Geburtstag am 1. April 1895 wurde zu einem Nationalfest gigantischen Ausmaßes. Aus allen Ecken und Winkeln des Reiches reisten Delegationen an, um dem «Alten im Sachsenwald» zu huldigen; 370 Städte verliehen ihm die Ehrenbürgerschaft, 100 000 Telegramme, 450 000 Glückwunschkarten, Briefe und Drucksachen überschwemmten die Postämter. Zeitgenossen wie der Schriftsteller Gustav Freytag waren sich sicher, dass Bismarck eine Popularität erreicht hatte, «wie sie nie ein Deutscher gehabt hat».[27]

Im Reichstag freilich lehnte eine Mehrheit aus Linksliberalen, katholischem Zentrum und Sozialdemokraten eine Glückwunschadresse an den Reichsgründer ab – ein deutliches Zeichen, dass die Wunden, die Bismarcks innenpolitischer Konfliktkurs geschlagen hatte, noch keineswegs verheilt waren. In den gesellschaftlichen Eliten empörte man sich über den Beschluss des Parlaments, doch unter Sozialdemokraten stieß er auf viel Zustimmung. Ob denn «die Welt verrückt» geworden sei, fragte man sich in Hamburger Arbeiterkneipen, so viel Aufhebens um «einen Mann zu machen, der genug Unglück heraufbeschworen hat». Die Erinnerung an das Sozialistengesetz, das ja erst fünf Jahre zuvor ausgelaufen war, war in diesem Milieu noch höchst lebendig.[28]

Nach Bismarcks Tod 1898 nahm der Kult um seine Person ungeahnte Ausmaße an, und nicht den geringsten Anteil daran hatten die postum veröffentlichten Memoiren des Fürsten «Gedanken und Erinnerungen», die das Bild, das sich viele national gesinnte Deutsche vom Gründer des deutschen Nationalstaats machten, nachhaltig prägten. Die ersten beiden Bände erschienen im November 1898 und fanden reißenden Absatz. «In den Buchhandlungen» – so die Baronin von Spitzemberg – «prügelt man sich um Bismarcks Erinnerungen ... Längst ist die Auflage von 100 000 Exemplaren vergriffen, und Cotta kann auch nicht annähernd nachliefern, was gefordert wird.»[29] Ludwig Bamberger fand, dass «die ganze Wucht der von sich selbst durchdrungenen kraftstrotzenden Persönlichkeit» dem Werk «von A bis Z den Stempel ihres Feuergeistes aufgedrückt» habe. Zugleich beklagte er, dass ein Buch, in dem «die Worte ‹Humanität› und ‹Zivilisation› nie anders erwähnt» würden «als im Sinne der unbedingten Verspottung und der hohlen Phraseologie» soviel Anklang bei der Jugend finde. Dadurch würde «das fragwürdige Ideal der soldatischen ‹Schneidigkeit› mit allen seinen Auswüchsen zum höchsten Ausdruck des Nationalcharakters ausgebildet».[30]

In den Bismarck-Denkmälern und Bismarck-Türmen, die nach 1898 wie Pilze aus dem Boden schossen, fand dieses «fragwürdige Ideal» seinen sinnfälligsten Ausdruck. Sie zeigten den Reichsgründer als Staatsmann in Uniform und wehrhaften Roland des Reiches. Beispielhaft sei hier nur auf das Hamburger Bismarck-Denkmal Hugo Lederers von 1906 hingewiesen, das wie kein zweites Monument in seiner kolossalen, zur übermenschlichen Größe gesteigerten Klotzigkeit den auftrumpfenden wilhelminischen Zeitgeist verkörperte. Einem Zeitgenossen erschien es als «ein riesenhaftes Symbol des neuen deutschen Geistes, der seine mächtigen Fittiche ausspannt über die Meere, der sich zur Weltmacht und Weltkultur berufen glaubt».[31]

Der Bismarck-Mythos löste sich zunehmend von der realen historischen Gestalt ab. Hinter dem Monumentalbild vom «Eisernen Kanzler» verschwand, was seine Außenpolitik seit Mitte der siebziger Jahre ausgzeichnet hatte: der Sinn für Maß und Mäßigung, geboren aus der Einsicht, dass das Deutsche Reich nur bewahrt werden könne, wenn es sich selbst als «saturiert» definierte. Stattdessen wurde Bismarck nach seinem Tode zur Leitfigur eines überhitzten Nationalismus, in welche die neue wilhelminische Generation ihre schweifenden imperialistischen Sehnsüchte hineinprojizieren konnte. Besonders der kleine, aber rührige und einflussreiche Alldeutsche Verband, die Speerspitze des Radikalnationalismus im Kaiserreich, begann Bismarcks Namen für die eigenen völkisch-expansionistischen Ziele in Anspruch zu nehmen. Jedes Jahr nach Friedrichsruh zu pilgern und Bismarck durch Kranzniederlegungen zu ehren, galt den Alldeutschen als «heilige Pflicht».[32]

Wäre es nicht Aufgabe der Historiker gewesen, dem Treiben der selbsternannten Bismarck-Verehrer entgegenzutreten? Man kommt, betrachtet man die deutsche Geschichtswissenschaft zwischen 1890 und 1914, um die Feststellung nicht herum: In Kreisen der professionellen Historiker gab es kaum Einspruch gegen die Stilisierung Bismarcks zur nationalen Kultfigur. Im Gegenteil: Die meisten von ihnen beteiligten sich eifrig daran, den Mythos mit wissenschaftlichen Argumenten zu untermauern. Ob die Vertreter der borussisch-kleindeutschen Schule, Heinrich von Sybel und Heinrich von Treitschke, ob die sie um die Jahrhundertwende ablösenden «Neo-Rankeaner» um Max Lenz, Erich Marcks, Hermann Oncken oder Hans Delbrück – sie alle haben, bei Unterschieden im einzelnen, «dem Schöpfer des Reiches freudig Tribut gezollt»; «sie bekannten sich hingebungsvoll zu ihm und seinem Vermächtnis», und waren geneigt, die Exzesse des Bismarck-Kults «als unschuldigen Überschwang hinzunehmen, als das etwas unangenehm dröhnende Echo einer an sich treffenden Melodie».[33] So wirkten sie nicht als Korrektiv, sondern als Resonanzverstärker in einem anschwellenden Bocksgesang, der geradewegs in die enthusiastische Zustimmung zum Krieg mündete.

Zur geistigen Mobilmachung des August 1914 gehörte auch die Beschwörung des «Eisernen Kanzlers». Vom «Bismarck in Feldgrau» war die Rede, dessen Werk nun vollendet werden müsse.[34] Einen Gipfel erreichte die militante Bismarck-Verklärung anlässlich des 100. Geburtstages am 1. April 1915. «Wir sehen ihn vor unseren Augen übermenschlich groß, als Roland und Siegfried zugleich», verkündete der nationalliberale Politiker Gustav Stresemann, damals noch ein glühender Annexionist, und der Historiker Max Lenz sekundierte: «Bismarcks gewaltiger Schatten zieht mit unseren Heeren. Sein Schwert ist es, dessen Schläge draußen so furchtbar widerhallen ...: als kämpfte St. Michael selbst in unseren Reihen.»[35] Nicht nur in zahlreichen offiziellen Gedenkveranstaltungen, sondern auch im privaten familiären Kreise wurde des ersten Reichskanzlers gedacht. Im 2004 veröffentlichten Kriegstagebuch des Heidelberger Mediävisten Karl Hampe lesen wir unter dem Datum des 1. April 1915: «Nachmittags hatten wir im Hause eine kleine Bismarckfeier. Lotte (Karl Hampes Frau – V. U.) hat in der Wohnstube eine geliehene Bismarckstatue aufgestellt. Sie und die Kinder sagten Gedichte ... ich hatte das Ganze mit einer Rede eingeleitet. Dazu ‹Horch, Sturmesflügel rauschen›, das Preislied von 1895, und ‹der Gott, der Eisen (wachsen ließ)› etc. gesungen.»[36]

Wie schon in den neunziger Jahren implizierte die Berufung auf Bismarcks Titanengestalt im Weltkrieg immer auch eine Kritik an den für unfähig gehaltenen Nachfolgern, in diesem Falle an Theobald von Bethmann Hollweg, der den Annexionisten als «Flaumacher» galt, auf dessen Sturz im Juli 1917 sie deshalb zielbewusst hinarbeiteten.[37] Nicht zufällig sollte die Deutsche Vaterlandspartei, in der sich damals die Anhänger eines «Siegfriedens» sammelten, ursprünglich den Namen «Bismarckbund» tragen.[38]

Nach den allzu lange gehegten Illusionen musste die Niederlage von 1918 und der Zusammenbruch des Kaiserreichs umso schmerzhafter empfunden werden. «Wir haben zusammen geweint», notierte Karl Hampe am 10. November. «Zur Stärkung las ich Lotte spät aus Bismarcks ‹Gedanken und Erinnerungen› den Abschnitt über 1848 vor.»[39]

«Zurück zu Bismarck» – das wurde zum Schlachtruf der politischen Rechten in der Weimarer Republik, das heißt all jener, die der geliebten Ordnung des Kaiserreichs hinterhertrauerten, die Deutschlands Großmachtstellung wiederherstellen wollten und eine starke Regierung über den Parteien herbeisehnten. «Wer männlich fühlt und denkt, wer von Bismarcks Geist einen Hauch verspürt hat, harret aus in Lehre und Beispiel, um die Rückkehr zu ihm zu erreichen», erklärte der Vorsitzende des Alldeutschen Verbandes, Heinrich Claß, im März 1920.[40]

Der Bismarck-Mythos erhielt so eine neue Funktion: Er diente der Destabilisierung der demokratischen Ordnung von Weimar. Besonders deutlich wurde dies während der Veranstaltungen zum 50. Jahrestag der Reichsgründung am 18. Januar 1921. Victor Klemperer, der an einer akademischen Feier in Dresden teilnahm, notierte im Telegrammstil, was der Rektor der Technischen Universität zum Besten gab: «Das Reich ist in Trümmern, schuld die Frevler an Bismarck, Regierende wie den Frevel duldendes Volk – ‹Kraft› muß wiederkommen etc.» Der Kommentar des Tagebuchschreibers: «Teils Phrase, teils Reaction.»[41]

Dieser Propaganda hatte die demokratische Linke wenig entgegenzusetzen. Der den Sozialdemokraten nahestehende Freiburger Jurist Hermann Kantorowicz forderte 1921 dazu auf, endlich aus Bismarcks Schatten herauszutreten, denn solange der «über den jungen Baum der deutschen Demokratie» falle, könne «dieser nicht gedeihen».[42] Der Erfolgsautor Emil Ludwig bemühte sich mit einer populären Bismarck-Biografie von 1926 um einen Brückenschlag, indem er den Mythos aus der Verfügungsmacht der Republikgegner zu befreien suchte. Rudolf Olden dankte ihm in einer Rezension im «Berliner Tageblatt»: «Bismarck, das ist unsere, des Deutschen Reiches Geschichte. Wer so erzählt, daß Millionen Deutsche sie richtig lesen, der sichert den Weg, den es allein gehen kann, den Weg der Republik.»[43]

Doch das blieben Stimmen von Außenseitern. Das Gros der deutschnational orientierten Fachhistoriker blieb auf Distanz zur Weimarer Republik. Trotz unverkennbarer Fortschritte der Forschung war die Faszinationskraft des Bismarck-Mythos ungebrochen. «Ich bin nun einmal auf den Bismarckschen Ton gestimmt», bekannte Erich Marcks in einem Brief an den «Vernunftrepublikaner» Friedrich Meinecke im Februar 1920.[44] Die Herausgabe der «Gesammelten Werke» Bismarcks seit 1924, so verdienstvoll sie auch war, diente denn auch einem klar erkennbaren politischen Zweck, den einer der Bearbeiter, Friedrich Thimme, in einem Schreiben an Erich Marcks vom August 1931 auch unverblümt benannte: nämlich «unserer heranwachsenden Jugend und der kommenden Führerschicht unseres Volkes ... ein leuchtendes Vorbild» zu geben, «in welcher Weise sie das Ziel,

Deutschlands Macht und Größe wiederherzustellen, erreichen kann».[45]

Der Ruf nach einem starken Führer, einem «zweiten Bismarck» – er erscholl in den letzten Jahren der Weimarer Republik immer vernehmlicher. «Sein Bild vor allem schwebt uns vor», rief der Münchner Historiker Karl Alexander von Müller auf dem 3. Bismarcktag 1929, «wenn wir hoffen, daß die politische Schöpferkraft unseres Volkes noch nicht erloschen ist und sich eines Tages wieder, wie ein Blitz im Gewölke, verdichtet zu einem wegweisenden Führer.»[46] Nicht wenige sahen bereits vor 1933 in dem Führer der NSDAP, Adolf Hitler, diese neue nationale Integrationsfigur. Jedenfalls konnte sich die nationalsozialistische Propaganda die weitverbreitete Sehnsucht nach einem Erlöser, einem politischen Messias zunutze machen. Vergeblich warnte Carl von Ossietzky 1931 in der «Weltbühne»: «Bismarck war trotz alledem eine Jahrhundertgestalt ... Wer aber ist Adolf Hitler? Wie groß muß die geistige Versumpfung eines Volkes sein, das in diesem albernen Poltron einen Führer sieht, also eine Persönlichkeit, der nachzueifern wäre! ... Nein, Hitler wird niemals das Dritte Reich verkünden, Hitler wird untergehen.»[47]

Bekanntlich irrte sich Ossietzky hier. «Der politische Bismarck-Mythos feierte 1933 seinen größten und zugleich fatalsten Triumph.»[48] Geschickt bedienten sich die Nationalsozialisten in den ersten Monaten nach der «Machtergreifung» Bismarcks Namen, um die preußisch-konservativen und national-bürgerlichen Kreise für sich einzunehmen. Sie präsentierten sich als «junge Kraft», die sich nun anschickte, das Werk des großen Vorgängers fortzusetzen. Am Tage von Potsdam, dem 21. März 1933, wurde die vermeintliche «Vermählung» des alten mit dem neuen Deutschland auf effektvolle Weise zelebriert, und am 1. April 1933 pries Propagandaminister Goebbels im Rundfunk die «Wiedergeburt der Nation» als «historisches Wunder»: «Bismarck war der große staatspolitische Revolutionär des 19. Jahrhunderts, Hitler ist der große staatspolitische Revolutionär des 20. Jahrhunderts.»[49]

Doch je mehr Hitler seine Herrschaft festigte und der Führer-Kult aufblühte, desto weniger waren die Nationalsozialisten auf den Bismarck-Mythos als Legitimationsmittel angewiesen. Der

Reichsgründer wurde «zum Vorläufer degradiert»[50]; seine Bedeutung in der Symbolpolitik des «Dritten Reiches» nahm von Jahr zu Jahr ab. «Ihr Schwiegervater gelte heute gar nichts mehr, werde im Gegenteil systematisch verkleinert», beschwerte sich die alte Fürstin, Herbert von Bismarcks Frau, Ende September 1938 in einem Gespräch mit dem Diplomaten Ulrich von Hassell.[51]

Gerade in konservativen Kreisen des Widerstands gegen Hitler begann man sich in dem Maße auf Bismarck zurückzubesinnen, wie deutlich wurde, dass der Diktator mit seiner verbrecherischen Eroberungs- und Vernichtungspolitik alle Normen der Zivilisation außer Kraft setzte und dabei die Existenz des Deutschen Reiches selbst aufs Spiel setzte. «Kaum zu ertragen, ich war dauernd nahe an Tränen beim Gedanken an das zerstörte Werk», notierte von Hassell nach einem Besuch in Friedrichsruh Anfang Juli 1944. «Ich habe mich in den letzten Jahren viel mit Bismarck beschäftigt, und er wächst als Außenpolitiker dauernd bei mir. Es ist bedauerlich, welches falsches Bild wir selbst in der Welt von ihm erzeugt haben, als dem Gewaltpolitiker mit Kürassierstiefeln, in der kindlichen Freude darüber, daß jemand Deutschland endlich wieder zur Geltung brachte.»[52]

Mit diesem Eingeständnis war eine Revision der nationalkonservativen Bismarck-Deutung eingeleitet, die sich nach dem Zusammenbruch des «Dritten Reiches» – und das hieß auch: nach dem Ende des deutschen Nationalstaats, wie er von Bismarck geschaffen worden war – , verstärkt fortsetzen und zu einem grundlegenden Wandel der historischen Betrachtungsweise führen sollte. Den Anfang machte der damals bereits über achtzigjährige Friedrich Meinecke mit seinem Schlüsselbuch «Die deutsche Katastrophe» aus dem Jahre 1946: «In der unmittelbaren Leistung Bismarcks selbst war etwas, das auf der Grenze zwischen Heilvollem und Unheilvollem lag und in seiner weiteren Entwicklung immer mehr zum Unheilvollen hinüberwachsen sollte», schrieb der Nestor der deutschen Geschichtswissenschaft. «Der erschütternde Verlauf des ersten und noch mehr des zweiten Weltkriegs läßt die Frage nicht mehr verstummen, ob nicht Keime des späteren Unheils in ihm von vornherein wesenhaft steckten.»[53]

Damit war die Kernfrage aufgeworfen, welche die deutsche Geschichtswissenschaft in den nächsten Jahren und Jahrzehnten nicht mehr loslassen sollte: die nach der Kontinuität der deutschen Politik zwischen 1871 und 1933, zwischen Kaiserreich und «Drittem Reich». Darin eingelagert war – notwendigerweise – die Auseinandersetzung mit Person und Werk Otto von Bismarcks. Sie wurde gewissermaßen zur «Nagelprobe» für die Bereitschaft der Historiker, die überkommenen Deutungsmuster einer kritischen Überprüfung zu unterziehen.[54]

Auf die einzelnen Aspekte der Bismarck-Debatte in den späten vierziger und frühen fünfziger Jahren soll hier nicht näher eingegangen werden. Hingewiesen sei aber doch darauf, dass der Prozess der Revision zunächst nur sehr zögerlich und nicht widerspruchsfrei in Gang kam. Auf die dreibändige, noch vor 1945 im englischen Exil geschriebene Bismarck-Biografie von Erich Eyck, die an die Kritik der linksliberalen Zeitgenossen des Reichsgründers anknüpfte, reagierte die Zunft noch mit empörter Abwehr. Für den Freiburger Gerhard Ritter bedeutete das Werk des Außenseiters «eine verspätete Revanche der durch Bismarck vergewaltigten und korrumpierten deutschen Liberalen von 1862–66»; anstelle der alten werde nun «eine neue Bismarcklegende, mit umgekehrtem Vorzeichen» etabliert.[55]

Der Münchner Historikertag von 1949, der erste nach dem Kriege, stand denn auch ganz im Zeichen des Versuchs, jeden Zusammenhang zwischen der Politik Bismarcks und der Hitlers entschieden zurückzuweisen. Als Hauptredner hatte man sich schon früh um Hans Rothfels bemüht, den die Nazis wegen seiner jüdischen Herkunft von seinem Königberger Lehrstuhl vertrieben und in die Emigration gezwungen hatten. «Er wäre der vom Himmel gesandte Mann für das Bismarck-Thema», schrieb Hermann Aubin im November 1948 an Gerhard Ritter.[56] Und Rothfels enttäuschte die in ihn gesetzten Erwartungen nicht. Sein mit viel Applaus bedachter Vortrag mündete in die Feststellung einer «Grundtatsache»: dass nämlich «das Zweite Reich im Entscheidenden und in prinzipieller Grenzsetzung gegen all das stand, was das Dritte Reich propagierte oder tat.»[57]

Diese scharfe Grenzziehung ließ sich freilich auf Dauer nicht halten. In den folgenden beiden Jahrzehnten wurde sie durch die historische Forschung zunehmend durchbrochen. Neben den Diskontinuitäten rückten nun auch die Kontinuitäten schärfer ins Blickfeld . Daran hatte vor allem das Buch des Hamburger Historikers Fritz Fischer über die deutsche Kriegszielpolitik im Ersten Weltkrieg «Griff nach der Weltmacht» von 1961 entscheidenden Anteil. Und parallel dazu differenzierte sich auch das Bild Bismarcks und der Bismarckzeit, traten die Schattenseiten seiner Herrschaft, vor allem in der Innenpolitik, deutlicher hervor.

Seit 1949 war der Ruf nach einer neuen, modernen Bismarck-Biografie nicht mehr verstummt. Auf der Feier von Bismarcks 150. Geburtstag im Friedrichsruher Museum 1965 fragte Percy Ernst Schramm: «Wann wird es wenigstens eine Biographie Bismarcks geben, die ihm wirklich entspricht?»[58] Nun – mittlerweile gibt es nicht nur eine, sondern deren drei, die, jede für sich, eine bedeutsame historiografische Leistung markieren: Lothar Galls große Darstellung des «weißen Revolutionärs» von 1980, der das Kunststück gelang, zwischen der Skylla der Bismarck-Verehrung und der Charybdis der Bismarck-Verdammung souverän hindurchzusteuern und den Mann bemerkenswert kritisch unter den Bedingungen seiner Zeit zu betrachten; Ernst Engelbergs zweibändiges Werk aus der Phase der untergehenden DDR 1985 bis 1990, in dem «ein leicht resignierender Spätmarxismus und eine gleichsam linksborussische Sicht der deutschen Reichsgründung sich treffen»[59]; und schließlich die dreibändige, 1990 abgeschlossene Biografie des amerikanischen Historikers Otto Pflanze, die sich von den beiden anderen dadurch unterscheidet, dass sie stärker die komplizierte Persönlichkeit Bismarcks in den psychoanalytisch geschulten Blick nimmt.

Hundert Jahre nach der Entlassung des Reichsgründers haben sich die beiden deutschen Teilstaaten, die 1949 aus der Trümmermasse des ersten deutschen Nationalstaats hervorgegangen waren, vereinigt. Heißt das, dass Bismarck eine «neue, fast bedrängende Bedeutung» gewonnen hätte, wie manche meinten?[60] Gewiss nicht. In der Geschichtspolitik des zweiten deutschen Nationalstaats spielt Bismarck keine nennenswerte Rolle mehr. Er ist weder Held noch Sündenbock, weder Mythos noch Dämon. Er taugt weder als Vorbild noch als Abschreckung. Die alte Antinomie von Heroisierung und Dämonisierung ist aufgelöst. Die Bismarck-Bilder, welche die Historiker zeichnen, sind nicht mehr grell schwarz-weiß getönt, sondern vielfarbig. Sie lassen den Reichsgründer so erscheinen, wie er war – mit seinen Widersprüchen und Ambivalenzen. Vielleicht läßt sich sagen, dass dieser umstrittene Staatsmann erst jetzt ganz der Geschichte angehört – und dass wir ihn deshalb in seinen Leistungen und Grenzen vorurteilsfreier betrachten können, als es früheren Generationen möglich war.

II. Rebellen und Außenseiter

Nichts als ein Räuber

Der Mythos vom Schinderhannes bewegt noch heute die Gemüter

Am 21. November 1803, einem trüben, nebligen Herbsttag, schlägt in Mainz die letzte Stunde des Räuberhauptmanns Johannes Bückler, genannt Schinderhannes. Schon in den frühen Morgenstunden sind Tausende Schaulustige zum Richtplatz geströmt, auf dem, leicht erhöht und von Soldaten abgeschirmt, eine rot angestrichene Guillotine steht. Stundenlang harrt die Menge aus. Endlich, gegen zwölf Uhr, erklingt ein Trommelschlag, und der Ruf pflanzt sich fort: «Sie kommen, sie kommen!» Ein Zug nähert sich, an der Spitze ein Kommando Gendarmen und eine Abteilung Infanterie, dahinter fünf Leiterwagen, auf denen die Verurteilten sitzen, Bückler und 19 seiner Kumpane, bekleidet mit roten und weißen Hemden und begleitet von Geistlichen, die ihnen Trost spenden.

Schinderhannes springt als Erster vom Wagen und besteigt beherzten Schrittes das Schafott. Einen kurzen Augenblick betrachtet er die Guillotine, dann sagt er: «Ich sterbe willig, ich habe den Tod verdient, aber von diesen», dabei weist er auf seine Spießgesellen, «sterben wenigstens zehn unschuldig.» Er wird auf das Brett geschnallt, unter das Beil geschoben – und mit ringsum widerhallendem Schlag trennt das zentnerschwere Messer den Kopf vom Rumpf. In rascher Folge werden auch die übrigen 19 hingerichtet; die ganze Prozedur dauert nicht einmal 20 Minuten. «Über der zahllosen Menge der Zuschauer lag eine düstere Stille», berichtet ein Augenzeuge. «Nur als der Kopf von Schinderhannes fiel, hörte man ein dumpfes ‹Hah!›.»[1]

Es war eine große Zeit der Räuber, Gauner und Diebe. Die Kriege der alten Mächte gegen das revolutionäre Frankreich seit 1792 hatten weite Landstriche verwüstet; die öffentliche Ordnung brach vielerorts zusammen. Besonders im Rheinland, der umkämpften Grenzregion, trieben Räuberbanden ihr Unwesen, allen voran die Große Niederländische Bande, die das ganze Gebiet bis hinab nach Mainz unsicher machte und zahlreiche Filialen in vielen Teilen Deutschlands unterhielt.[2] Schinderhannes und seine Leute, deren Raubzüge sich auf den Hunsrück beschränkten, waren demgegenüber eher unbedeutend. Und doch wurde ihr Anführer populärer als jeder andere Räuber seiner Zeit. Über ihn kursierten bereits zu Lebzeiten zahlreiche Geschichten. In seinen Memoiren «Vierzig Jahre aus dem Leben eines Toten» berichtet der deutsche Abenteurer Johann Conrad Friederich (1789 bis 1858), wie er als Junge «so viele seltsame Dinge von diesem Schinderhannes» gehört hatte, «daß ich mir ein großes Genie, einen wahren Wundermann unter demselben dachte». Auf dem Schiff, auf dem er von Frankfurt nach Mainz reiste, um bei der Hinrichtung dabei zu sein, war «fast nur von dem berühmten Räuberhauptmann und seiner Bande die Rede», von denen man sich «die wunderlichsten Abenteuer und Anekdoten, wahr oder erfunden, erzählte».[3]

Für die oft schwärmerische Verehrung hatten einige literarische Figuren das Terrain bereitet – angefangen bei Karl Moor in Friedrich Schillers furiosem Debüt «Die Räuber» (1781) bis hin zu «Rinaldo Rinaldini» (1799), dem Romanbestseller des Goethe-Schwagers Christian August Vulpius. Schinderhannes war wie kein anderer geeignet, den derart angeregten Fantasien als Projektionsfläche zu dienen. Er umgab sich mit der Aura des Geheimnisvollen, trat in wechselnder Kostümierung auf und hatte allerlei Liebschaften. Er schien gleichzeitig allgegenwärtig und doch für die Häscher nicht greifbar zu sein, weshalb der Aberglaube aufkam, er könne sich unsichtbar machen. In den Verhören gab er gern den Anwalt der Bedrückten und Erniedrigten. Auch diese Selbststilisierungen trugen dazu bei, dass manche Abschnitte seiner Biografie bis heute im Ungewissen blieben.

Das gilt besonders für die frühen Jahre. In seinen Bänden «Schinderhannes-Chronik» und «Schinderhannes-Ortslexikon» ist Peter Bayerlein, der beste Kenner, allen Spuren nachgegangen. Doch auch er muss einräumen, dass Kindheit und Jugend Bücklers «trotz jahrzehntelanger intensiver Forschung noch immer weitgehend im

Dunkeln» liegen.[4] So gibt es allein über das Geburtsjahr drei verschiedene Versionen: 1777, 1779/80 und 1783. Vieles spricht dafür, dass er am 24. Oktober 1777 in Miehlen im Hintertaunus geboren wurde, und zwar als ältester Sohn des Johann Bückler. Dessen Vater war ein Wasenmeister gewesen, auch Abdecker oder Schinder genannt (daher der Name Schinderhannes) – ein Gewerbe, das als «unehrlich» galt, obwohl die Ausschlachtung und Beseitigung von Tierkadavern durchaus eine nützliche Arbeit war. Man hat, um die spätere Karriere des Schinderhannes zu erklären, gern auf die soziale Deklassierung verwiesen, die mit dem Abdeckerberuf verbunden war. Tatsächlich jedoch war Schinderhannes' Vater dem Gewerbe des Großvaters untreu geworden und hatte – nach der Heirat mit Anna Maria Schmidt, einer Bauerntochter aus Miehlen – im Juli 1777 einen kleinen Hof bewirtschaftet. Dabei war er wohl nicht sehr erfolgreich gewesen, denn Ende 1783 ließ sich Johann Bückler senior als Söldner im Heer der Österreicher anwerben. Seine Frau und die rasch anwachsende Kinderschar folgten ihm auf allen Stationen, von Olmütz bis Brünn. Es war ein unstetes Leben in der rauen Luft der Garnisonsstädte.

1787 desertierte er und kehrte mit seiner Familie in die alte Heimat zurück, wo er zumeist als Tagelöhner arbeitete. Sein ältester Sohn ging für einige Zeit zur Schule und lernte ein wenig Lesen und Schreiben – eine Fertigkeit, mit der er sich später im Kreis seiner Kumpane hervortun konnte. Mit 16 Jahren trat er als Abdeckerknecht in die Dienste des Scharfrichters Nagel in Bärenbach. Doch schon bald geriet er mit seinem Lehrherrn aneinander, weil er einige Viehhäute von dessen Dachboden entwendet hatte. Nagel zeigte den Diebstahl an, und sein Knecht wurde zu 25 Stockhieben verurteilt. Später hat Schinderhannes bekannt, dass die öffentlich vollzogene Prügelstrafe «ihn tief geschmerzt, aber auch für sein ganzes zukünftiges Leben entschieden habe».[5]

Seit diesem Vorfall geriet er immer weiter auf die schiefe Bahn. Gemeinsam mit einem anderen Knecht begann er, Schafe zu stehlen und an einen Metzger zu verkaufen. Bald wurden auch diese Diebstähle entdeckt; Schinderhannes wurde verhaftet und ins Gefängnis von Kirn gesteckt, aus dem er bereits einen Tag später floh. Der erste Steckbrief des «kürzlich aus dem Gefängnis entwichenen Johannes Pückler» datiert vom 14. Dezember 1796.[6] Bald nach seiner Flucht unternahm Schinderhannes die ersten Einbrüche auf eigene Faust: Anfang Januar 1797 stieg er ins Haus eines Gerbermeisters in Meisenheim am Glan ein und stahl einen Teil der Ledervorräte. Am nächsten Tag bot er demselben Gerber die gestohlene Ware wieder zum Verkauf an – ein dreistes Bubenstück, dessen er sich immer gern rühmte. Nur wenige Wochen später drang er eines Nachts in die Tuchfabrik der Gebrüder Stumm in Birkenfeld ein und entwendete mehrere Stoffballen. Stolz berichtete er später, dass direkt neben dem Magazin ein Mann am Schreibpult gesessen habe, ohne etwas zu bemerken.

Mit diesen beiden Taten war Schinderhannes im Milieu der Gauner und Hehler eingeführt. Im Frühjahr 1797 schloss er sich der Hunsrück-Bande an, einer Rotte berüchtigter Pferdediebe. Ihr Anführer, Philipp Mosebach, lehrte den noch nicht Zwanzigjährigen, wie man einen Raubzug richtig vorbereitete, wo man die Beute verkaufen und in welchen Schlupfwinkeln man sich verbergen konnte. Das Unternehmen war lukrativ, denn wegen der Requirierungen durch französische Truppen herrschte im Hunsrück ein großer Pferdemangel. Lachend gestand Schinderhannes später, er habe in jenen Monaten so viele Pferde gestohlen, dass man damit eine ganze Reiterschwadron hätte ausrüsten können.[7] Dass er dadurch vor allem den kleinen Bauern schadete, scheint ihn nicht bekümmert zu haben. «Die Pferde werden täglich aus den Ställen gestohlen, und der arme Landmann muß sich wegen Wiedererhaltung seines Eigentums mit den Dieben abfinden», hieß es in einem amtlichen Bericht vom Dezember 1797.[8]

Kurz vor Weihnachten 1797, am 22. Dezember, ereignete sich auf dem Baldenauer Hof bei Hundheim ein Zwischenfall, der Bückler endgültig die Rückkehr ins bürgerliche Leben verbauen sollte. Gemeinsam mit drei seiner Komplizen, unter ihnen Jakob Fink (der «Rote Fink»), beging er seinen ersten Mord. Das Opfer hieß Niklas Rauschenberger – selber ein Krimineller, ein wüster Geselle, der tags zuvor in das Haus der Elisabeth Schäfer in Schneppenbach eingedrungen war. Er hatte ihre Tochter, der auch Schinderhannes gewogen war, bedrängt und schließlich allerlei Kleidungsstücke mitgenommen. Schinderhannes schwor Rache, und als sie den Gesuchten aufgespürt hatten, prügelten sie ihn mit dicken Knüppeln zu Tode. Dabei soll Bückler am Ende noch auf dem Sterbenden «herumgesprungen» sein – eine Tat von äußerster Brutalität, die mit dem später gezeichneten Bild vom edlen Räuber so gar nicht übereinstimmen will. Ihr schloss sich im Januar 1798 der erste bewaffnete Raubüberfall auf eine Ziegelhütte unweit von Spall im Soonwald an. Deren Besitzer, Johann Schmitt, wurde so schwer gefoltert, dass er zwei Jahre später an den Verletzungen starb.

Im Frühjahr 1798, nach dem Friedensschluss von Campo Formio (der 1801 im Vertrag von Lunéville offiziell bestätigt wurde), hatte das in Paris regierende Direktorium den Anschluss der linksrheinischen Gebiete an die Französische Republik verkündet und mit dem Aufbau einer zivilen Verwaltung begonnen. Parallel dazu wurde eine Gendarmerie nach französischem Vorbild ins Leben gerufen, die dem Bandenunwesen ein Ende bereiten sollte. Zunächst freilich zeigten die Maßnahmen wenig Wirkung. Die Räuber fühlten sich noch ziemlich sicher, und Schinderhannes machte es Spaß, sich immer wieder öffentlich auf Tanzböden zu zeigen und mit den hübschesten Mädchen zu schäkern. Im Juli 1798 gelang es jedoch einer Streife, ihn und seinen Begleiter, Peter Petri (genannt «Schwarzer Peter»), in der Weidener Mühle zu ergreifen. Er wurde ins Gefängnis nach Saarbrücken transportiert, wo bereits Jakob Fink einsaß. Beide konnten in der ersten Nacht die Gitterstäbe vor ihrem Fenster durchsägen und entkommen.

Im August 1798 verübte Bückler seinen zweiten Mord. Gemeinsam mit dem Schwarzen Peter überfiel er im Thiergarten auf einer Passhöhe im Soonwald den jüdischen Viehhändler Simon Seligmann. Die beiden Räuber schlugen so lange auf ihn ein, bis er tot war, und beraubten ihn all seiner Habe. Der Schwarze Peter wurde im September verhaftet; Schinderhannes konnte erst im Februar 1799 gefasst werden. In den Verhören gab er die Diebstähle bereitwillig zu, suchte aber die beiden Morde seinen Komplizen zuzuschieben. Der Kirner Friedensrichter, Franz Joseph Reichensperger, schenkte ihm keinen Glauben und ließ ihn in das Gefängnis von Simmern überstellen, das als ausbruchssicher galt. Hier, in einem sechs Meter tiefen, feuchten Verlies unter dem alten Wehrturm, blieb der Gefangene, des Nachts an Ketten gefesselt, für ein halbes

Jahr eingekerkert. Dass ihm schließlich am 20. August 1799 auf abenteuerliche Weise doch die Flucht gelang, sollte seinen Ruhm nicht nur unter seinen Spießgesellen außerordentlich steigern.

Erst jetzt begann seine eigentliche Karriere als Bandenchef. Nachdem er sich von den Folgen der Haft erholt hatte, scharte er eine Gruppe alter Komplizen um sich. Erstmals unter seinem Kommando drang die Bande Ende November 1799 in das Geschäft einer Witwe in Offenbach am Glan ein und räumte fast den ganzen Laden aus. Da der Pferdediebstahl inzwischen nicht mehr genug einbrachte, verlegten sich Schinderhannes und seine Mannen darauf, Reisende auf offener Straße zu überfallen. Zu den spektakulärsten Aktionen dieser Art zählte der Überfall auf eine Kutsche in der Nähe von Waldböckelheim Anfang Januar 1800, in der unter anderem die Brüder Reinach aus einer der reichsten jüdischen Mainzer Kaufmannsfamilien saßen. Entsprechend hoch fiel die Beute aus: 560 Gulden, dazu noch zahlreiche Wertsachen. Von nun an richtete Schinderhannes sein Augenmerk vor allem auf jüdische Kaufleute und Händler. Er empfand selbst keine Abneigung gegen Juden – in der Niederländischen Bande hatte er zeitweilig mit ihnen zusammengearbeitet. Aber er wusste, dass bei jüdischen Händlern viel zu holen war, und ihm war auch bewusst, dass solche Überfälle von den judenfeindlich gesinnten Teilen der Landbevölkerung insgeheim gebilligt wurden.[9]

Mittlerweile fühlte sich Schinderhannes so stark, dass er nicht nur Reisende beraubte, sondern mit seiner Bande in Dörfer eindrang, um dort Höfe auszuplündern. Bei einem dieser Angriffe, in Otzweiler in der Nacht vom 8. auf den 9. Januar 1800, wurde der Bauer Peter Riegel durch einen Schuss in den Unterleib getötet. Und die Bande mordete weiter. Ende März 1800 wurde der Händler Samuel Ely durch mehrere Schüsse so schwer verletzt, dass er einige Wochen später starb. Warum, gab Schinderhannes später ungerührt zu Protokoll, musste er ihnen auch nachlaufen und schreien: «Ihr Spitzbuben, gebt mir mein Geld wieder her!»[10]

Ihren erfolgreichsten Raubzug unternahm die Bande am 12. August 1800 in Hottenbach, als sie das Haus eines jüdischen Stoffhändlers stürmte und eine Beute im Wert von 4500 Gulden machte. Schinderhannes befand sich damit auf dem Gipfel seines zweifelhaften Ruhms. Und es war kein Zufall, dass er sich im selben Monat entschloss zu heiraten: Die Auserwählte hieß Julia Bläsius, Tochter eines Musikanten, den sie auf Märkten und Kirchweihen als Bänkelsängerin begleitete. Der einzige Sohn, der aus der Verbindung des Räuberpärchens hervorging, wurde im Oktober 1802 im Mainzer Gefängnis geboren. (Er wurde nach Bücklers Tod anderen Eltern gegeben; Julia selber heiratete später erneut und sollte ihren ersten Mann um fast fünfzig Jahre überleben).

So gefürchtet der Räuberhauptmann mittlerweile war – seine Bande blieb immer relativ klein. In der Regel begleiteten ihn bei seinen Raubzügen nicht mehr als vier seiner Kumpane, und nur bei größeren Unternehmungen rekrutierte er noch weitere Kräfte. Um den fluktuierenden Kern herum bildete sich jedoch ein Kreis von Helfern, die Fährdienste leisteten, für sichere Unterkünfte sorgten und das Diebesgut weiterverkauften. Noch glaubte Schinderhannes, dass ihm die Vertreter der Staatsgewalt wenig anhaben konnten. Durch eigenhändig verfasste Erpresserbriefe, unterschrieben «Johannes durch den Wald», forderte er Schutzgelder ein. Kamen die Angeschriebenen der Aufforderung nicht nach, mussten sie mit einem Überfall rechnen.

Doch seit Ende 1800 begannen die Maßnahmen der Polizei zu wirken. Dorfbewohner schöpften Mut und organisierten Widerstand. In immer kürzeren Abständen musste Schinderhannes ins Rechtsrheinische fliehen, um sich den Verfolgern zu entziehen. Nachdem bei einem Überfall Anfang September 1801 ein weiterer jüdischer Händler, Mendel Löw, erschossen worden war, verstärkte die Obrigkeit die Fahndung. Im Dezember 1801 setzte sie eine Sonderkommission zur Bekämpfung der Bandenkriminalität ein, und am 11. Mai 1802 erließ sie einen Steckbrief gegen den «berüchtigten Räuber Johannes Bückler, genannt Schinderhannes»: «Alle polizeilichen Nachforschungen lassen vermuten, daß er sich nach dem rechten Rheinufer geflüchtet ...»[11]

Einen Tag später forderte der nicht minder berüchtigte französische Polizeiminister Joseph Fouché die Länder auf der rechten Rheinseite auf, gemeinsam gegen den Räuberhauptmann vorzugehen. Der suchte als fahrender Händler unter dem Namen Jakob Ofenloch zu entkommen, fiel zweimal einer Streife in die Hände, ohne erkannt zu werden, wurde aber schließlich im Juni 1802, als er sich in Limburg an der Lahn als Soldat anwerben lassen wollte, von einem ehemaligen Komplizen identifiziert. Man brachte ihn nach Frankfurt und lieferte ihn an die französischen Behörden aus.

Ein drei viertel Jahr, vom 19. Juni 1802 bis 18. März 1803, wurde Schinderhannes in Mainz vernommen. Dabei erwies er sich als erstaunlich redselig. Nicht nur verblüffte er die Untersuchungsrichter durch sein phänomenales Gedächtnis, was seine Raubtaten betraf; er nannte ohne Zögern auch die Namen derer, die daran beteiligt gewesen waren, sodass die Zahl der Mitangeklagten schließlich auf 67 anwuchs. Zweifellos hoffte Bückler, durch sein Geständnis vom Ersten Konsul in Paris, Napoleon Bonaparte, begnadigt zu werden. Immer wieder beteuerte er, dass man ihm «doch keine Grausamkeit» vorwerfen könne: «Wenn meine Mitschuldigen deren begangen haben, so tat ich alles, was von mir abhing, um sie davon abzuhalten.»[12]

Nach Abschluss der Voruntersuchung vergingen weitere sieben Monate, bevor am 24. Oktober 1803 der Prozess eröffnet werden konnte. Den Vorsitz führte der als republikanischer Publizist bekannt gewordene Jurist und damalige Präsident des Mainzer Kriminalgerichts, Georg Friedrich Rebmann. Die Verhandlung fand im Akademiesaal des ehemals Kurfürstlichen Schlosses statt – dort, wo zehn Jahre zuvor, 1792/93, der örtliche Jakobinerklub getagt und die kurzlebige Mainzer Republik, die erste Republik auf deutschem Boden, vorbereitet hatte.

Das Interesse des Publikums war außerordentlich, man riss sich um die Eintrittskarten, die nur für einen Tag gültig waren. «Die Neugierde dieser Menschen zu sehen, ist unbeschreiblich und unbegreiflich zugleich. Zu Wasser und zu Land, zu Pferde und zu Fuß, in Wagen und auf Karren strömte seit Tagen die Menge aus einem Umkreise von zwölf Stunden herbei», berichtete ein Zeitungsreporter.[13] Ein Mainzer Künstler, Karl Mathias Ernst, hatte die Erlaubnis erhalten, die Angeklagten «nach der Natur zu zeichnen».[14] Seine Porträtskizzen fanden reißenden Absatz. Schinderhannes enttäuschte die Erwartungen nicht. Erhobenen Hauptes betrat er den Gerichtssaal, «wandelte so flüchtig und heiter dahin, als wenn es zum Tanze gehe».[15] Diese Rolle hielt er bis zum Ende durch, und auch das Todesurteil am 20. November nahm er gefasst auf, während einige seiner Komplizen sich in Verwünschungen des Gerichts ergingen.

«Bückler war tot, doch nicht der Schinderhannes», so lässt Gerd Fuchs seinen Roman «Schinderhannes» von 1986 enden.[16] Tatsächlich lebte Schinderhannes nach seiner Hinrichtung fort, und zwar nicht als der, der er gewesen war, sondern wie man sich ihn imaginierte: als ein Robin Hood des Hunsrück, der den Reichen genommen hatte, um den Armen zu geben. So beschrieb ihn bereits der anonyme Autor der «Kriminalgeschichte voller Abenteuer und Wunder und doch streng der Wahrheit getreu», die 1802 erschien. Schinderhannes sei, so hieß es da, «ein guter Mensch» gewesen, den «die Allgewalt der Umstände» in die Räuberlaufbahn gezwungen habe. Von dem Gelde, das er den Reichen, «dieser von ihm so sehr gehaßten Menschenklasse», abnahm, habe er für die Familien, «die ohne ihr Verschulden unglücklich geworden waren», «oft beträchtliche Summen» abgezweigt.[17] Vergeblich versuchte Johann Nicolaus Becker, der bei der Verhaftung der Schinderhannes-Bande mitgewirkt hatte, in seiner «Aktenmäßigen Geschichte der Räuberbanden an den beiden Ufern des Rheins» von 1804, der Legendenbildung entgegenzutreten: «Wenn man das Ganze kalt übersieht, so bleibt am Ende nichts als ein armseliger Poltron [= Maulheld] von Straßenräuber übrig.»[18] Doch je weiter der Tod Bücklers zurücklag, desto üppiger schoss der Schinderhannes-Mythos ins Kraut. In Liedern und Balladen, in Dramen und Puppenspielen, in Romanen und Biografien wurde Schinderhannes zur Idealfigur des Sozialbanditen – zum «Räuber, wie er im Buche steht», wie es in der Einleitung zu «Der neue Pivotal» (1871) hieß.[19]

Und je mehr sich im Deutschen Kaiserreich von 1871 ein aggressiver Nationalismus ausbreitete und mit einem giftigen Antisemitismus verband, desto nachdrücklicher wurden im Schinderhannes-Bild die Züge des Franzosenfeindes und Judenhassers hervorgehoben. Dabei war er weder das eine noch das andere gewesen; was ihn angetrieben hatte, war nichts anderes als der Wunsch, möglichst rasch möglichst viel Beute zu machen.[20]

Das setzte sich in der Weimarer Republik fort. In Klara Viebigs Roman «Unter dem Freiheitsbaum» (1922) war zu lesen: «Auf die

Juden besonders hatte er's abgesehen – was betrogen die Krummnasen den Bauern auch so!»[21] Nach der Besetzung des Rheinlands durch Frankreich 1923 sah man in Schinderhannes gern einen Freiheitskämpfer gegen die französische Besatzungsmacht, einen «rheinischen Rebellen», wie der Untertitel einer Biografie von Curt Elwenspoek, Intendant an den Städtischen Bühnen Kiels, von 1925 lautete.[22] Daran knüpfte Carl Zuckmayer in seinem Schauspiel «Schinderhannes» zwei Jahre später an, indem er den Räuberhauptmann zum «anarchischen Nationalhelden» verklärte.[23]

Den vorläufigen Höhepunkt in der Verfälschung und Verkitschung des historischen Stoffes setzte Helmut Käutners erfolgreicher Kinofilm von 1958 (mit Curd Jürgens und Maria Schell in den Hauptrollen). Darin verwandelte sich der Hunsrück-Räuber zu einer «eigenartigen Mischung aus Till Eulenspiegel und Andreas Hofer».[24] Dieser Film hat das Schinderhannes-Bild der Nachkriegsgeneration nachhaltig geprägt. Mit der realen Figur des Johannes Bückler, diesem gewöhnlichen Räuber und Mörder, hat er freilich nichts zu tun.

So kalt, so pedantisch

Wie es der streitbaren Sozialistin Rosa Luxemburg unter den sozialdemokratischen Männern erging

Am Morgen des 16. Mai 1898 traf Rosa Luxemburg, von Zürich kommend, in Berlin ein. Die Hauptstadt des deutschen Kaiserreichs machte auf sie den «widrigsten Eindruck»: «kalt, geschmacklos, massiv – die richtige Kaserne; und die lieben Preußen mit ihrer Arroganz, als hätte jeder von ihnen den Stock verschluckt, mit dem man ihn einst geprügelt!».[1]

Die damals 28-jährige aus dem polnischen Renaissancestädtchen Zamość stammende Sozialistin hatte gerade ein Jahr zuvor in Zürich ihr Studium mit einer Dissertation über «Die industrielle Entwicklung Polens» abgeschlossen, die von ihrem Doktorvater, dem Nationalökonomen Julius Wolf, wegen ihres «großen Scharfsinns» sehr gerühmt worden war.[2] Ein solcher Abschluss war selbst in Zürich, wo Frauen – anders als im Deutschen Reich – schon seit längerem studieren durften, ungewöhnlich.

Die frischgebackene Doktorin kam nach Berlin, um sich hier in der deutschen Sozialdemokratie, der damals größten und bestorganisierten Partei der Zweiten Internationale, zu betätigen. Das war ein mutiger Entschluss. Denn die SPD war eine ganz und gar von Männern beherrschte Bewegung. Dafür sorgte unter anderem das reaktionäre Vereinsrecht in zahlreichen deutschen Bundesstaaten, das Frauen bis 1908 untersagte, sich in der Partei zu organisieren. Danach stieg zwar die Zahl der weiblichen SPD-Mitglieder bis 1914 auf 117754, das heißt auf immerhin 16,1 Prozent der Gesamtmitgliedschaft. Doch in führenden Parteifunktionen waren kaum Frauen zu finden. Viele Sozialdemokraten betrachteten das politische Engagement der Genossinnen mit gemischten Gefühlen, da sie – darin nicht viel weiter als bürgerliche Männer – die eigentliche weibliche Bestimmung in Haushalt, Familie und Kindererziehung erblickten. Die vom charismatischen Parteiführer August Bebel in seinem Bestseller «Die Frau und der Sozialismus» von 1879 entworfene großartige Vision einer gemeinsamen Emanzipation von Mann und Frau war das eine, die tatsächliche Rollenverteilung in sozialdemokratischen Familien das andere.[3]

Wenige Tage nach ihrer Ankunft stattete Rosa Luxemburg dem SPD-Parteivorstand in der Katzbachstraße 9 in Berlin-Schönefeld ihren Antrittsbesuch ab. Ignaz Auer, einer der beiden Parteisekretäre, empfing sie nicht unfreundlich. Es standen Reichstagswahlen vor der Tür, und man brauchte jemand, der unter den polnischen Arbeitern in den preußischen Gebieten Oberschlesiens Wahlkampf machen konnte. Die Agitationsreise wurde zu einem vollen Erfolg; die SPD konnte ihre Stimmenzahl in der Region vervielfachen, und Rosa Luxemburg selbst war mit ihrem Debüt zufrieden: «Jetzt bin ich überzeugt», schrieb sie ihrem politischen Weggefährten und Geliebten Leo Jogiches nach Zürich, «daß ich in einem halben Jahr zu den besten Rednern der Partei gehören werde. Stimme, Freiheit des Ausdrucks, Sprache – alles klappt, und das Wichtigste: ich gehe ganz ruhig auf die Rednertribüne, als träte ich seit mindestens zwanzig Jahren auf, ich habe nicht das geringste Lampenfieber.»[4]

Nicht nur als Rednerin, sondern auch als marxistische Theoretikerin machte sich Rosa Luxemburg rasch einen Namen. 1898, gerade im Jahre ihrer Übersiedlung nach Deutschland, war der sogenannte Revisionismusstreit in der Sozialdemokratie mit voller Schärfe entbrannt. Ausgelöst hatte ihn Eduard Bernstein, der kritisiert hatte, dass einige Axiome der offiziellen Parteitheorie, etwa die Annahme, dass das Proletariat einem zunehmenden Verelendungsprozess ausgesetzt sei oder dass der Mittelstand allmählich verschwinden würde, mit der tatsächlichen sozioökonomischen Entwicklung im Kaiserreich nicht im Einklang stünden. Daher forderte er, die SPD müsse den Widerspruch zwischen Theorie und Praxis auflösen und sich zu dem bekennen, was sie in Wirklichkeit sei: eine demokratisch-sozialistische Reformpartei. In einer vielbeachteten Artikelserie in der «Leipziger Volkszeitung» unter dem Titel «Sozialreform oder Revolution?» wandte sich Rosa Luxemburg gegen eine Preisgabe der revolutionären Perspektive. Auf dem

Stuttgarter Parteitag im Oktober 1898, wo sie zum ersten Mal vor diesem Forum auftrat, wiederholte sie ihre Kritik an Bernsteins Revisionsversuch: «Klipp und klar müssen wir sagen, wie der alte Cato: Im übrigen bin ich der Meinung, daß dieser Staat zerstört werden muß. Die Eroberung der politischen Macht bleibt das Endziel, und das Endziel bleibt die Seele des Kampfes.»[5]

Das selbstbewusste Auftreten der promovierten jüdischen Sozialistin polnischer Herkunft war für die reformorientierten Praktiker aus dem deutschen Facharbeitermilieu eine Provokation ersten Ranges. Sie warfen ihr vor, «wie eine Göttin aus den Wolken ... mit bestechenden Phrasen» um sich zu werfen».[6] In ihren Augen war Rosa Luxemburg eine streitsüchtige Person, die von der Welt der deutschen Arbeiter nichts verstünde, eine «Ausländerin», die sich vorlaut in Belange einmischte, die sie eigentlich gar nichts angingen. Diejenigen, die die Hauptangriffe gegen Bernstein führten, seien «nicht deutsche Genossen, nicht aus der deutschen Bewegung hervorgegangen», schrieb Ignaz Auer Ende 1899.[7] Und sein Gesinnungsfreund Wolfgang Heine erklärte auf dem Lübecker Parteitag 1901: «Wenn jemand als Gast zu uns kommt und uns in die Suppe spuckt», dann müsse man sich wehren.[8] Solche Diffamierungen wurden von der bürgerlichen Presse begierig aufgegriffen. Im «Simplizissimus», der satirischen Wochenschrift, erschien damals ein Spottgedicht auf die «Volksversammlungsrednerinnen»: «Sie taugen nichts im Hause, nichts im Bette./Mag Fräulein Luxemburg die Nase rümpfen,/auch sie hat sicherlich – was gilt die Wette? –/mehr als ein Loch in ihren woll'nen Strümpfen.»[9]

Vorerst freilich hielten die SPD-Granden die Hand über die talentierte Genosssin. Bebel sah in dem «sehr gescheiten Frauenzimmer» einen Gewinn für die Partei und nahm sie mehr als einmal vor Kritik der Parteirechten in Schutz.[10] Und auch Karl Kautsky, der Chefredakteur der «Neuen Zeit», war zunächst von ihren Beiträgen beeindruckt und öffnete ihr die Spalten des wichtigsten Theorieorgans der SPD. Rosa Luxemburg wohnte in Berlin-Friedenau ganz in der Nähe der Kautskys; sie und Luise, die Frau Karl Kautskys, wurden unzertrennliche Freundinnen. Aber auch zu Clara Zetkin, die seit 1891 die Redaktion der sozialdemokratischen Frauenzeitschrift «Die Gleichheit» leitete, entwickelte sich eine lebenslange Freundschaft. Zu dem 14 Jahre jüngeren Kostja Zetkin, einem der beiden Söhne Claras, knüpfte sie Ende 1906 eine Liebesbeziehung an, die allerdings vor der Öffentlichkeit verborgen gehalten werden musste. Denn in der SPD galten, was das Privatleben anging, dieselben rigiden Anstands- und Moralregeln wie in der bürgerlichen Klasse, der man doch den Garaus machen wollte.

Seit 1905/06 begann sich jedoch das Verhältnis zur Parteiführung abzukühlen. Im Januar 1905, nach dem «Petersburger Blutsonntag», hatten Proteststreiks in Russland die zaristische Herrschaft ins Wanken gebracht. Für Rosa Luxemburg waren die revolutionären Ereignisse im Zarenreich ein Fanal. Im politischen Massenstreik erkannte sie die neue revolutionäre Aktionsform, mittels derer auch im deutschen Kaiserreich die Verhältnisse zum Tanzen gebracht werden könnten. Doch die Reformisten in der SPD, allen voran die Gewerkschaftsfunktionäre, sprachen sich nachdrücklich gegen die Propagierung von Massenstreiks aus. Otto Hué, der Vorsitzende des Bergarbeiterverbandes, empfahl den «Generalstreikpropagandisten», sie sollten doch lieber nach Russland gehen, statt die deutschen Arbeiter mit ihren Parolen zu verwirren.[11] Und die konservativen bürgerlichen Blätter stießen in dasselbe Horn, wobei sie in ihre Polemik noch einen kräftigen Schuss Antisemitismus mischten: «Weshalb läßt man die Aufruhr predigende galizische Jüdin im Lande? Man spediere diese Person doch dahin, woher sie gekommen ist, nach dem ‹in Freiheit› schwelgenden Rußland!»[12]

Im Dezember 1905 reiste Rosa Luxemburg incognito nach Warschau, um sich in die revolutionäre Bewegung in Russisch-Polen einzuschalten. Am Vorabend ihres 35. Geburtstages, am 4. März 1906, wurde sie hier verhaftet und erst vier Monate später aus dem Kerker entlassen. Nach ihrer Rückkehr zog sie mit beißendem Spott über die deutschen Gewerkschaftsführer her: «Madame Geschichte dreht den bürokratischen Schablonemenschen, die an den Toren des deutschen Gewerkschaftsglücks grimmige Wacht halten, von weitem lachend die Nase.»[13] Auf dem Mannheimer Parteitag Ende September 1906 griff sie Carl Legien, den Vorsitzenden der Generalkommission der Gewerkschaften, frontal an: Er habe nichts aus der russischen Revolution gelernt, wenn er die Idee des Generalstreiks immer noch als «Generalunsinn» abtue. Beunruhigender war für sie, dass der Parteivorstand inzwischen vor den Gewerkschaften in die Knie gegangen war und den politischen Massenstreik von deren Zustimmung abhängig gemacht hatte. Bebel, berichtete sie Clara Zetkin, habe «immer nach rechts gesprochen», und auch Karl Kautsky werde ihr «immer unheimlicher wegen seiner kläglichen Wankelmütigkeit».[14] Von nun an rissen ihre Klagen über die in der deutschen Sozialdemokratie herrschenden «unbeweglichen Stickluft» nicht mehr ab.[15]

Anfang des Jahres 1907 gaben die Kautskys ein Abendessen, zu dem Rosa Luxemburg und Clara Zetkin verspätet eintrafen. Als Bebel daraufhin scherzhaft bemerkte, man habe schon das Schlimmste befürchtet, entgegnete Rosa Luxemburg spitz, in diesem Falle hätte der Grabspruch wohl lauten können: «Hier ruhen die beiden letzten Männer der deutschen Sozialdemokratie.»[16]

Die Szene erhellt blitzlichtartig, wie weit die Entfremdung inzwischen ging. Dennoch bekam Rosa Luxemburg im Herbst 1907 das Angebot, an der ein Jahr zuvor gegründeten Parteischule der SPD das Fach Nationalökonomie zu unterrichten. Sie war die einzige Frau im Kollegium, und sie erwarb sich bald den Ruf einer ausgezeichneten Pädagogin, die ihre Schüler – überwiegend gestandene Arbeiter – zu selbständigem, kritischem Denken anhielt. Der Marxismus, wie sie ihn verstand und lehrte, nahm den revolutionären Impetus auf, war aber zugleich fern jeder dogmatische Enge. «Es war seit jeher den Epigonen vorbehalten, befruchtende Hypothesen des Meisters in starres Dogma zu verwandeln und satte Beruhigung zu finden, wo ein bahnbrechender Geist schöpferische Zweifel empfand.»[17] Darin unterschied sie sich vom SPD-Theoriepapst Karl Kautsky, der, wie sie fand, alles «kalt, pedantisch und doktrinär» auffasste.[18] Ihm gegenüber entwickelte sie bald eine lebhafte Abneigung, die seit 1910 in eine erbitterte politische Feindschaft überging.

«Himmelstürmende Theorie – und ‹Ermattung› in der Praxis, revolutionäre Perspektiven in den Wolken – und Reichstagsmandate als einzige Perspektive in der Wirklichkeit»: Mit diesen Worten geißelte Rosa Luxemburg die widersprüchliche Position Kautskys.[19]

Und ihre Gegner rieben sich die Hände. «Was Karl jetzt an seiner Freundin» erlebe, bemerkte Victor Adler, der Führer der österreichischen Sozialdemokratie in einem Brief an August Bebel vom August 1910, sei «wirklich arg»: «Das giftige Luder wird noch sehr viel mehr Schaden anrichten, umso größeren, weil sie blitzgescheit ist, weil ihr jedes Gefühl für Verantwortung vollständig fehlt u(nd) ihr einziges Motiv eine geradezu perverse Rechthaberei ist.»[20] Bebel antwortete: «Die Roserei ist nicht so schlimm wie Du denkst. Trotz aller Giftmischerei möchte ich das Frauenzimmer in der Partei nicht missen.»[21]

Allerdings zeigte sich der SPD-Vorsitzende zusehends genervt von der kompromisslosen Haltung Rosa Luxemburgs, die einfach nicht akzeptieren wollte, dass sich die deutsche Sozialdemokratie immer bequemer in der Gesellschaft des Kaiserreichs einrichtete. Auf dem Magdeburger Parteitag im September 1910 zeigte sich, wie isoliert die Wortführerin der Linken inzwischen war. Ihr Antrag zum politischen Massenstreik wurde mit großer Mehrheit abgelehnt. Rosa Luxemburg fühlte sich nach dieser Niederlage «wie ein geprügelter Hund».[22] Depressionen plagten sie. «Ach, mir ist manchmal hier schrecklich zumute», schrieb sie im November 1910 an Kostja Zetkin, «und ich möchte am liebsten fort aus Deutschland. In irgendeinem sibirischen Dorf spürt man mehr Menschentum als in der deutschen Sozialdemokratie.»[23]

Im Februar 1914 wurde Rosa Luxemburg in einem Prozess vor dem Landgericht in Frankfurt am Main zu einem Jahr Gefängnis verurteilt, weil sie in SPD-Versammlungen geäußert hatte: «Wenn uns zugemutet wird, die Mordwaffe gegen unsre französischen und anderen ausländischen Brüder zu erheben, so erklären wir: Nein, das tun wir nicht!»[24] Tatsächlich schwenkte die deutsche Sozialdemokratie jedoch, wie alle anderen Parteien der Zweiten Internationale, im August 1914 auf die nationale Parole um und unterstützte den Kriegskurs der deutschen Reichsleitung. Als Rosa Luxemburg am 4. August von der Bewilligung der Kriegskredite durch die SPD-Reichstagsfraktion hörte, dachte sie zunächst an Selbstmord. Doch dann begann sie das kleine Häuflein der nicht gewendeten Linken um sich zu scharen und den Widerstand gegen den Krieg zu organisieren. Spartakusgruppe nannte sich dieser Kreis oppositioneller Sozialdemokraten, nach den von ihm seit 1916 herausgegebenen «Spartakusbriefen».

Während des Krieges musste Rosa Luxemburg drei Jahre und vier Monate hinter Gittern zubringen – zunächst im Berliner Frauengefängnis in der Barnimstraße 10, danach, seit Oktober 1916, in der Festung Wronke bei Posen und schließlich in der Breslauer Gefängnisanstalt. Erst am 10. November 1918, als das Kaiserreich besiegt und die Hohenzollernmonarchie zusammengebrochen war, konnte sie nach Berlin zurückkehren. In den wenigen Wochen, die ihr noch blieben, entfaltete sie mit Karl Liebknecht, dem wichtigsten politischen Weggefährten seit 1914, eine fieberhafte Aktivität, um die Revolution weiterzutreiben. Doch die Kräfte des Spartakusbundes, der sich an der Jahreswende 1918/19 mit anderen linken Gruppen zur Kommunistischen Partei Deutschlands zusammenschloss, waren viel zu schwach, um der Entwicklung den Stempel aufdrücken zu können.

Dennoch wurde von interessierter Seite das Gespenst des Bolschewismus in Deutschland beschworen und eine wüste Pogromhetze gegen die radikale Linke entfesselt. Besonders Rosa Luxemburg wurde zur Zielscheibe der Antisemiten. Bereits Anfang Dezember 1918 klebten an Berliner Plakatsäulen Anschläge mit der Aufforderung, die Führer des Spartakusbundes zu ermorden. Nach der Niederschlagung der Unruhen von Anfang Januar 1919 – in der Literatur oft fälschlicherweise als «Spartakusaufstand» bezeichnet – mussten Liebknecht und Luxemburg untertauchen.[25] Am Abend des 15. Januar 1919 spürten ihre Verfolger sie in ihrem letzten Versteck in Berlin-Wilmersdorf auf. Sie wurden ins vornehme Eden Hotel in der Nähe der Gedächtniskirche gebracht, wo Hauptmann Waldemar Papst mit seiner Gardekavallerie-Schützendivision, einer der vom SPD-Volksbeauftragten für Heer und Marine, Gustav Noske, neuaufgestellten Freikorpsverbände, ihr Quartier bezogen hatte. Dass Noske selbst den Mordbefehl erteilt hat, ist eher unwahrscheinlich; aber er tat, wie der Luxemburg-Biograf Peter Nettl festgestellt hat, «auch nichts, seine blutdürstigen Helfer zu zügeln».[26]

Als erster wurde Karl Liebknecht nach schweren Misshandlungen in den Tiergarten gefahren und dort hinterrücks erschossen.

Danach wurde Rosa Luxemburg beim Verlassen des Hotel niedergeschlagen, in ein Auto geschleift und durch einen Schuss in den Kopf getötet. Ihre Leichen warfen die Mörder in den Landwehrkanal. «Die alte Sau schwimmt schon», meldete einer von ihnen.

Die Zeitungen erschienen am nächsten Tag mit der Schlagzeile: «Liebknecht auf der Flucht erschossen! Rosa Luxemburg von der Menge getötet!» Der Falschmeldung folgte einige Monate später einer der ungeheuerlichsten Lügenprozesse der deutschen Justizgeschichte. Die Mörder wurden entweder gar nicht belangt oder kamen mit lächerlich geringen Strafen davon. Die Rolle der Hintermänner blieb unaufgeklärt.

So endete das Leben der Rosa Luxemburg, einer außergewöhnlichen Frau und streitbaren Sozialistin, die für eine gerechtere Welt gekämpft und im Herbst 1918 den russischen Bolschewiki ins Stammbuch geschrieben hatte: «Freiheit ist immer Freiheit der Andersdenkenden.»[27]

Der deutsche Robin Hood

Vom Sozialdemokraten zum Terroristen: Der Weg des mitteldeutschen Bandenführers Karl Plättner

«An den Ufern der Havel lebte, um die Mitte des sechzehnten Jahrhunderts, ein Roßhändler, namens Michael Kohlhaas, Sohn eines Schulmeisters, einer der rechtschaffensten zugleich und entsetzlichsten Menschen seiner Zeit. – Dieser außerordentliche Mann würde, bis in sein dreißigstes Jahr für das Muster eines guten Staatsbürgers haben gelten können. Er besaß in einem Dorfe, das noch von ihm den Namen führt, einen Meierhof, auf welchem er sich durch sein Gewerbe ruhig ernährte; die Kinder, die ihm sein Weib schenkte, erzog er, in der Furcht Gottes, zur Arbeitsamkeit und Treue; nicht einer war unter seinen Nachbarn, der sich nicht seiner Wohltätigkeit, oder seiner Gerechtigkeit erfreut hätte; kurz, die Welt würde sein Andenken haben segnen müssen, wenn er in einer Tugend nicht ausgeschweift hätte. Das Rechtsgefühl aber machte ihn zum Räuber und Mörder.»[1]

So beginnt Heinrich von Kleists Novelle «Michael Kohlhaas» aus dem Jahre 1810. Zu allen Zeiten hat es Menschen gegeben, welche die herrschende Ungerechtigkeit nicht ertrugen, sondern ihr auf individuelle Weise abhelfen wollten. Nicht selten bezahlten sie ihr Rebellentum mit dem Leben. Die Obrigkeit und ihre Ideologen suchten die Erinnerung an sie auszulöschen, und oft ist ihnen das auch gelungen. Das gilt zum Beispiel für den mitteldeutschen Bandenführer Karl Plättner, der in den frühen Jahren der Weimarer Republik eine Berühmtheit war, heute aber nahezu vergessen ist. Im Oktober 1921, nach den ersten von ihm und seiner Gruppe vorgenommenen Enteignungsaktionen, erschienen in der Presse Berichte, in denen er mit Michael Kohlhaas verglichen wurde,[2] und im November 1923, als vor dem Staatsgerichtshof in Leipzig der

Prozess «gegen Plättner und Genossen» begann, berichtete der Reporter der «Vossischen Zeitung»: «Romantik der Schillerschen ‹Räuber› weht von der Anklagebank.» Über Plättner selbst bemerkte der Berichterstatter: «Er ist mittelgroß. Von gedrungener Gestalt. Sein Gesicht ist außerordentlich markant, bleich, und ein Paar kluge, fanatische Augen leuchten daraus hervor. Über der hohen Stirn steht ein aufgebürsteter Scheitel, der dem ganzen Gesicht etwas Künstlerhaftes gibt. Das ist eigentlich nicht das Gesicht eines Propagandisten der Tat, sondern vielmehr das eines feingebildeten Mannes mit künstlerischen Neigungen.»[3] Als «Prototyp des geistigen Revolutionärs» bezeichnete ihn damals auch die linksrepublikanische «Weltbühne»[4] – eine Beschreibung, die dem Autodidakten aus dem Arbeitermilieu gewiss gefallen hätte.

Seinen Gegnern und Verfolgern hingegen galt der intellektuelle Flair, der ihn umwehte, als anrüchig, ja als «typisch jüdisch». Im Steckbrief der Leipziger Kriminal-Abteilung vom Juni 1921 hieß es: «1,56 m groß, untersetzt, dunkles Haar, fast schwarz, trägt sandfarbenen Gummimantel und wassergrünen weichen Filzhut mit gerader Krempe. Jüdisches Aussehen.»[5] Die schweren Misshandlungen, denen Plättner bei seiner Festnahme – nach einer monatelangen Verfolgungsjagd – in Halle Anfang Februar 1922 ausgesetzt war, hatten offensichtlich auch etwas mit dem in Polizeikreisen der Weimarer Republik grassierenden Antisemitismus zu tun.

Was die Biografie Plättners für den Sozialhistoriker besonders reizvoll macht, ist die Frage, wie aus einem rechtschaffenen jungen Sozialdemokraten ein gefürchteter «Bürgerschreck», ja ein Terrorist werden konnte – eine Frage, die gerade vor dem Hintergrund der anhaltenden Debatten um die Ursachen politisch motivierter Gewalt von Interesse ist.

Um diese Entwicklung zu erklären, muss zunächst die Herkunft Plättners und das Milieu, in dem er aufwuchs, ins Auge gefasst werden. Geboren wurde er am 3. Januar 1893 im Dorf Opperode bei Ballenstedt im Herzogtum Anhalt – am Rande des Mansfelder Landes, das seit den Tagen des Bauernkrieges von 1525 zu den unruhigsten Regionen Mitteldeutschlands zählte. Sein Vater war Arbeiter, und bis zu seinem 20. Lebensjahr deutete nichts auf seine spätere Karriere als mitteldeutscher Bandenführer, wohl aber auf eine mustergültige sozialdemokratische Biografie. 1907, mit 14 Jahren, schloss Plättner die Volksschule ab und begann eine Lehre als Former im Eisenhüttenwerk in Thale am Harz, wohin die vielköpfige Familie zwei Jahre zuvor gezogen war. Mit 18 Jahren trat er der Gewerkschaft, dem Deutschen Metallarbeiter-Verband, und der SPD bei. «Damals» – so erinnerte sich ein älterer Berufskollege, der ihn im Thaler Arbeiter-Turnverein kennengelernt hatte – «machte er auf uns wegen seines ruhigen Benehmens einen guten Eindruck.»[6] Ende 1912, nach einer zweijährigen Wanderschaft, ließ sich Plättner in Hamburg nieder. Hier, in der Handels- und Industriemetropole, öffneten sich dem neunzehnjährigen Metallarbeiter nicht nur günstige Arbeitsmöglichkeiten, sondern auch ein weites Feld für politische Aktivitäten.

Seit der Zeit des Bismarckschen Sozialistengesetzes war die Hansestadt eine Hochburg der sozialdemokratischen Arbeiterbewegung. Alle drei Reichstagsmandate wurden regelmäßig von den SPD-Kandidaten erobert. Im März 1914 zählten die drei SPD-Wahlkreisvereine zusammen fast 68 000 Mitglieder; der dritte Hamburger Wahlkreis war mit 49 000 Mitgliedern die stärkste sozialdemokratische Wahlkreisorganisation im Kaiserreich überhaupt.[7] Plättner engagierte sich nach seiner Ankunft sogleich in Partei und Gewerkschaft. Er wurde als Delegierter in die Kreisversammlung des 3. Hamburger Wahlkreises gewählt, und er übernahm den Posten eines gewerkschaftlichen Vertrauensmannes in seinem Betrieb, einer kleinen Wandsbeker Maschinenfabrik. Vor allem aber widmete er sich der sozialdemokratischen Jugendorganisation, dem «Jugendbund für Hamburg-Altona». «Diesen Organisationen habe ich mit Leib und Seele angehört», erklärte er im Rückblick. «Ihnen habe ich meine freie Zeit, meine ganze Begeisterung, die ich nur aufbringen kann für irgendeine Idee, zur Verfügung gestellt.»[8]

Die Hamburger Politische Polizei war bei der Überwachung sozialdemokratischer Bestrebungen in der Hansestadt besonders eifrig, und das galt auch für die Arbeit des Jugendbundes, dessen Aktivitäten ebenfalls intensiv beobachtet wurden. Dadurch dürfte Plättner in seiner früh erkennbaren Ablehnung von Repräsentanten der Obrigkeit bestärkt worden sein. Aber auch gegenüber den etablierten Autoritäten in der Hamburger Arbeiterbewegung entwickelte er eine deutliche Abneigung. Deren pragmatischer politischer Reformkurs stieß bereits vor 1914 in Kreisen der Jugendbundleiter auf Opposition. Ihr Vorbild war Heinrich Laufenberg, einer der wenigen profilierten Vertreter der Linken, der 1907 auf Empfehlung Franz Mehrings in die norddeutsche Metropole gekommen war, um hier die Geschichte der Arbeiterbewegung in Hamburg, Altona und Umgebung zu erforschen.[9] Der erste Band erschien 1911 und wurde auf den Leseabenden im «Jugendbund» viel diskutiert.

Zur wichtigsten Zäsur im politischen Leben Plättners wurde der 4. August 1914, das Datum, an dem die SPD-Reichstagsfraktion den Kriegskrediten zustimmte. Noch am 28. Juli hatten Tausende Hamburger Arbeiterinnen und Arbeiter in überfüllten Massenversammlungen gegen den drohenden Krieg protestiert. Doch nur wenige Tage später schwenkte die Hamburger Parteiführung, dem Beispiel des Berliner SPD-Vorstands folgend, auf die Linie der kaiserlichen Kriegspolitik um, und im «Hamburger Echo», dem lokalen Parteiblatt, erschienen chauvinistische Artikel, wie man sie bislang in einer sozialdemokratischen Zeitung nicht hatte lesen können. Besonders auf die Mitglieder der SPD-Jugendorganisation wirkte der plötzliche Kurswechsel in höchstem Maße irritirend, rührte er doch an den Kern ihrer antimilitaristischen Überzeugungen. Später hat Plättner den 4. August 1914 den «schmachvollsten Tag der Sozialdemokratie» genannt und den «ungeheuren Verrat an der Idee des Sozialismus» beklagt.[10]

Die zweite einschneidende Erfahrung war das Erlebnis des Krieges. Im September 1914 wurde Plättner als Landsturmmann eingezogen; bereits im Oktober kam sein Regiment an die Westfront. Er nahm teil an den Kämpfen vor Reims und in den Argonnen. Im Herbst 1915 erlitt er eine Schußverletzung an der rechten Hand; drei Finger blieben steif. Das bedeutete, dass er seinen erlernten Beruf als Former nicht mehr ausüben konnte – zweifellos ein schwerer Schlag, der ihn am empfindlichsten Punkt seines Facharbeiter-Selbstverständnisses treffen mußte. Ende Dezember 1915 wurde Plättner als Kriegsinvalide aus dem Heer entlassen; er nahm vorübergehend eine Stelle als Hilfsschreiber bei der Allgemeinen Ortskrankenkasse an.

Zur Abwendung Plättners von der Sozialdemokratie trug drittens ein Vorgang bei, der über Hamburg hinaus für Aufsehen sorgte: Am 3. März 1916 beschlossen hier die Spitzen von SPD und Gewerkschaften, die Tätigkeit des Jugendbundes einzustellen. Ihnen war das Antikriegsengagement der Arbeiterjugend schon längst ein Dorn im Auge. Bei der Unterdrückung der oppositionellen Bestrebungen arbeiteten die SPD- und Gewerkschaftsführer eng mit der Hamburger Polizeibehörde und dem stellvertretenden Generalkommando in Altona zusammen. Nur zwei Wochen nach seiner Auflösung konstituierte sich der Jugendbund neu als «Freie Jugendorganisation von Hamburg-Altona». Sie wurde freilich vom Stellvertretenden kommandierenden General verboten, nachdem ihre Mitglieder im August 1916 die erste große Friedensdemonstration in Hamburg organisiert hatten.[11] Damit begann eine Periode der Illegalität, und dies war die Stunde Karl Plättners.

Er wurde zur «Seele der radikalen Jugendbewegung» im Ersten Weltkrieg, wie der Hamburger Polizeipräsident ihn zu Recht bezeichnete.[12] Unermüdlich reiste er seit der Jahreswende 1916/17 von Ort zu Ort, um Kontakte zu den oppositionellen Gruppen im ganzen Reich zu knüpfen und die Arbeiterjugend für den Antikriegskampf zu mobilisieren. Die Kernidee, die ihn dabei leitete, entsprach dem Programm der Bremer Linksradikalen um Johann Knief und der Zeitschrift «Arbeiterpolitik»: Durch Massenaktionen sollte der Krieg beendet und die wilhelminische Gesellschaft revolutioniert werden. Als im Frühjahr 1917 «die Morgenröte der Revolution in Rußland aufleuchtete», so hat Plättner sich sechs Jahre später erinnert, sei er in der Überzeugung bestärkt worden, «in Deutschland alles zu tun, um diesem Kriegswahnsinn nun endlich ein Ende zu bereiten».[13]

Die Absicht, aus Anlass des Internationalen Jugendtages am 2. September 1917 einen großen Demonstrationsstreik ins Werk zu setzen, wurde freilich durch die Polizeibehörden vereitelt. Eine Verhaftungswelle setzte ein, der nach und nach alle führenden Mitglieder der linken Jugendopposition zum Opfer fielen. Plättner wurde Mitte September 1917, während einer geheimen Sitzung in Hamburg, festgenommen und Ende Oktober 1917 in die «Königliche Gefangenen-Anstalt» nach Dresden transportiert. Inzwischen hatte der Oberreichsanwalt in Leipzig das Verfahren an sich gezogen. Seit Mitte Dezember 1917 wurde Plättner ständig verhört – die umfangreichen Protokolle sind erhalten geblieben. Sie zeugen von beeindruckender Standhaftigkeit des Angeklagten. «Davon weiß ich nichts», «Damit habe ich nichts zu tun», «Ich bestreite alles», «Ich habe nichts zu erklären» waren seine stereotypen Antworten. Mitte Januar 1918 brach der Untersuchungsrichter die Vernehmungen ab und bedeutete dem Gefangenen, dass er «mit einer Bestrafung im Sinne der Anklage» zu rechnen habe. Plättner gab ihm nur zur Antwort: «Von dem heutigen Klassenstaat ist nichts anderes zu erwarten.»[14]

Plättner litt schwer unter der Haft. Er könne «sich nun einmal der kommandierenden Vorschrift nicht unterordnen», schrieb er im Juli 1918 an eine Freundin in Wandsbek.[15] Ende Oktober wurde er nach Leipzig überführt, wo die Hauptverhandlung beginnen sollte. Doch dazu kam es nicht mehr. Denn Anfang November 1918 wurde das verhasste Regime der Hohenzollern gestürzt; Arbeiter- und Soldatenräte übernahmen die Macht.

Halten wir fest: Bis zu seinem 21. Lebensjahr hatte sich Plättner, wie viele andere intelligente, junge Arbeiter seiner Generation, in der sozialdemokratischen Organisationswelt engagiert und hier seine entscheidende politische Prägung erhalten. Seit Kriegsbeginn 1914 hatte er sich jedoch schrittweise diesem Milieu entfremdet und sich der radikalen Gruppe innerhalb der Kriegsopposition, den Bremer und Hamburger Linksradikalen, angeschlossen. Die Revolution von 1918/19 mit ihren hochgespannten Erwartungen und ihren enttäuschten Hoffnungen bewirkte noch einmal einen deutlichen Radikalisierungsschub. In Plättners Augen bot die revolutionäre Umwälzung von Anfang November 1918 eine einmalig günstige Chance, um mit dem Programm einer sozialistischen Umgestaltung der Gesellschaft ernst zu machen. Kaum aus der Haft entlassen, stürzte er sich in fieberhafte Aktivitäten. In Dresden schloss er sich, gemeinsam mit seinem engsten Mitstreiter aus dem ersten Weltkrieg, dem Bremer Karl Becker, einer Gruppe entschiedener Revolutionäre um den Lehrer Otto Rühle, den «Internationalen Kommunisten», an. Als deren Delegierter nahm er an der Jahreswende 1918/19 am Gründungsparteitag der Kommunistischen Partei Deutschlands in Berlin teil. Von hier aus eilten Plättner und Becker nach Bremen, wo am 10. Januar 1919 eine Räterepublik, die erste überhaupt in Deutschland, ausgerufen wurde.[16]

Obwohl erst 26 Jahre alt, wurde Plättner sogleich das Amt des KPD-Vorsitzenden des Bezirks Nordwest übertragen. Während der turbulenten Tage der Räterepublik trat er mit einigen charakteristischen Initiativen hervor. So unterstützte er in der Sitzung des Arbeiter- und Soldatenrates einen Antrag, für jeden erschossenenen revolutionären Genossen in Berlin oder anderswo drei Geiseln aus dem Bremer Bürgertum und der Sozialdemokratie hinzurichten – also den «weißen» Terror der Konterrevolution mit Gegenterror zu beantworten. Ebenso entschieden trat er für die Bewaffnung der Bremer Arbeiterschaft und die Bildung einer «Roten Armee» ein.[17] Nach der Niederschlagung der Räterepublik durch Freikorpstruppen Anfang Februar 1919 tauchte Plättner unter.

Seine Erfahrungen aus einem halben Jahr deutscher Revolution fasste er in einer Broschüre mit dem Titel «Der Weg zur Rätediktatur» zusammen. Darin hieß es unter anderem: «Nach Proletarierblut schreit und lechzt Nero-Noske, der frühere Arbeiter, jetzt Massenschlächter à la Hindenburg. Derselbe Nero-Noske, der in trauter Harmonie mit den Mördern Karl Liebknechts und Rosa Luxemburgs lebt, mit dem berüchtigten Schinderhannes Hauptmann Waldemar Papst und Hauptmann Pflugk-Harttung mit seiner beschmutzten Soldateska vom Edenhotel, dem Hauptquartier der bürgerlichen Mordbanden und Mordgesellen.»[18] «Nero-Noske» – mit dieser Formel brachte Plättner seine Verachtung für die mehrheitssozialdemokratischen Führer zum Ausdruck, die sich nach den blutigen Märzkämpfen in Berlin 1919 zu einem abgrundtiefen Hass steigerte.

In den folgenden Monaten führte Plättner das unstete Leben eines kommunistischen Wanderredners. Um seinen Häschern zu entgehen, musste er häufig Wohnort und Quartier wechseln. Die Ruhelosigkeit, die ihn ohnehin umtrieb, wurde ihm zur zweiten Existenz. Wo immer er auftrat, suchte er kleine Revolten anzuzetteln, etwa im April 1919 in Aschersleben. «Er verdrehte den Leuten derartig die Köpfe», berichtete die örtliche Polizeiverwaltung, «daß er sich zum Schluß der Versammlung an die Spitze einer größeren

Menge Aufrührer stellen und mit diesen einen Putschversuch unternehmen konnte. Die Menge versuchte zuerst das Amtsgerichtsgefängnis zu stürmen; als dies durch die hiesige Polizei vereitelt wurde, wandte sie sich zum Bezirkskommando und stürmte dieses. Dabei wurden u. a. die Bekleidungskammern gewaltsam erbrochen und ausgeplündert, und aus der ebenfalls gewaltsam erbrochenen Waffenkammer 1 Maschinengewehr, mehrere Infanteriegewehre und Munition geraubt.»[19]

Im September 1919 wurde Plättner in Halle festgenommen, schon im Dezember gelang ihm die Flucht. Nach dem Ausschluss der Linksopposition auf dem Heidelberger KPD-Parteitag Ende Oktober 1919 verschrieb er sich ganz dem Aufbau der Kommunistischen Arbeiter-Partei Deutschlands (KAPD), einer neuen linksradikalen Organisation, die nicht nur den bürgerlichen Parlamentarismus, sondern auch jede Mitarbeit in den Gewerkschaften entschieden ablehnte. An deren Stelle sollten revolutionäre Betriebsorganisationen treten, zusammengefasst in der im Februar 1920 gegründeten «Allgemeinen Arbeiter-Union Deutschlands». Unter den Funktionären der KAPD in Sachsen-Anhalt war Plättner einer der aktivsten und erfolgreichsten. So sorgte er dafür, dass in Magdeburg und in Halle die KPD-Mitglieder fast geschlossen zur KAPD übertraten. Im September 1920 tauchte er auch wieder in Bremen auf, um hier beim Aufbau der KAPD zu helfen. Wir sind über seine Aktivitäten hier einigermaßen zuverlässig informiert, weil es der Polizei gelungen war, einen Spitzel in die nur rund 100 Mitglieder zählende Ortsgruppe einzuschleusen.[20]

Bis zu diesem Zeitpunkt kann die politische Biografie Plättners als beispielhaft gelten für den Prozess der Radikalisierung, den die militant-aktivistischen Teile der deutschen Arbeiterbewegung während der revolutionären Umbruchperiode zwischen 1916 und 1921 durchliefen: Von der oppositionellen Arbeiterjugend im Ersten Weltkrieg, den Bremer und Hamburger Linksradikalen (Gruppe «Arbeiterpolitik»), den Internationalen Kommunisten Deutschlands (IKD), der Linksopposition in der KPD bis hin zur KAPD hatte ihn sein Weg an den äußersten linken Rand des politischen Spektrums geführt. Damit auch noch der letzte Schritt vom linken Radikalismus zum Terrorismus vollzogen werden konnte, bedurfte es einer weiteren traumatischen Erfahrung: des mitteldeutschen Aufstands und seines Scheiterns im März 1921.

Ausgelöst wurde die sogenannte «Märzaktion» durch den Einmarsch schwer bewaffneter Schutzpolizisten ins «rote Herz» Deutschlands, den Bezirk Halle-Merseburg. Sie sollten die unruhige Industrieregion «befrieden». Denn hier war – nach der Vereinigung des linken Flügels der USPD mit der KPD im Dezember 1920 – die Vereinigte Kommunistische Partei Deutschlands (VKPD) zur bei weitem stärksten politischen Kraft geworden. Für Plättner und die Aktivisten der KAPD war der Polizeieinsatz im mitteldeutschen Industrierevier das Signal zum Losschlagen: «Eins war mir klar, es ging ums Ganze – entweder wir oder die Bourgeoisie, ein Mittelding gab es für mich nicht, sondern nur den Willen: Sturz der Regierung, Diktatur des bewaffneten Proletariats», so erklärte er im Rückblick.[21] Freilich nicht Plättner, sondern Max Hoelz, der Räuberhauptmann aus dem Vogtland, wurde zur Schlüsselfigur des bewaffneten Aufstands. Seine 2500 Mann starke «Rote Armee» lieferte der Polizei in und um Eisleben eine Reihe von Gefechten, wurde aber schon bald durch die an Zahl und Bewaffnung überlegenen Polizeikräfte in die Defensive gedrängt und schließlich aufgerieben. Dabei gingen die Schupo-Beamten mit äußerster Brutalität zu Werke. «Das Reich muß mit diesen Banditen Schluß machen, sonst geht Deutschland unter», forderte der Reichskommissar für die Überwachung der öffentlichen Ordnung.[22] Standrechtliche Erschießungen von Gefangenen, die man der Beteiligung am Aufstand verdächtigte, waren an der Tagesordnung. Am 29. März stürmten 21 Polizeihundertschaften das Leuna-Werk. Mindestens 31 Arbeiter wurden auf der Stelle erschossen – ein kaltblütiges Massaker –, viele andere, die an den Kämpfen teilgenommen hatten, zu langjährigen Freiheitsstrafen verurteilt.

Plättner war Leiter einer kleinen bewaffneten Abteilung, die unabhängig von Hoelz' Kampftruppe bei Ammendorf operierte. Erst nach der Niederlage der Aufständischen und der Verhaftung von Hoelz in Berlin Mitte April 1921 trat er aus dem Schatten des populäreren Rebellen heraus. In seinen Augen hatten die beiden proletarischen Parteien KPD und KAPD es an Mut und Kampfbereitschaft fehlen lassen. Deshalb – so seine Schlussfolgerung – müssten die zu allem entschlossenen Revolutionäre nun, unabhängig von den Organisationen, ihre Sache selbst in die Hand nehmen und zum Bandenkampf übergehen. Die Grundzüge des Konzepts legte Plättner in einer Broschüre dar, die den Titel «Der organisierte rote Schrecken!» trägt – eines der leidenschaftlichsten, rasendsten Revolutionsmanifeste des 20. Jahrhunderts. Eine alte Tradition der subversiven Volksliteratur aufgreifend, verspottete der Autor zunächst die ihn verfolgende Obrigkeit: Als Herstellungsort wurde die «Hausdruckerei des Ministeriums für öffentliche Unsicherheit (Gustav Noske Nachfolger, Inhaber Hörsing) in Berlin» genannt. Das Vorwort knüpfte an das Pathos des «Kommunistischen Manifests» an: «Durch die Geschichte der Jahrtausende geht wie ein roter Faden die Auflehnung der Besten und Edelsten, der Gralshüter der Menschenwürde, gegen alle Autoritäten, gegen alle Unterdrückung.»

In einer wuchtigen, in apokalyptischen Bildern schwelgenden Sprache forderte Plättner die Arbeiter auf, die herrschenden Gewalten durch ungesetzliche Aktionen in einen Kleinkrieg zu verwickeln: «Habt ihr keine Waffen, so habt ihr doch Streichhölzer – jagt die Zwingburgen der Kapitalisten in die Luft, kauft euch Streichhölzer und steckt die Villen der Besitzenden in Brand, holt auch Dynamit und laßt keinen Stein auf dem anderen, denn diese Welt ist nicht mehr zu retten.» Diese als «dauernde Beunruhigungspolitik» bezeichnete Strategie gipfelte in der Forderung, auf dem Wege des «organisierten Bandenkampfes» systematisch Enteignungen, «Expropriationen», vorzunehmen: «Wir gehen an die Quelle der Enteigner – das sind die Banken und Betriebe, die Quellen all unseres Elends. Dort haben wir Aufräumungsarbeit zu leisten.»[23]

Wollte Plättner sein Programm in die Tat umsetzen, brauchte er zuverlässige, unerschrockene Gefährten. Er musste nicht lange suchen, denn Berlin, wo er sich seit April 1921 aufhielt, war nach der «Märzaktion» ein Tummelplatz für politische Flüchtlinge, die sich dem Zugriff der Polizei entzogen hatten. Aus ihnen rekrutierte er im Laufe des Sommers 1921 den Kern seiner Gruppe – 13 Männer und 2 Frauen –, die in den Berichten von Polizei und Justiz bald als «Plättner-Bande» geführt wurde. Es waren nicht die Ärmsten der Armen, die «Lumpenproletarier», die sich hier zusammenfanden. Vielmehr hatten die meisten, wie Plättner, einen ordentlichen Beruf erlernt und sich in der sozialdemokratischen Organisationswelt vor 1914 betätigt. Erst die Enttäuschung über die mageren Ergebnisse der Novemberrevolution und die Erbitterung über die Repression im Anschluss an die Märzkämpfe hatten sie aufnahmebereit gemacht für die «Propaganda der Tat». Plättners Führungsrolle in dem Kreis war ganz unbestritten. Er war der Kopf, der bei der Planung der «Expropriationen» die Rollen verteilte, und auch bei der Ausführung der Überfälle übernahm er das Kommando. Seinen Genossen imponierte er nicht nur durch Mut und Tatkraft, sondern auch durch seine intellektuelle Überlegenheit. Seine Broschüre «Der organisierte rote Schrecken!» war für alle Pflichtlektüre, und die darin niedergelegten Gedanken wurden zur Richtschnur des Handelns. «Meine Aufgabe» – so beschrieb er einmal seine Rolle – «war es, immer und unter allen Umständen führend, anfeuernd und beispielgebend voranzustürmen, bis die Bastille, die Zwingburg, gestürzt werden konnte.»[24]

Seit Juni 1921 unternahm die Gruppe eine «Expropriation» nach der anderen, wobei sie ihr Augenmerk vor allem auf Bankfilialen und Werkskassen richtete. Den Auftakt machte ein Überfall auf die Depositenkasse der Deutschen Bank in Deuben bei Dresden am 3. Juni 1921. Dabei wurden rund 250 000 Mark erbeutet. Ende August scheiterte die Gruppe bei dem Versuch, im Postamt Helmstedt Geldsäcke mit mehreren hunderttausend Mark zu requirieren, doch Mitte Oktober gelang ihr ein weiterer spektakulärer Coup: Am helllichten Tage suchte sie die «Grube Alwine» bei Bruckdorf unweit Halle heim und entwendete aus der Betriebskasse über 100 000 Mark. Nach jeder gelungenen Aktion ließ Plättner Flugblätter und Plakate drucken, die im Stile militärischer Bulletins den Erfolg vermeldeten. So kündigte ein Plakat mit der Überschrift «Kriegsbericht aus dem Plauenschen Grund» nach dem Überfall auf die Siemens Werke in Freithal-Döhlen (bei Dresden) im Dezember 1921 an: «Wir, die Rebellen, die wir mit festem Schritt unser Ziel verfolgen ..., werden weiter Rauben, Plündern, Sengen und Wühlen – bis das morsche Gebäude der kapitalistischen Raubbanditen, bis die Macht der heute noch Herrschenden am Boden vernichtet ist.»[25]

Der britische Historiker Richard J. Evans hat in seiner Geschichte der Todesstrafe in Deutschland die Plättner-Gruppe der zwanziger Jahre mit der Roten- Armee-Fraktion der siebziger Jahre verglichen. «In vieler Hinsicht hatten diese Leute mit ihrer Mischung aus vagem politischem Extremismus und skrupelloser Kriminalität Ähnlichkeit mit der Baader-Meinhof-Gruppe der 1970er Jahre.»[26] Einige Parallelen sind in der Tat ganz unverkennbar – etwa die aggressive Sprache. So ist in den Plättner-Broschüre «Der organisierte rote Schrecken!» von «Polizeischweinen» die Rede. Die Flugblätter waren unterzeichnet mit «Aktions-Rat der Roten Armee» oder «Aktionsbüro der Roten Armee».[27] Gemeinsam war beiden Gruppen auch das Selbstverständnis, Avantgarde einer kommenden sozialistischen Revolution zu sein, die sich das Recht zusprach, den bestehenden bürgerlichen Klassenstaat mit gewaltsamen Mitteln zu delegitimieren und für einen Umsturz reif zu machen. «Wir, die Expropriateure», schrieb Plättner in einer 80seitigen Antwort auf die Anklageschrift des Oberstaatsanwalts in Halle im Juli 1922, «stehen auf einem sittlichen Niveau, das nur in der proletarischen Bewegung fundiert ist, und nur Leute, die über dem Grad unseres sittlichen Niveaus stehen, haben das Recht, uns zu beurteilen und uns zu verurteilen.»[28]

Gemeinsam war drittens auch der Anspruch, nicht als gewöhnliche Straftäter, sondern als politische Gefangene verurteilt zu werden. Darum kämpfte Plättner, unterstützt von Rechtsanwalt Ernst Hegewisch, in der langen Zeit seiner Untersuchungshaft seit seiner Festnahme im Februar 1922. «Ist Plättner kein gemeiner Räuber, sondern der Führer der deutschen Terroristen, soll er aber mit Gewalt zum gemeinen Räuber gestempelt werden, so hat er das Recht und die Pflicht, seine Taten in das richtige Licht zu setzen», bemerkte Hegewisch.[29]

Es gab freilich auch einige Unterschiede: Die Mitglieder der Plättner-Gruppe kamen nicht aus der akademischen Mittelschicht, sondern ausschließlich aus der Arbeiterschaft. Sie waren in der sozialdemokratischen Bewegung vor 1914 groß geworden und hatten sich, wie der Bandenführer selbst, von diesem Milieu schrittweise entfernt. Ein weiterer wichtiger Unterschied: Trotz ihrer martialischen Rhetorik war die Plättner-Gruppe bei ihren «Expropriationen» darauf bedacht, die Anwendung von Gewalt in Grenzen zu halten. Die mitgeführten Waffen – Revolver und Handgranaten – dienten der Einschüchterung; davon sollte aber kein Gebrauch gemacht werden. «Die Absicht, auf Menschen zu schießen, hatten wir nicht, im Gegenteil hatten wir als Prinzip vereinbart, lieber die Flucht zu ergreifen, wenn wir einmal auf energischen Widerstand stoßen würden», gab ein Mitglied der Gruppe nach seiner Verhaftung zu Protokoll.[30] So sind denn auch bei den Raubzügen keine Menschen umgekommen oder auch nur verletzt worden.

Vor allem aber war der gesellschaftlich-politische Kontext ein gänzlich anderer. Der Bandenkampf Plättners und seiner Gruppe war ein spezifisches Phänomen der frühen zwanziger Jahre, nur verständlich im Zusammenhang einer fieberhaft erregten Zeit – mit ihren enttäuschten Revolutionshoffnungen und messianischen Heilserwartungen. Mit dem Ende der revolutionären Nachkriegskrise und der wirtschaftlichen Stabilisierung der Weimarer Republik verloren proletarische Sozialrebellen vom Schlage Karl Plättners und Max Hoelz' ihren Resonanzboden. Der Versuch von Plättners Nachfahren in den frühen siebziger Jahren, das Konzept des «organisierten Bandenkampfes» noch einmal zu reanimieren, zeugt von einer bemerkenswerten Realitätsblindheit. So stellte ein (anonym bleibender) Autor im Vorwort einer von Plättners Broschüren, die 1973 im Karin Kramer Verlag nachgedruckt wurden, die Frage: «Ob Plättners ‹organisierter Bandenkampf› wirklich nur Putschismus war oder ob in seinem Konzept doch Ansätze einer praktizierbaren Militanz und Subversivität enthalten waren, das müssen wir heute beantworten.»[31] Die Baader-Meinhof-Gruppe hat diese Frage auf ihre Weise beantwortet.

Plättner, der Ende November 1923 vom Staatsgerichtshof in Leipzig zu zehn Jahren Zuchthaus verurteilt wurde, distanzierte sich in einer Erklärung vom März 1926 ausdrücklich von seinem Konzept des «organisierten Bandenkampfes» als einem untauglichen Mittel zum Zweck. Die Erfahrungen hätten gezeigt, dass dieser Kampf nicht geeignet sei, Sympathiebewegungen auszulösen, vielmehr würden große Teile der Arbeiterschaft dadurch nur abgestoßen. Ohne die aktive Teilnahme der Massen oder gar gegen deren Willen sei der Kommunismus jedoch «nicht lebensfähig».

«Dies erkennen zu müssen ist angesichts der Tatsachen bitter, aber nichtsdestoweniger zwingend.»[32]

Im Juli 1928 kam Plättner, wie Max Hoelz, im Zuge einer allgemeinen Amnestie frei. Mehrere Tausend Arbeiter bereiteten ihm am Leipziger Hauptbahnhof einen stürmischen Empfang.[33] Er näherte sich wieder der KPD an, wurde aber offenbar nicht Mitglied. Im Frühjahr 1929 veröffentlichte er ein Buch, das für Aufsehen sorgte: «Eros im Zuchthaus». Darin behandelte er, von den eigenen Erfahrungen ausgehend, mit ungewöhnlicher Offenheit die sexuellen Nöte von Strafgefangenen.[34] «Eine einzige Qual geht durch das Buch», lobte Kurt Tucholsky, und auch Erich Mühsam, der Münchner Anarchist, pries die «Leidensbeichte von unerhörter Aufrichtigkeit».[35] Ende 1930 erschien unter dem Titel «Der mitteldeutsche Bandenführer» seine Autobiografie. Der Verlag versprach eine Sensation, doch das Ergebnis war enttäuschend. Denn von den Taten der Plättner-Gruppe war kaum die Rede, dafür aber umso mehr von dem erbitterten Kleinkrieg, den sich der Bandenchef hinter Kerkermauern mit den Justizbehörden geliefert hatte.[36]

Nach 1933 begann für Plättner, wie für viele andere deutsche Kommunisten, eine neue Periode der Verfolgung. Obwohl er sich in Leipzig als Brennstoffhändler eine selbständige Existenz aufbaute und von der illegalen Arbeit der KPD fernhielt, wurde er ständig beschattet: «Plättner war vor der nationalen Erhebung Führer einer kommunistischen Terrorgruppe und Schriftsteller der KPD … Er hat sich bis heute nicht umgestellt und wird sich auch nicht umstellen», hieß es in einem Bericht des 21. Polizeireviers in Leipzig vom November 1935.[37] Mehrfach wurde Plättner verhaftet und seit Beginn des Zweiten Weltkriegs endgültig im KZ Buchenwald festgesetzt. Hier begann eine lange, schreckliche Odyssee. Plättner hatte sich niemals in Machthierarchien einordnen können, und er war auch niemals ein bedingungsloser Gefolgsmann einer Parteilinie gewesen. So geriet er nicht nur mit dem SS-Wachpersonal, sondern auch mit den KPD-Funktionären in der Lagerselbstverwaltung, den «roten Kapos», aneinander. Ende Januar 1944 setzten sie ihn auf die Transportliste nach Lublin/Majdanek.[38] Von dort kam er im Juli 1944 nach Auschwitz, und im Januar 1945, mit einem der letzten Transporte, nach Mauthausen. Die Befreiung durch amerikanische Truppen erlebte er noch in einem Nebenlager in Ebensee. Von rastloser Ungeduld getrieben, mochte Plättner nicht abwarten, bis er sich wieder von den Strapazen der Haft erholt hatte. Mit dem aus Dresden stammenden Kommunisten Walter Reede, mit dem er sich in Lublin angefreundet hatte, machte er sich sofort auf den Rückweg nach Leipzig. Doch unterwegs verließen ihn die Kräfte. Er starb am 4. Juni 1945 in Freising.

«Wenn Dir etwas gegen den Strich ging, konntest Du unerbittlich sein. Entweder oder – war sehr oft Deine Devise, und es blieb für einen Rückzug wenig Raum», so hat ihm der Leidensgefährte der letzten Monate nachgerufen.[39] Revolutionäre Ungeduld war in der Tat der vorherrschende Wesenszug Plättners. Sie paarte sich mit einer instinktiven Ablehnung aller Autoritäten, gleich ob in der Arbeiterbewegung oder im Staatsapparat. Zwang und Disziplin waren ihm verhasst, auch die Parteidisziplin, auf die sich Sozialdemokraten und Kommunisten viel zugute hielten. Kein Wunder, dass er überall, wo er wirkte, aneckte. Doch hätten sich diese Eigenschaften ohne das Erlebnis des Krieges und der revolutionären Nachkriegswirren nicht so entfalten und eine radikalisierende politische Dynamik entwickeln können. Individuelle und überindividuelle Faktoren mussten also zusammenkommen, um aus Karl Plättner den zu machen, der er war: einen der interessantesten Sozialrebellen der deutschen Gesellschaftsgeschichte.

III. Affären und Krisen im deutschen Kaiserreich

Liebchen und der Harfner

Die Eulenburg-Affäre beschädigte das Ansehen der Monarchie, aber auch das des Journalismus

Am 17. November 1906 veröffentlichte der Berliner Journalist Maximilian Harden in seiner Wochenschrift «Die Zukunft» einen Artikel mit der vielsagenden Überschrift «Präludium». Darin übte er scharfe Kritik an einem Kreis von Politikern, die zur Entourage Kaiser Wilhelms II. gehörten und «von sichtbaren und unsichtbaren Stellen aus Fädchen spönnen, die dem Deutschen Reich die Atmung erschweren». Einen dieser unverantwortlichen Ratgeber nahm Harden besonders aufs Korn: «Heute weise ich offen auf Philipp Friedrich Karl Alexander Botho Fürsten zu Eulenburg und Hertefeld, Grafen von Sandels, als auf den Mann, der mit unermüdlichem Eifer Wilhelm dem Zweiten zugeraunt hat und heute noch zuraunt, er sei berufen, allein zu regieren, und dürfe, als unvergleichlich Begnadeter, nur von dem Wolkensitz, von dessen Höhe herab ihm die Krone verliehen ward, Licht und Beistand erhoffen, erflehen; nur ihm sich verantwortlich fühlen. Das unheilvolle Wirken dieses Mannes soll wenigstens nicht im Dunkel fortwähren.»[1]

In der Person des 59-jährigen Grafen (seit 1900 Fürsten) Philipp zu Eulenburg hatte Harden tatsächlich eine Schlüsselfigur des wilhelminischen Establishments getroffen. Der feinsinnige, aber intrigante Aristokrat, der sich neben dem diplomatischen Beruf als Dichter und Liederkomponist betätigte, zählte, seit Wilhelm 1888 den Thron bestiegen hatte, zum engsten Freundeskreis des jungen Monarchen. «Etwas wie ein preußischer Cagliostro», so hatte schon Bismarck über den Höfling geurteilt. «Für das dramatische Temperament unseres Kaisers ist die Sorte ganz besonders gefährlich.

Wenn er in der Nähe des hohen Herrn ist, nimmt Eulenburg Adorantenstellung ein.»[2]

Eulenburg, Schlossherr in Liebenberg, 60 Kilometer nördlich von Berlin, empfand eine schwärmerische Bewunderung für Wilhelm und unternahm alles, ihn mit Männern zu umgeben, die ihm, wie er selbst, nach dem Munde redeten und ihn in seinen selbstherrlichen Allüren bestärkten. Im Kreis der «Liebenberger Tafelrunde», inmitten von Schmeichlern und Speichelleckern, fühlte sich der unsichere, von Minderwertigkeitsgefühlen geplagte Monarch am wohlsten. Und hier fielen wichtige Entscheidungen. So war es Eulenburg gewesen, der dem Kaiser Ende der neunziger Jahre die Berufung Bernhard von Bülows als Nachfolger des Fürsten Chlodwig zu Hohenlohe-Schillingsfürst im Amt des Reichskanzlers empfohlen hatte.

Seit der Jahrhundertwende nahm der Einfluss Eulenburgs jedoch deutlich ab. 1902 gab er seinen Botschafterposten in Wien auf und zog sich ganz aufs Schloss Liebenberg zurück. Wilhelm meldete sich zwar hin und wieder noch zu Besuch an, aber für Eingeweihte war erkennbar, dass der Kaisergünstling seine große Zeit hinter sich hatte. In den Augen der kritischen Öffentlichkeit galt Eulenburg indes immer noch als Haupt einer Nebenregierung, einer «Kamarilla», die einen verderblichen Einfluss auf den Kaiser und die Reichspolitik ausübe.

Im Herbst 1906, als der Bismarck-Verehrer Harden seinen Feldzug gegen Eulenburg und dessen Freundeskreis eröffnete, hatte die Missstimmung über die Zustände an der Führungsspitze des Reiches einen Höhepunkt erreicht. «Wir entsinnen uns kaum einer Zeit, in der eine derartige Unzufriedenheit geherrscht und so offen zum Ausdruck gebracht worden wäre, wie es jetzt der Fall ist», stellten die «Hamburger Nachrichten» fest, das alte Hausblatt der Bismarcks.[3] Nahrung erhielt die Unzufriedenheit durch ein Buch, das damals für Furore sorgte: «Unser Kaiser und sein Volk! Deutsche Sorgen. Von einem Schwarzseher.» Der anonyme Verfasser kam zum Ergebnis, dass Wilhelm von Schranzen umgeben sei und längst den Kontakt zu seinem Volk verloren habe. Daraus leitete er die Forderung ab: «Die Chinesische Mauer der Hofkamarilla muß fallen!»[4]

Mit seiner Attacke vom 17. November setzte sich Harden an die Spitze der Kritiker. Und bereits eine Woche nach seinem Präludium legte er nach. In einem Artikel «Dies irae» überraschte der brillante Journalist seine Leser mit einer «Momentaufnahme», frei nach einer Szene aus Goethes «Faust»: «November 1906. Nacht. Offenes Feld im Uckergebiet. Der Harfner: Hast Du gelesen? Der Süße: Schon Freitag. Der Harfner: Meinst Du, daß noch mehr kommt? Der Süße: Wir müssen mit der Möglichkeit rechnen, er scheint orientiert, und wenn er Briefe kennt, in denen von Liebchen die Rede ist. Der Harfner: Undenkbar! Aber sie lassens überall abdrucken. Sie wollen uns mit Gewalt an den Hals. Der Süße: Eine Hexenzunft. Vorbei! Vorbei! Der Harfner: Wenn nur Er nichts davon erfährt!»[5]

Mit dem «Harfner» war, leicht zu entschlüsseln, Eulenburg gemeint, mit dem «Süßen» Kuno von Moltke, der Stadtkommandant von Berlin (und ein entfernter Verwandter des Generalfeldmarschalls), und mit «Er» kein anderer als der Kaiser, den seine Freunde untereinander als «Liebchen» titulierten. Harden hatte damit zum ersten Mal auf die homoerotische Atmosphäre des Liebenberger Freundeskreises angespielt. Seine «Faust»-Parodie war ein deutlicher Wink an Eulenburg und Moltke, dass er über belastendes Material verfüge, von dem er bei Bedarf Gebrauch machen werde. «Wirds nötig, dann werde ich lauter reden», schrieb er am 8. Dezember 1906. Er werde sich «aber freuen, wenn das Grüppchen, dem ich jedes Privatvergnügen gönne, das politische Geschäft aufgibt und mir (und anderen) leidige Pflichterfüllung erspart».[6]

Ebendas schien, nach einer Vermittlung des Hamburger Theaterintendanten Alfred von Berger, möglich. Eulenburg versprach, sich nunmehr gänzlich vom politischen Leben fernzuhalten, und reiste im Dezember für längere Zeit, wie man annahm, in die Schweiz. Die Affäre schien damit beigelegt, bevor sie noch begonnen hatte.

Doch schon im Januar 1907 kehrte er, entgegen seiner Zusage, nach Deutschland zurück, um an dem Fest zur Investitur des Schwarzen-Adler-Ordens teilzunehmen, der ihm vom Kaiser verliehen worden war. Prompt nahm Harden seine Kampagne wieder auf. Unverblümt machte er Eulenburg und die Kamarilla dafür verantwortlich, dass der Kaiser in der Marokkokrise 1905/06 zurückgewichen sei, statt es auf einen Krieg ankommen zu lassen. Und er verknüpfte diese Kritik mit dem nun offen erhobenen Vorwurf der Homosexualität: «Die träumten nicht von Weltbränden; habens schon warm genug», hieß es in der «Zukunft» vom 13. April 1907.[7] Zwei Wochen später wurde Harden noch deutlicher und schrieb mit Blick auf Eulenburg von einer «nicht gesunden vita sexualis».[8]

Harden wusste, was er tat. Homosexualität galt in der prüden, männerbündischen wilhelminischen Gesellschaft als abartiges Verhalten und wurde nach Paragraf 175 bestraft. Nichts war geeigneter, einen öffentlichen Skandal zu provozieren, als der Verdacht, dass sich an der Spitze des Reiches ein Klüngel schwuler Männer tummelte, die aufgrund ihrer effeminierten Natur zu einer kraftvollen Politik nach außen und nach innen außerstande seien. In den Berliner Salons wurden Hardens Enthüllungen zum Tagesgespräch, und «in der Hofgesellschaft begann ein Gewispere und Geraune voll Angst und Schadenfreude», wie sich Otto Hammann, der Pressechef des Auswärtigen Amtes, später erinnerte.[9]

Nur einer erfuhr von alldem nichts: Wilhelm II. Selbst Reichskanzler Bülow wagte nicht, ihn ins Bild zu setzen, aus Angst, in Ungnade zu fallen. Schließlich nahm Kronprinz Wilhelm die Sache in die Hand und klärte den Monarchen am 3. Mai 1907 auf. «Niemals im Leben werde ich das verzweifelte, entsetzte Gesicht meines Vaters vergessen, das mich fassungslos anstarrte», schrieb der Kronprinz in seinen Erinnerungen.[10] Der Kaiser erfasste instinktiv, dass Hardens Feldzug gegen die Kamarilla ihn selbst beschädigen musste. Entsprechend schnell und hart fiel seine Reaktion aus: Kuno von Moltke wurde sofort seines Amtes enthoben; bei Eulenburg ließ Wilhelm am 4. Mai anfragen, welche gerichtlichen Schritte er «gegen gewisse Verdächtigungen» einzuleiten gedenke und ob er sich «diesen Anspielungen gegenüber einwandfrei» fühle.[11] Es half nichts, dass Eulenburg, seit langem verheiratet und Vater von acht Kindern, sein «reines Gewissen» beteuerte und darauf hinwies, dass ein Skandalprozess genau das sei, was sein Gegner wünsche[12] – Ende Mai kündigte der Kaiser ihm förmlich die Freundschaft auf, indem er ihn aufforderte, gegen Harden vorzugehen oder aber «unter Vermeidung jeden Aufsehens sich in das Ausland (zu) begeben».[13]

Eulenburg empfand das kaiserliche Verhalten als «abscheuliche Roheit».[14] Doch statt Anklage gegen Harden zu erheben, erstattete er bei der Staatsanwaltschaft in Prenzlau Anzeige gegen sich selbst. Das Verfahren war eine Farce, denn der Staatsanwalt, der die Untersuchung leitete, war mit Eulenburg befreundet, und so blieb garantiert, dass nach zwei Monaten die völlige «Unschuld» des Fürsten festgestellt wurde.

Einen anderen Weg schlug Kuno von Moltke ein: Er forderte seinen Kontrahenten zum Duell; nachdem Harden abgelehnt hatte, klagte er ihn wegen Beleidigung an. Da die Staatsanwaltschaft ein öffentliches Interesse an einer Strafverfolgung Hardens verneinte, blieb ihm nichts anderes übrig, als Anfang Juni 1907 eine Privatklage anzustrengen. Der Prozess begann am 23. Oktober vor dem Schöffengericht in Berlin-Moabit. Der Andrang des Publikums war außerordentlich. «Vormittags Prozeß Moltke-Harden, abends Caruso. Und jedermann erwartet sich ein Fest», berichtete die «Vossische Zeitung». «Die Nachfrage nach Eintrittskarten für das Drama in Moabit, von dem man nicht voraussehen konnte, ob es eine Tragödie oder eine Komödie werden sollte, ist nicht geringer als für das erste Auftreten des Königs der Tenöre im Berliner Opernhaus.»[15]

Den Vorsitz führte ein unerfahrener, sichtlich überforderter Amtsrichter. Harden wurde vom Münchner Anwalt Max Bernstein vertreten, einem geschickten Juristen, der mit seinem bajuwarischen Temperament die Szene beherrschte. Kronzeugin der Verteidigung war Moltkes geschiedene Gattin, eine Freifrau von Elbe. Sie wartete mit pikanten Details aus dem Eheleben aus, um ihren früheren Mann als sexuell anormal erscheinen zu lassen. So habe sie ihn einmal beobachtet, wie er ein Taschentuch an seine Lippen presste, das Eulenburg habe fallen lassen. Auch der Pionier der Sexualwissenschaft und Vorkämpfer für die Streichung des Paragrafen 175, der Berliner Mediziner Magnus Hirschfeld, hatte einen Auftritt. Als Gutachter bestätigte er, Moltke müsse wohl als «femininer Charakter» bezeichnet werden.

Vergeblich bemühte sich dieser um eine Widerlegung der Vorwürfe: «Niemals hat ein süßer, unmännlicher Ton am kaiserlichen Hofe geherrscht. Dafür bürgt schon die frische ursprüngliche Persönlichkeit des Kaisers. Niemals hat ein Grüppchen existiert, niemals eine politische Zuträgerei, niemals eine Kamarilla.»[16]

Das Gericht schenkte ihm keinen Glauben. Nach einem effektvollen Schussplädoyer Hardens, in dem er mit großer Geste erklärte, er stehe für eine «saubere Sache», wurde er, vom Publikum mit Hochrufen begleitet, vom Vorwurf der Beleidigung freigesprochen.

In der Hofgesellschaft löste das Urteil Empörung aus. «Törichter und kompromittierender» für das Herrscherhaus hätte die «Skandalaffäre» nicht erledigt werden können, notierte Hofmarschall Robert Zedlitz-Trützschler. Man habe sich «heillos blamiert».[17] Und die Baronin Hildegrad Freifrau von Spitzemberg entrüstete sich: «Ich bin geradezu krank über den Prozeß Moltke-Harden.» Nie hätte sie geglaubt, dass «derartige Dinge öffentlich besprochen werden» dürften.[18] Die konservative «Tägliche Rundschau» kommentierte in einem Leitartikel: «Was sich der jüdische Rechtsanwalt Bernstein mit einer geradezu ekelerregenden Ausnutzung seiner advokatorischen Überlegenheit in Anwürfen an einen preußischen General leisten konnte, ist unerhört ... Widerwärtigeres und Unbegreiflicheres ist nie in einem deutschen Gerichtssaal geboten worden.»[19] Der Kaiser, der den Artikel las, unterstrich diese Stelle dick und fügte die Bemerkung hinzu: «Vorzüglich. Die Justizbehörde hat total versagt und die Krone schwer geschädigt.»[20]

Sofort nach Verkündung des Urteils legte Moltke Berufung ein. Nun auf einmal erkannte auch die Berliner Staatsanwaltschaft ein öffentliches Interesse an und leitete ein neues Verfahren gegen Harden ein. Bevor das Gericht am 16. Dezember 1907 zusammentrat, kam es zu einem Zwischenspiel, das für den weiteren Verlauf der Prozesse bedeutsam werden sollte. Der Schriftsteller Adolf Brand, ein typischer Trittbrettfahrer, hatte in einem Pamphlet auch Reichskanzler Bülow der Homosexualität bezichtigt. Bülow verklagte ihn, und Brand wurde Anfang November 1907 zu sechs Monaten Gefängnis verurteilt. Während des Prozesses trat Eulenburg als Zeuge auf, und er nutzte die Gelegenheit, um unter Eid zu bekräftigen, dass er selbst niemals strafbare Handlungen im Sinne des Paragrafen 175 begangen habe. Damit setzte er sich der Gefahr aus, wegen Meineids angeklagt zu werden.

Der zweite Moltke-Harden-Prozess, der bis zum 3. Januar 1908 dauerte, war das genaue Gegenstück zum ersten. Die Verhandlungen wurden zügig und zum Teil unter Ausschluss der Öffentlichkeit geführt. Harden war krank und indisponiert. Die Hauptzeugin, Frau von Elbe, verwickelte sich im Kreuzverhör in Widersprüche und brach fast zusammen. Eulenburg, der als erster in den Zeugenstand trat, wiederholte seine eidliche Aussage aus dem Brand-Prozess und fügte sogar noch hinzu: «Schmutzereien habe ich nie getrieben.»[21] Am Ende wurde Harden zu vier Monaten Gefängnis verurteilt. Moltke und Eulenburg schienen vollkommen rehabilitiert.

«Ich glaube kaum, daß je eine so himmelschreiende, infame Beugung des Rechtes vorgekommen ist; jedes Gerechtigkeitsgefühl schäumt dagegen auf und bleibt machtlos», versuchte Hedwig Pringsheim, die Schwiegermutter Thomas Manns, ihren Freund Harden zu trösten.[22] In der liberalen Presse hingegen setzte ein deutlicher Meinungsumschwung gegen Harden ein. Das Urteil solle eine Mahnung sein für alle, die meinten, den politischen Kampf auf das verbotene Gebiet des Privatlebens hinübertragen zu müssen, meinte etwa das «Berliner Tageblatt».[23] Am kaiserlichen Hof war die Erleichterung groß. Wilhelm konnte von seinen Beratern gerade noch davon abgehalten werden, Eulenburg und Moltke sogleich in allen Ehren wieder aufzunehmen.[24]

Doch Harden gab sich keineswegs geschlagen. Er hatte während der Prozesse Beweismaterial zugespielt bekommen, das ihm erlaubte, Eulenburg des Meineids zu überführen. Die Frage war für ihn nur noch, auf welchem Weg er davon am wirkungsvollsten Gebrauch machen konnte. Gemeinsam mit seinem Anwalt heckte er einen Plan aus: Es musste sich ein Journalist, am besten aus München, finden lassen, der einen diffamierenden Artikel gegen Harden losließ. Dann konnte man einen Beleidigungsprozess anstrengen und ihn in der bayerischen Hauptstadt führen, fern der preußischen Rechtshoheit. Und genau so geschah es: Am 23. März 1908 veröffentlichte der Redakteur Anton Städele, wie gewünscht, in einer kleinen Münchner Zeitung einen Artikel, in dem er behauptete, Harden habe vom Fürsten Eulenburg die fantastische Summe von einer Million Mark erhalten, damit er künftig schweige. Harden reichte beim Amtsgericht München Beleidigungsklage ein, und am 21. April 1908 begann der Prozess.

Das Gericht spielte das Spiel mit, obwohl klar war, dass es gar nicht um den Redakteur Städele ging (er wurde zu 100 Mark Geldstrafe verurteilt, die Harden ihm erstattete), sondern darum, Eulenburg seine Homosexualität nachzuweisen. Zu diesem Zwecke ließen Harden und Bernstein zwei Zeugen aufmarschieren: Als Ersten den Milchhändler Georg Riedel, der aussagte, sich im Jahre 1881, als 19-Jähriger, mit Eulenburg in einem Wald am Starnberger See homosexuell vergnügt zu haben. Doch Riedel war ein Mann mit Vorstrafen und unstetem Lebenswandel und seine Glaubwürdigkeit nicht besonders groß. Anders verhielt es sich mit dem zweiten Zeugen, dem Starnberger Fischer Jakob Ernst. Er leugnete zunächst, mit Eulenburg intimen Verkehr gehabt zu haben, doch, von Bernstein eindringlich befragt, gab er schließlich zu Protokoll: «Dann muß ich es sagen, es ist so, wie die Leute sagen.» Er gestand, in den frühen achtziger Jahren von Eulenburg zu homosexuellen Praktiken überredet worden zu sein und sie jahrelang mit ihm betrieben zu haben: «Wenn wir wo hingefahren sind, haben wir die Lumperei gemacht.»[25]

Die Sensation hätte größer nicht sein können. Die Zeitungen überschlugen sich. Für Eulenburg bedeutete der Ausgang des Münchner Verfahrens die moralische Vernichtung. «Nach meiner Ansicht kann doch nur der Tod den Mann noch vor dem Zuchthaus retten», schrieb Hedwig Pringsheim in einem Brief, in dem sie Harden zu der für ihn glücklichen Wendung der Dinge gratulierte.[26] Auch Axel Freiherr von Varnbüler, der württembergische Gesandte in Berlin und Freund Eulenburgs, bemerkte Ende April 1908, dass nach dem «vernichtenden Ergebnis» der Zeugenaussage in München Eulenburg «rettungslos verloren» sei. «Das bedeutet den vollkommenen Zusammenbruch seiner ganzen Existenz – mit allen Konsequenzen». Am besten wäre es, wenn Eulenburg sich selbst richtete, bevor er gerichtet würde. Die Kugel wäre doch «jetzt das barmherzigste».[27]

Anfang Mai 1908 eröffnete die Berliner Staatsanwaltschaft eine Voruntersuchung gegen Eulenburg wegen Meineids und kassierte zugleich das Urteil gegen Harden. Im Zuge ihrer Ermittlungen stellten die Fahnder neues Belastungsmaterial sicher, unter anderem einen Brief Eulenburgs an Jakob Ernst vom Dezember 1907 mit der Bitte, «nichts von den Sachen» zu erzählen, wenn er nach Berlin vorgeladen werden sollte.[28] Am 7. Mai wurden Riedel und Ernst in Liebenberg dem kranken Fürsten gegenübergestellt. «Drei Stunden dauerte die Konfrontation an Papas Bett! Welche Entheiligung seiner lieben Krankenstube», klagte die Fürstin zu Eulenburg in einem Brief an einen ihrer Söhne.[29] Da die Zeugen bei ihren Aussagen blieben und diese auch beeideten, erließ der Untersuchungsrichter Haftbefehl gegen Eulenburg und ordnete seine Überführung in die Berliner Charité an.

Der so tief Gefallene sah sich als «ein Opfer schändlicher, grauenhafter Machinationen». «Wir leben in einer Zeit, da Presse, Judentum, Geld die öffentliche Meinung beherrscht.»[30] Besonders hart traf ihn, dass der Kaiser ihn durch Generalfeldmarschall Wilhelm von Hahnke aufforderte, den Schwarzen-Adler-Orden zurückzugeben.[31] Eulenburg kam dem umgehend nach und legte gleich noch alle anderen Orden dazu, die ihm Wilhelm verliehen hatte.

Am 29. Juni 1908 begann vor dem Moabiter Schwurgericht der Prozess gegen Eulenburg. Die Öffentlichkeit blieb ausgeschlossen. Der Angeklagte wurde auf einer Trage in den Gerichtssaal gebracht. Am 14. Juli mussten die Verhandlungen in das Krankenhaus verlegt werden; drei Tage später brach Eulenburg zusammen, erst Ende September konnte er gegen eine Kaution von 100 000 Mark die Charité verlassen und nach Liebenberg zurückkehren. Wilhelm II. war von der Vertagung des Prozesses «sehr unangenehm überrascht»: «Die ganze Wirtschaft war umsonst, und die Schweinerei fängt wieder von vorne an.»[32] Harden war überzeugt, dass Eulenburg seine Krankheit nur simuliere: «E. entzieht sich, sobald es ungemütlich wird, der Verhandlung. Ein Provinzkomödiant. Aber auch ein gemeingefährlicher Verbrecher.»[33] Auf seinem Schloss lebte Eulenburg in vollkommener gesellschaftlicher Isolation. Seine adligen Freunde mieden ihn wie einen Aussätzigen. Die «Flucht seiner Standesgenossen» war das, was er am schmerzlichsten empfand.[34] Erst im Juli 1909 wurde die Hauptverhandlung wieder eröffnet; schon nach einer Stunde brach Eulenburg erneut zusammen, und bis zu seinem Tod im September 1921 wurde der Prozess nicht wiederaufgenommen.

Bereits im November 1908 hatte ein anderes Ereignis die Eulenburg-Affäre aus den Schlagzeilen verdrängt: ein besonders törichtes

Interview, das Wilhelm der britischen Zeitung «Daily Telegraph» gegeben hatte. Die öffentliche Empörung darüber hätte gewiss nicht so hohe Wellen geschlagen, wenn nicht zuvor Hardens Angriffe gegen die Kamarilla die Sensibilität für die Probleme in der Führung des Reiches geschärft hätten.

Ein Nachspiel gab es noch: In einem dritten Prozess Harden gegen Moltke im April 1909 wurde der Journalist zwar zu einer Geldstrafe und zur Übernahme aller Prozesskosten verurteilt. Doch Harden verzichtete diesmal auf eine Revision, nachdem Moltke ihm gegenüber eine Ehrenerklärung abgegeben hatte und ihm durch die Vermittlung des Hamburger Reeders Albert Ballin sämtliche Kosten erstattet worden waren. So wurde die Affäre, die das Kaiserreich über zwei Jahre in Atem gehalten hatte, im Stillen beigelegt.

Harden konnte sich als Sieger fühlen. Der Einfluss der Kamarilla war gebrochen, das Ansehen der Monarchie und der aristokratischen Führungsschichten schwer erschüttert. Und doch blieb bei seinen Freunden ein Gefühl des Unbehagens zurück. «Es fragt sich», notierte der Kunstmäzen Harry Graf Kessler in sein Tagebuch, «wie weit man berechtigt ist, ein Vorurteil, das man selber nicht teilt, zu benutzen, um einen politischen Gegner zu vernichten.»[35] Harden hatte, indem er die Homosexualität zum Politikum machte, bewusst auf Skandal gesetzt und dabei bedenkenlos alle Register des Sensationsjournalismus gezogen. Das sei eben sein «dreckiges Metier», hielt er Walther Rathenau entgegen, der ihm deswegen Vorwürfe machte.[36]

Der inszenierte Skandal war in seinen gesellschaftlichen Wirkungen ambivalent: Einerseits führte er zu einer Enttabuisierung des Themas. Es sei «unausstehlich», empörte sich Paul Cassirer, der Kunsthändler und Verleger, «selbst die kleinen Mädchen in der Elektrischen unterhielten sich jetzt über Homosexualität.»[37] Andererseits verstärkte die Affäre die schwulenfeindlichen Stimmungen im Kaiserreich, manche sprachen gar von einer regelrechten «Verfolgungsepidemie». Den «größten Schaden» aus den ganzen Prozessen, so zitiert Kessler in seinem Tagebuch ein Gespräch mit dem Maler Max Liebermann, «hätten sie, Leute wie er und ich, die freie Menschen wollten».[38]

Ein Totentanz, ein Menetekel

Die «Daily Telegraph»-Affäre vom November 1908 erschütterte das Kaiserreich in seinen Grundfesten

Am Morgen des 28. Oktober 1908 erhält der Leiter der Presseabteilung im Auswärtigen Amt, Otto Hammann, durch Eilboten eine Depesche des Wolffschen Telegraphenbüros. Ihr Inhalt: ein Artikel aus dem «Daily Telegraph» vom selben Tage, überschrieben «The German Emperor and England». Der Artikel ist als «berechnete Indiskretion» eines in Ruhestand lebenden britischen Diplomaten aufgemacht, der vor einiger Zeit Gespräche mit dem deutschen Kaiser geführt hat und sich nun verpflichtet fühlt, eine «Quelle von so unantastbarer Autorität» der Öffentlichkeit zur Kenntnis zu bringen.[1] Hammann überfliegt den Text und traut seinen Augen kaum. Der Pressechef ist zwar bei seinem kaiserlichen Herrn einiges gewöhnt an rhetorischen Entgleisungen, doch was er hier lesen muss, verschlägt ihm buchstäblich die Sprache.

«Ihr Engländer», so soll Wilhelm II. seinem Gesprächspartner eröffnet haben, «seid verrückt, verrückt, verrückt wie die Märzhasen». Denn statt zu begreifen, dass er, der Kaiser, ihr bester Freund sei, würden sie ihm nur mit Argwohn begegnen. Das sei für ihn umso unangenehmer, als er sich mit seinen freundschaftlichen Gefühlen zum Inselreich im Gegensatz zur großen Mehrheit des deutschen Volkes befinde. «Ich bin also sozusagen in einer Minderheit in meinem eigenen Land, aber sie ist die Minderheit der besten Elemente.»

Aber war es nicht der deutsche Kaiser gewesen, der 1896 mit seinem Glückwunschtelegramm an den Präsidenten der Transvaal-Buren, «Ohm» Krüger, die britische Regierung brüskiert und englandfeindliche Stimmungen in Deutschland geschürt hatte? Davon will Wilhelm II. jetzt angeblich nichts mehr wissen: Während des

Burenkrieges habe er, entgegen den Wünschen der deutschen Öffentlichkeit, den Empfang einer Burendelegation abgelehnt und damit deren Europa-Mission zum Scheitern gebracht; er habe, als ihm Frankreich und Russland seinerzeit eine Kontinentalliga vorschlugen, um die Burenrepubliken zu retten und England «bis in den Staub zu demütigen», dies nicht nur schroff abgelehnt, sondern darüber auch sofort der englischen Königin Victoria, seiner Großmutter, berichtet. Mehr noch: Er habe in Absprache mit dem deutschen Generalstab einen Feldzugsplan zur Bekämpfung der Buren ausgearbeitet und nach England geschickt – und merkwürdigerweise habe dieser Plan genau dem entsprochen, den der englische Feldmarschall Lord Roberts dann gegen die Buren befolgt habe, womit der Kaiser den Briten bedeutet, dass sie den Sieg über die Buren eigentlich ihm zu verdanken hätten.

Und die deutsche Schlachtflotte, Wilhelms Lieblingsspielzeug? Widerspricht sie nicht allen Freundschaftsbekundungen? Auch hier wartet der Monarch, dem «Daily Telegraph» zufolge, mit einer verblüffenden Version auf: Nicht um England zu bedrohen, sei die Flotte gebaut worden, sondern um für alle Eventualitäten im Fernen Osten gerüstet zu sein. Damit beleidigt der Kaiser nicht nur den gesunden Menschenverstand der Briten, sondern bringt auch noch das aufstrebende Japan gegen sich auf. «Wenn ein Preis für den ausgesetzt gewesen wäre, der es fertig brachte, in einem Atem möglichst viele Menschen und Völker gleichzeitig vor den Kopf zu stoßen», so hat der Historiker Erich Eyck einmal formuliert, «der Verfasser dieses Interviews hätte ihn sich verdient.»[2]

Hammanns erste Reaktion auf die Anfrage des Wolffschen Büros, ob eine Veröffentlichung erwünscht sei, ist: dementieren! Hier ist dem Kaiser offenbar etwas in den Mund gelegt worden, was er gar nicht gesagt haben konnte. «Man mußte nur wissen, aus welcher Mücke dies Mastodon entstanden sein mochte.»[3] Mit diesem Vorsatz eilt der Pressechef ins Auswärtige Amt, doch muss er hier zu seiner maßlosen Überraschung erfahren: Das kaiserliche Interview ist nicht nur authentisch, es wurde vor seiner Veröffentlichung vom Reichskanzler Bernhard Fürst von Bülow und – während Hammann und der Staatssekretär des Auswärtigen Amtes, Wilhelm Freiherr von Schoen, in Urlaub waren – auch von nachgeordneten

Beamten seiner Dienststelle geprüft und abgesegnet. Ein Dementi ist also ganz ausgeschlossen. Hammann und Schoen sind sich einig: Dann müssen die Dinge eben ihren Lauf nehmen. Am Mittag des 28. Oktober wird der Artikel des «Daily Telegraph» durch das Wolffsche Büro ohne jede Streichung und distanzierenden Kommentar verbreitet.

Der Skandal war da. Er stürzte das Kaiserreich in seine bisher schwerste innenpolitische Krise. Von den Erschütterungen, die sie auslöste, haben sich der Kaiser und sein Hofstaat nie wieder erholt. Der Anfang vom Ende der Hohenzollernherrschaft begann nicht erst im Juli 1914, als die Vabanquepolitik Berlins den Weltkrieg provozierte – er zeichnete sich bereits im Herbst 1908 ab, als der durch das unbedachte Interview entfachte Novembersturm den Thron ins Wanken brachte.

Die Entstehungsgeschichte der «Daily Telegraph»-Affäre liest sich wie ein Satyrspiel, wie ein Lehrbeispiel für die operettenhafte Regierungsweise, worin der englische Historiker John C. G. Röhl das auffälligste Charakteristikum des wilhelminischen Kaiserreichs sieht.[4] Nach einem offiziellen Besuch in England im November 1907 hatte Wilhelm II. noch drei Wochen in Highcliffe Castle an der Südküste Englands zugebracht. Hier führte er lange politische Kamingespräche mit seinem Gastgeber, dem englischen Obersten und Brigadekommandeur Edward Stuart-Wortley. Der Meinungsaustausch wurde während der Kaisermanöver im Elsaß Ende August/Anfang September 1908 fortgesetzt. Und hier entstand auch die Idee, die kaiserlichen Äußerungen der britischen Öffentlichkeit in Form eines Zeitungsinterviews bekanntzugeben. Zusammen mit einem Redakteur des «Daily Telegraph» setzte Stuart-Wortley den Text des Interviews auf und schickte ihn, um jedes Missverständnis auszuschließen, dem Kaiser Ende September zur Prüfung zu.[5] Wilhelm II., der sich in diesen Tagen zur Jagd in Rominten aufhielt, fand «den Artikel gut geschrieben und seine Worte wahrheitsgetreu wiedergegeben». Auf Anraten von Martin Freiherr von Jenisch, des Vertreters des Auswärtigen Amtes im kaiserlichen Gefolge, ließ er sich jedoch herbei, den Text nicht sofort zur Veröffentlichung freizugeben, sondern zuvor das Plazet des Reichskanzlers einzuholen.

Bülow, der seit Anfang Juli mit kurzen Unterbrechungen zur Kur auf Norderney weilte und seine Dienstgeschäfte gleichsam nebenbei erledigte, las den Entwurf Stuart-Wortleys gar nicht, sondern leitete ihn zur Prüfung an das Auswärtige Amt weiter. Hier gelangte er, da der zuständige Staatssekretär von Schoen noch in Urlaub war, in die Hände des stellvertretenden Staatssekretärs Wilhelm Stemrich, der ihn wiederum weitergab an den Vortragenden Rat in der Politischen Abteilung, Geheimrat Reinhold Klehmet. Dieser nahm einige kleine Änderungen am Text vor, überprüfte den Artikel aber nicht auf die politische Opportunität einer Veröffentlichung, weil er sich dafür gar nicht zuständig hielt. Von Klehmet aus legte das Corpus delicti denselben Weg wieder zurück: über den stellvertretenden Staatssekretär, der sich nicht mehr der Mühe einer eigenen Durchsicht unterzog, über Bülow, der den Text auch beim zweiten Durchgang nicht las, sondern ihn mit den Änderungen Klehmets (die er als seine eigenen ausgab) über seinen Vetter Jenisch an den Kaiser adressierte. Guten Gewissens schickte Wilhelm II. am 19. Oktober die korrigierte Fassung des Entwurfs an Stuart-Wortley, nicht ahnend, welchen Sprengstoff die Sendung enthielt, die der «Daily Telegraph» einige Tage später veröffentlichte. «Kein Blatt hat je einen wichtigeren und interessanteren Beitrag gebracht», schrieb der Chefredakteur am 28. Oktober an Stuart-Wortley, als wüsste er bereits um die verheerenden Wirkungen, welche das kaiserliche Interview auslösen würde.[6]

Unter Historikern ist viel darüber gestritten worden, wen die Hauptschuld an der Veröffentlichung trifft. Fest steht, dass der Kaiser für den politischen Inhalt seiner Äußerungen, die er ausdrücklich als «wahrheitsgetreu wiedergegeben» anerkannt hatte, allein verantwortlich zu machen war. Allerdings hatte Wilhelm II. in diesem Fall – im Unterschied zu manchen Eigenmächtigkeiten früherer Tage – verfassungsrechtlich korrekt gehandelt, indem er dem Reichskanzler die Gelegenheit zur Prüfung und damit auch zum Widerspruch gab. Wenn Bülow diese Aufgabe nicht wahrnahm, sondern sie an das Auswärtige Amt delegierte, so war das grob fahrlässig. Erklärt werden kann sein Versagen wohl nur, wenn man sich die besondere Qualität seiner Beziehung zu Wilhelm II. in Erinnerung ruft.

Seit seiner Berufung zum Reichskanzler im Jahre 1900 hatte Bülow einen erheblichen Teil seiner Energie darauf verwandt, sich die Gunst des Kaisers, von der, wie er wusste, seine Stellung abhing, zu erhalten. Dabei bediente er sich auch abstoßender Formen der Liebedienerei, wie sie am kaiserlichen Hof gang und gäbe waren. Statt die Neigung des Kaisers zu politischen Eskapaden vorsichtig zu korrigieren, bestärkte er ihn eher noch darin. Bülow, so klagte der Direktor der HAPAG und Kaiser-Freund Albert Ballin einmal, sei «ein Unglück für uns, er verdirbt den Kaiser völlig».[7]

Selbst wenn der Kanzler also den Artikel gelesen und seine politische Brisanz erkannt hätte, ist zu bezweifeln, ob er Wilhelm II. von einer Veröffentlichung würde abgeraten haben. Noch weniger aber war dies von einem subalternen Beamten im Auswärtigen Amt zu erwarten. Zwar sah Geheimrat Klehmet durchaus die Bedenklichkeit der kaiserlichen Äußerungen, hielt sich aber nicht für befugt, einer vom Monarchen gewünschten Willenskundgebung zu widersprechen. So war das bizarre Hin und Her, das der Veröffentlichung des Interviews vorausging, nicht etwa ein unglücklicher Betriebsunfall in einem ansonsten gut funktionierenden Regierungsmechanismus; vielmehr war es Ausdruck eines im politischen System angelegten Strukturdefekts, den Max Weber damals dem liberalen Politiker und Publizisten Friedrich Naumann so beschrieb: «Die Hohenzollern-Dynastie kennt nur die Korporalsform der Macht: Kommando, Parieren, Strammstehen, Renommage.»[8] In diesem System war jeder Minister, Beamter oder Offizier, jede politische Gruppe innerhalb der führenden Eliten und jedes Mitglied der Hofgesellschaft – waren sie allesamt dazu verdammt, um das Vertrauen der «Allerhöchsten Person» zu werben, wenn sie reüssieren wollten. Nur wenn man sich die Schlüsselrolle Wilhelms II. vor Augen führt, wird verständlich, warum sich die «Daily Telegraph»-Affäre zur Staatskrise ausweiten konnte.

Als der deutsche Botschafter in London, Paul Graf von Metternich, das Kaiser-Interview las, soll er ausgerufen haben: «Jetzt können wir so ziemlich den Laden zumachen.»[9] Die jahrelangen Bemühungen der deutschen Diplomatie, trotz der Flottenrivalität die Beziehungen zu Großbritannien zu verbessern, schienen zunichte gemacht. Doch erwiesen sich die Befürchtungen hinsichtlich der außenpolitischen Wirkung als übertrieben. Die englische Regierung und Öffentlichkeit reagierten auf die kaiserlichen Tiraden mit einer unnachahmlichen Mischung aus Befremden und amüsiertem Interesse. Als der englische Kriegsminister Sir Richard Haldane in einer Unterhausdebatte, gefragt nach dem angeblichen Feldzugsplan des Kaisers, erklärte, dass ein solcher Plan in den Archiven nicht aufzufinden sei und er daher dem Wunsch nach Veröffentlichung nicht nachkommen könne, verzeichnete das Parlamentsprotokoll: «Lautes und allgemeines Gelächter.»[10]

Wesentlich ernster war die Reaktion in der deutschen Öffentlichkeit. Hier lösten die kaiserlichen Entgleisungen einen Sturm der Entrüstung aus, in dem sich alles entlud, was sich im Laufe von zwei Jahrzehnten an Verdruss über das «Persönliche Regiment» angesammelt hatte. In ihrem Tagebuch bezeichnete die Baronin Hildegard von Spitzemberg die Taktlosigkeiten Wilhelms als «das Beschämendste, Kläglichste, Indiskreteste und Bedenklichste», was sich der Kaiser jemals geleistet habe. Sie hätten in allen Kreisen einen «niederschmetternden Eindruck» hinterlassen. «Es liegt etwas so unmännlich Kindisches gerade in dieser Schwatzhaftigkeit, die man unter gewöhnlichen Sterblichen geradezu verächtlich findet.»[11] Auch für Hermann Molkenbuhr, einen der führenden Sozialdemokraten, war das Interview «eine geradezu unglaubliche Dummheit»: «Daß in Deutschland der Absolutismus herrscht und das Land in die gefährlichste Lage gebracht hat, weiß in Deutschland jeder einsichtige Mensch, aber daß der Herrscher dumm genug ist, diesen blamablen Zustand vor dem Ausland zu enthüllen, das hätte doch kein Mensch erwartet.»[12]

In ungewohnter Einmütigkeit verurteilte die Presse die törichten Reden des Kaisers und verlangte nach Änderung des untragbar gewordenen Zustands, durch den das Deutsche Reich zum Gespött der ganzen Welt werde. Witzblätter wie der «Simplizissimus» machten sich mit bis dahin nicht gekannter Schärfe über den Monarchen lustig, und in Spottversen hieß es: «Majestäts-Beleidigungen/tanzen auf Geheimratszungen.»[13] Wer Anfang November 1908 durch Deutschland reiste, der musste den Eindruck gewinnen, er befinde sich in einem freien Land mit freier Meinungsäußerung und freier Presse, die ihre vornehmste Aufgabe in der Kontrolle und Kritik der Regierenden erblickte.

Wie verhielten sich diejenigen, die durch ihr unverantwortliches Handeln die Lawine öffentlicher Kritik losgetreten hatten, der Kaiser und sein Kanzler? Bülow – will man seinen Erinnerungen Glauben schenken – packte maßloses Erstaunen, als er das «Daily Telegraph»-Interview las. Mit einem Rotstift strich er die schlimmsten Stellen an und notierte an den Rand: «Stimmt das mit dem Entwurf überein, der im A(uswärtige) A(mt) s(einer) Z(eit) geprüft worden ist?»[14] Den sofort herbeizitierten Geheimrat Klehmet, der dies bestätigte, schnauzte er an: «Haben Sie noch nicht erfaßt, daß die persönlichen Wünsche seiner Majestät bisweilen Narreteien sind?»[15] Sehr rasch aber erkannte der Reichskanzler, dass er die eigene Verantwortung nicht einfach auf die Beamten des Auswärtigen Amtes abschieben konnte, vielmehr seine eigene Position auf dem Spiele stand. In einem Immediatbericht vom 30. Oktober gestand er dem Kaiser, dass er den inkriminierten Artikel «im Drange der Geschäfte» gar nicht selber gelesen hatte, und bot seinen Rücktritt an. Sollte Wilhelm ihm weiter sein Vertrauen schenken, versprach Bülow, «den ungerechtfertigten Angriffen gegen meinen kaiserlichen Herrn offen und nachdrücklich entgegenzutreten».[16] Wie erwartet ging der Monarch auf diese Offerte ein und wies das Entlassungsgesuch zurück.

Schon diese erste Reaktion Bülows zeigte die Zwiespältigkeit seiner Position. Weder mochte er voll zu seiner Verantwortung stehen noch sich zum Fürsprecher der öffentlichen Entrüstung machen und den Kaiser zur Einsicht mahnen. Das Lavieren zwischen den Fronten spiegelte sich auch in der amtlichen Erklärung, die der Reichskanzler am 31. Oktober verbreiten ließ.[17] Statt zu beruhigen, goss sie weiteres Öl ins Feuer. Denn das Eingeständnis Bülows, dass er, hätte er den Entwurf des Artikels gelesen, von einer Veröffentlichung abgeraten haben würde, bestärkte die Öffentlichkeit nur in dem Verdacht, dass es in der Regierungszentrale der mächtigsten Industrienation auf dem Kontinent nicht mit rechten Dingen zugehen könne. «Etwas Derartiges an sträflicher Lumperei, gewissenlosem Leichtsinn ist wohl je nicht dagewesen und wohl geeignet, das schon so erschütterte Vertrauen in unsere politische

Leitung ganz zu zerstören», notierte Baronin von Spitzemberg am 1. November in ihr Tagebuch.[18] Und in der «Täglichen Rundschau» war am selben Tage zu lesen: «Es fällt schwer, gegenüber diesem Dokument unserer Regierungskunst, für das sich selbst in Verfallszeiten kein Gegenstück auftreiben läßt, Worte zu finden.»[19] Aller Unmut konzentrierte sich jetzt auf den Kaiser, dessen «Persönliches Regiment» man für diese Zustände verantwortlich machte.

Wilhelm II. scheint anfangs überhaupt nicht begriffen zu haben, was er angerichtet hatte. Sein Kabinettschef Rudolf von Valentini berichtet, dass am Morgen des 29. Oktober, als im kaiserlichen Speisewagen auf der Rückfahrt nach Berlin die Zeitungen mit dem «Daily Telegraph»-Artikel von Hand zu Hand gingen, allgemeines Entsetzen herrschte. «Aber der Kaiser, der mitten unter uns saß und den Artikel ebenfalls las, verhielt sich völlig stumm.»[20] Am 1. November versah Wilhelm einen Zeitungsbeitrag, in dem von einer Entzweiung zwischen ihm und dem deutschen Volk die Rede war, mit der Randbemerkung: «Stört mich nicht im geringsten!»[21] Als sei nichts geschehen, brach der Monarch am 3. November zu einem Besuch des österreichischen Thronfolgers, des Erzherzogs Franz Ferdinand, nach Wien auf. Daran schloss sich ein längerer Privatbesuch bei seinem Freund, dem Fürsten Maximilian zu Fürstenberg, in Donaueschingen an. Während sich in Berlin die Krise zuspitzte, verbrachte der Kaiser seine Tage mit Empfängen, Diners und Jagden. «Ich streckte 65 Hirsche», berichtete er am 6. November voller Stolz und sprach zugleich Bülow Mut zu («There is a silver lining to every cloud. Gott mit Ihnen!»), als gäbe es nur eine Kanzler- und nicht auch und vor allem eine Kaiserkrise.[22] «Seine Majestät glaubt wohl noch», schrieb Friedrich von Holstein, die einstige «graue Eminenz» im Auswärtigen Amt, am 3. November an Bülow, «daß, falls eine Sühne nötig ist, der Reichskanzler als Prügelknabe herhalten muß. Das wäre gerade die richtige Art, um die Fortdauer der Unarten des Kaiserlichen Knaben zu ermöglichen.»[23]

Da Wilhelm II. in diesen kritischen Tagen der Hauptstadt einfach den Rücken kehrte und seinen Vergnügungen nachging, verscherzte er sich noch mehr Sympathien. Maximilian Harden, der einflussreiche Publizist, der bereits zwei Jahre zuvor mit seinen Enthüllungen über die homosexuellen Neigungen des Kaiserfreundes Philipp Graf zu Eulenburg einen Skandal entfacht hatte, schrieb am 7. November in der «Zukunft»: «Die Kaiserkrise ist allen sichtbar geworden. Daß einer sich so um allen Glauben an seine Eignung für die einfachsten Aufgaben der Politik gebracht hat, ist ohne Beispiel in der neueren Geschichte. Will der Kaiser und König der Krone entsagen? Sein Wille ist frei.»[24] Ähnlich scharf urteilte Friedrich Naumann in seiner Zeitschrift «Die Hilfe»: «Wenn Wilhelm II. fortfahren will, persönliche Politik zu treiben, so wird er es sich zuzuschreiben haben, wenn der Abend seines Lebens sich verdüstert; denn so viel ist jetzt schon klar, daß sich das deutsche Volk trotz seiner wahrhaft großen Geduld die Wiederholung der Gefährdung des Nationalschicksals durch den Kaiser nicht ins Endlose gefallen lassen wird.»[25]

Alle Blicke richteten sich nun auf den Reichstag, von dessen Initiative sich weite Teile der alarmierten Öffentlichkeit die notwendige Kurskorrektur versprachen. Unter den Parlamentariern wurde erwogen, eine von allen Parteien getragene Adresse an den Monarchen zu richten. Der Gedanke verschwand aber ebenso schnell, wie er aufgetaucht war, weil die Gegensätze zwischen den Parteien größer waren als der gemeinsame Wille, den Monarchen in die Schranken zu weisen. Während Sozialdemokraten und Linksliberale die Krise nutzen wollten, um die Befugnisse des Reichstags in parlamentarischer Richtung zu erweitern, widersetzten sich die konservativen Parteien jeder Machtverschiebung zuungunsten der Krone. Immerhin, der Vorstand der Deutschkonservativen, die bislang zu den treuesten Stützen der Monarchie gezählt hatte, meldete sich am 5. November mit einer Erklärung zu Wort, in der Wilhelm II. gebeten wurde, sich künftig in seinen Äußerungen «eine größere Zurückhaltung» aufzuerlegen.[26]

In einer Atmosphäre politischer Hochspannung tritt am 10. November der Reichstag zusammen, um über die von den Fraktionen getrennt eingebrachten Interpellationen zu beraten.[27] Die Sprecher aller Parteien kritisieren scharf das «System der Mittelmäßigkeiten» im Auswärtigen Amt, die Geschäftsführung des Kanzlers, vor allem aber die politischen Fehlleistungen des Kaisers. Sie verlangen «Garantien» gegen eine Wiederholung solcher Vorkommnisse. So wie bisher könne es nicht weitergehen, ruft der nationalliberale Parteivorsitzende Ernst Bassermann aus. Er fordert vom Kanzler, er möge, um das Land zu beruhigen, dem Kaiser eine Art Wohlverhaltenserklärung abverlangen. Der Freisinnige Otto Wiemer droht mit Verfassungsänderungen, der Sozialdemokrat Paul Singer fordert sie ein: «Es ist Aufgabe des Reichstags, die Parole für das Volk auszugeben: ‹Fort mit dem Persönlichen Regiment!›» Größte Aufmerksamkeit erregt der Führer der Deutschkonservativen, der Junker und Erzmonarchist Ernst von Heydebrand, als selbst er von Wilhelm II. abrückt: «Man muß es ganz offen aussprechen, daß es sich hier um eine Summe von Sorgen, von Bedenken, man kann wohl auch sagen von Unmut handelt, der sich seit Jahren angesammelt hat, auch in Kreisen, an deren Treue zu Kaiser und Reich bisher noch niemand gezweifelt hat.»

Bülow befindet sich in einer vertrackten Lage: Einerseits kann er sich dem Druck der öffentlichen Erregung nicht entziehen, wenn er sich nicht selbst um alle Glaubwürdigkeit bringen will; andererseits darf er seine Kritik am Kaiser aber auch nicht so weit forcieren, dass seine Stellung bei Wilhelm II. unhaltbar wird. «Ihre Kritik», so hat ihm Holstein, geraten, «kann meines Erachtens sich nur indirekt, in der Art der Verteidigung und in der Stellungnahme zur Frage der Remedur äußern.»[28] Der Reichskanzler entledigt sich dieses schwierigen Balanceakts mit bemerkenswertem Geschick. In seiner Rede vor dem Reichstag bringt er das Kunststück fertig, den Kaiser gleichzeitig zu verteidigen und sich von ihm zu distanzieren. Aus den Ereignissen der letzten Tage, so lautet der Kernsatz, habe er die «feste Überzeugung» gewonnen, dass Wilhelm II. künftig «auch in Privatgesprächen jene Zurückhaltung» üben werde, die «im Interesse einer einheitlichen Politik und für die Autorität der Krone gleich unentbehrlich» sei. «Wäre dem nicht so», fügt er unter dem Beifall der Konservativen und Nationalliberalen hinzu, «so könnte weder ich noch einer meiner Nachfolger die Verantwortung tragen.»[29]

Die beruhigende Wirkung dieser Erklärung hält indessen nur für wenige Stunden vor. Schon in der zweiten Sitzung des Reichstags, am 11. November, wird die Kritik am «Persönlichen Regiment» wieder aufgenommen, und diesmal richtet sie sich mit voller Schärfe auch gegen die Person des Kaisers. Noch niemals in der Geschichte des deutschen Reichstags hat man so abfällige Reden über den Monarchen gehört. Wilhelm II. sitzt, wie die «Frankfurter Zeitung» an diesem Tag feststellt, vor der Volksvertretung «auf der Anklagebank»[30], und es findet sich niemand – außer dem konservativen Abgeordneten Elard von Oldenburg-Januschau –, der sich für ihn in die Bresche wirft. Vergeblich wird Bülow von seiner Umgebung bestürmt, noch einmal das Wort zu ergreifen. In seinen «Denkwürdigkeiten» begründet er sein Schweigen damit, dass er den Eindruck seiner Rede vom Vortage nicht habe abschwächen wollen. Doch das ist nur die halbe Wahrheit: Bülow kann gar nicht weiter gehen als in der Erklärung vom 10. November, ohne selber die Frage nach einer Änderung der Machtverteilung im Kaiserreich aufzuwerfen. Vom Kaiser und seinem Gefolge wird Bülows Verhalten im Reichstag als ein Akt der Treulosigkeit empfunden – der Beginn einer Entfremdung zwischen Wilhelm II. und seinem einstigen Lieblingskanzler.

Auch in der Sitzung des Preußischen Staatsministeriums, unmittelbar nach den Reichstagsdebatten, werden Töne angeschlagen, wie man sie in diesem Gremium noch nicht vernommen hat.[31] Der preußische Kriegsminister Karl von Einem etwa berichtet von einem rapiden Autoritätsverlust des Kaisers auch im Offizierskorps: Es habe militärisch mehr oder weniger begabte preußische Könige gegeben, aber keinen, der sich so sehr in «Soldatenspielerei», in falschen Manöverbildern, in «albernen Kinkerlitzchen» gefallen, der in dem wichtigsten aller Ressorts, der Armee, so sehr Schein und Wirklichkeit verwechselt hätte. Das Staatsministerium beauftragt Bülow, Wilhelm II. «über den Ernst der Lage» zu unterrichten und ihm die Notwendigkeit vor Augen zu führen, künftig alles zu vermeiden, «was eine ähnliche Kritik herausfordern würde». So hatten preußische Minister noch nicht mit Ihrer Majestät zu sprechen gewagt! Die Stützpfeiler der kaiserlichen Herrschaft wankten.

Rückendeckung erhält Bülow auch von den Regierungen der deutschen Einzelstaaten. Hier ist man über die Entwicklung aufs äußerste beunruhigt, ja, manche Bundesfürsten glauben bereits am Vorabend einer Staatsumwälzung zu stehen. Vor der «Gefahr einer Revolution» warnt der König von Württemberg in einem Gespräch mit seinem Ministerpräsidenten Karl von Weizsäcker und trägt ihm auf, diese Sorge in Berlin nachdrücklich zu Gehör zu bringen.[32] In einer Sitzung des Bundesratsausschusses für auswärtige Angelegenheiten am 12. November wird Bülow von den Delegierten der Bundesstaaten aufgefordert, seine ganze Autorität in die Waagschale zu werfen, um von Wilhelm II. mehr Selbstbeschränkung zu verlangen. Der sächsische Vertreter droht gar damit, dass, wenn der Kanzler nicht durchgreife, die deutschen Fürsten «in corpore nach Berlin kommen» würden.[33]

Unterdessen schien dem Kaiser allmählich das Ausmaß des angerichteten Flurschadens zu dämmern. Den Chef des Zivilkabinetts, von Valentini, der am 12, November zum Rapport nach Donaueschingen bestellt wurde, überfiel er mit der Frage: «Sagen Sie mir, was geht eigentlich vor? Was bedeutet dies alles?»[34] Bei der Lektüre der Reichstagsreden soll Wilhelm – so berichtet sein Hofmarschall – geweint haben .[35] Wie konnte man im fernen Berlin seine hehren Absichten so missverstehen? Der Herrscher, der sich von der abgöttischen Liebe des Volkes getragen glaubte, der in seinem Kanzler einen treuen Schildknappen sah – dieser von Eitelkeit betörte, von Byzantinismus verwöhnte, von Intriganten umgarnte Monarch erwachte plötzlich aus dem Gespinst der Lügen und Selbsttäuschungen und blickte in einen Abgrund. Ottokar Graf Czernin, der österreichische Diplomat, der zu den Jagdgästen der Fürstenbergs gehörte, erinnerte sich noch Jahre später: «Ich hatte das Gefühl, in Wilhelm II. einen Menschen zu sehen, der mit vor Entsetzen geweiteten Augen zum erstenmal in seinem Leben die Welt so sieht, wie sie wirklich ist. Er sah am Horizont die brutale Wirklichkeit aufsteigen, die ihm wie eine häßliche Fratze erschien. Vielleicht zum erstenmal in seinem Leben fühlte er ein leichtes Beben unter den Füßen seines Throns.»[36]

Wilhelm II. wäre jedoch nicht der gewesen, der er war, wenn auf Anflüge von Selbsterkenntnis nicht sofort Versuche der Selbstrechtferigung gefolgt wären, wenn Phasen depressiver Verstimmung nicht ebenso schnell mit solchen krampfhafter Ausgelassenheit gewechselt hätten. Am Abschiedsabend auf Schloss Fürstenberg ereignet sich eine makabre Szene, die ein grelles Licht wirft auf die innere Verfassung des kaiserlichen Hofstaats.[37] Nach dem Diner begibt sich der Kaiser mit der ganzen Jagdgesellschaft in aufgeräumter Stimmung in die große Halle des Schlosses, wo eine Regimentskapelle muntere Weisen spielt. Ein Walzer ertönt, und herein tritt der Chef des Militärkabinetts, der 56-jährige General Georg Graf von Hülsen-Haeseler, als Balletteuse kostümiert, und tanzt, den Fächer kokett in der Hand wiegend, auf graziöse Weise zu den Klängen der Musik. Kaum hat er, von rauschendem Beifall begleitet, den Tanz beendet und, den Damen Kusshände zuwerfend, sich zurückgezogen, hört man einen dumpfen Fall. Ein Laufen, Raunen, Flüstern – alles drängt sich zur Tür, hinter welcher lang ausgestreckt der liegt, der eben noch die Gesellschaft erheitert hat – Herzschlag. Ein Totentanz, ein Menetekel. Versteht der Kaiser das Zeichen richtig zu deuten?

Am Vormittag des 17. November, unmittelbar nach Rückkehr des Monarchen in die Reichshauptstadt, hat sich Bülow zur entscheidenden Audienz angesagt. Die Krise steuert ihrem Höhepunkt zu: Wird Wilhelm II. nachgeben? «Ganz Deutschland» – vermerkt die Baronin von Spitzemberg in ihrem Tagebuch – «hält den Atem an.»[38] Über dem Auswärtigen Amt in der Wilhelmstraße liegt eine erwartungsvolle Spannung. Journalisten drängen sich auf den Korridoren und harren der Ereignisse. «Bleiben Sie fest, Bülow, lassen Sie sich nichts vorschauspielern», hat Holstein dem Kanzler noch wenige Stunden zuvor geschrieben und mit dem Bleistift hinzugesetzt: «Der Kaiser wird sichs überlegen, ehe er Sie gehen läßt! Aber im schlimmsten Fall, wenn er nicht Vernunft annimmt, gehen Sie besser jetzt als großer Mann, als in 3 oder 6 Monaten verhöhnt.»[39] Die Kaiserin aber flüstert Bülow noch kurz vor der Unterredung zu: «Seien Sie recht gut zum Kaiser, recht milde. Er ist ganz gebrochen.»[40]

Tatsächlich findet Bülow Wilhelm II. in einer niedergedrückten Stimmung vor, wortkarg und verunsichert wie selten. So hat er auch keine große Mühe, die Zustimmung des Monarchen zu einem vorbereiteten Kommuniqué zu erhalten, dessen entscheidender Passus lautet: «Seine Majestät nahm die Darlegungen und Erklärungen des Reichskanzlers mit großem Ernst entgegen und gab Seinen Willen kund: Unbeirrt durch von Ihm als ungerecht empfundene Übertreibungen der öffentlichen Kritik erblicke Er Seine vornehmste kaiserliche Aufgabe darin, die Stetigkeit der Politik des Reiches unter Wahrung der verfassungsmäßigen Verantwortlichkeiten zu sichern. Demgemäß billigte Seine Majestät die Ausführungen des Reichskanzlers im Reichstage und versicherte den Fürsten Bülow Seines fortdauernden Vertrauens.»[41]

War das alles? War damit der gordische Knoten der Krise durchschlagen worden? Enttäuscht äußerte sich Baronin von Spitzemberg: «Worte, nichts als Worte ... Ein Ergebnis, mit dem voraussichtlich der Reichstag sich nicht zufrieden geben wird, ein fauler Friede.»[42] Doch der Reichstag war vorerst zufrieden, mit Ausnahme der Sozialdemokraten und Linksliberalen, die in den folgenden Monaten weiter erfolglos für verfassungsrechtliche Änderungen eintraten. Auch in der Presse wurde die Erklärung des Kaisers überwiegend mit Erleichterung aufgenommen. Immerhin enthielt sie ja, wenn auch verklausuliert, das Eingeständnis der eigenen Schuld und ein Versprechen größerer Mäßigung – ein, wie Theodor Eschenburg bemerkt hat, «unerhörtes Ereignis in der preußisch-deutschen Geschichte»: «Damit brach ein Stück aus der preußischen Königstradition, und wie eine Zäsur geht dieses Ereignis durch die deutsche innere Politik und die Regierungszeit Wilhelms II.»[43]

Der Wandel im Regierungsstil wurde bereits am 21. November bei der Hundertjahrfeier der Steinschen Städteordnung im Berliner Rathaus sichtbar: Wilhelm II. verlas eine Rede, die der Kanzler ihm zuvor überreicht hatte und die er anschließend wieder an ihn zurückgab. Damit sollte demonstriert werden, dass er dem «Persönlichen Regiment» abgesagt hatte. Auch in den folgenden Jahren übte der Kaiser in der Öffentlichkeit größere Zurückhaltung, so dass sich der Reichstag nur noch selten mit seinen Reden befassen musste.

Durch die Unterwerfungserklärung vom 17. November war das Selbstbewusstsein des Monarchen im Kern erschüttert worden. Zu allem Überfluss enthüllten Berliner Zeitungen am 20./21. November, dass der Kaiser im Juli 1908 einem amerikanischen Journalisten, William Bayard Hale, ein weiteres Interview gegeben hatte, dessen Inhalt dem des «Daily Telegraph»-Gesprächs diametral entgegengesetzt war. Wilhelm hatte sich darin nämlich wärmstens für ein deutsch-amerikanisches Bündnis ausgesprochen, dessen Spitze sich gegen das englische Weltreich richten sollte. Wäre der volle Wortlaut des Interviews bekanntgeworden, hätte der Kaiser vor aller Welt nicht nur als taktloses Großmaul, sondern auch noch als doppelzüngiger Intrigant dagestanden. Mit großer Mühe gelang es dem Auswärtigen Amt, die Veröffentlichung des Hale-Interviews in letzter Minute zu unterbinden.[44]

Für den Kaiser war das alles zuviel. Nur wenige Tage nach seinem öffentlichen Auftritt im Berliner Rathaus erlitt er einen schweren psychischen Zusammenbruch, der ihn für zwei Wochen zwang, sich von allen Regierungsgeschäften fernzuhalten. Der Kronprinz, der ihn an seinem Krankenbett besuchte, war erschrocken über sein Aussehen: «Um Jahre schien er mir gealtert, war hoffnungslos, fühlte sich verlassen von allen, war zusammengebrochen unter der Katastrophe, die ihm den Boden unter den Füßen ... fortgenommen hatte.»[45] Zeitweilig scheint sich Wilhelm II. mit Abdankungsabsichten getragen zu haben; wie ernst es ihm damit tatsächlich war, ist bei einer so labilen, in ihren Stimmungen schwankenden Persönlichkeit nur schwer auszumachen. Auch als der Kaiser wiederhergestellt war, machte er auf seine Umgebung einen merkwürdig veränderten Eindruck. Es war – so Valentini –, als sei «in diesem komplizierten Mechanismus eine Saite gesprungen».[46] Nicht, dass er in der Folgezeit von verbaler Kraftmeierei und theatralischen Auftritten gelassen hättte, doch wer ihn genauer kannte, der sah deutlicher als zuvor, wieviel Unsicherheit sich hinter den angestrengten Posen verbarg.

Äußerlich war die «Daily Telegraph»-Affäre Ende November 1908 beigelegt, die öffentliche Erregung abgeklungen. Erstaunlich schnell kehrte die politische Klasse im wilhelminischen Deutschland zur Tagesordnung zurück. Und doch wirkten die Erschütterungen der Krise noch lange nach. Das Verhältnis zwischen Kaiser und Kanzler war unwiderruflich zerstört. Wilhelm II. hat Bülow die erlittene Demütigung nie verziehen. Je weiter sich die Novembertage entfernten, desto mehr glaubte der Kaiser an eine Version der Ereignisse, in der Bülow die Rolle des Verräters und er selbst die des Märtyrers spielte. «Der Sündenbock war Ich, und Mein Reichskanzler wusch sich die Hände in Unschuld», klagte er am 9. Dezember dem österreichisch-ungarischen Botschafter.[47] Bülow war fortan ein Kanzler auf Abruf. Als im Sommer 1909 der «Bülow-Block» – jene parlamentarische Querverbindung von den Konservativen bis zu den Freisinnigen – an der Reichsfinanzreform zerbrach, der Kanzler also seinen parlamentarischen Rückhalt verlor, war für Wilhelm II. der Zeitpunkt gekommen, sich von Bülow zu trennen.

Bedeutsamer war jedoch ein anderes Resultat der Krise. Selbst in monarchischen Kreisen war Ende 1908 das Gefühl verbreitet, dass – wie Baronin von Spitzemberg notierte – «die Monarchie einen Stoß erhalten habe, der einen Wendepunkt bedeute, wie man ihn kaum ernst genug sich ausmalen könne».[48] Das Ansehen der Krone war schwer erschüttert worden. Eigentlich war dies die Stunde des Parlaments, das die Krise entschlossen hätte nutzen sollen, seine Kompetenzen auf Kosten der monarchischen Prärogative zu erweitern. Doch die Einsicht, dass die «Parlamentarisierung» der Verfassung, die Schafffung einer vom Vertrauen des Reichstags und nicht des Monarchen abhängigen Reichsregierung, die einzig richtige Antwort auf die Krise sei, fand sich nur bei Parlamentariern des freisinnig-liberalen und sozialdemokratischen Spektrums. Weder die konservativen Parteien noch die Nationalliberalen oder das Zentrum waren dafür zu haben. Die verschiedenen Gruppeninteressen waren stärker als der Wille zum gemeinsamen Handeln – ein Zeichen auch dafür, wie weit der Einfluss der großen industriellen und agrarischen Verbände inzwischen in die bürgerlichen Parteien hineinreichte und deren Formierung entlang verfassungspolitischer Ziele erschwerte. So war die große Reichstagsdebatte vom 10./11. November 1908 nur eine jener vielen verpassten Gelegenheiten, die den Weg der deutschen Verfassungsgeschichte säumen – «ein Ventil und keine Staatsaktion», so lautet das Urteil Theodor Eschenburgs.[49]

Im Ergebnis führte die «Daily Telegraph»-Affäre nicht zu einer Umverteilung der Macht zugunsten des Parlaments, sondern sie stärkte eher die Kräfte im vorparlamentarischen Raum: die alten konserservativen Machteliten in Armee und Bürokratie, die neuen *pressure groups* und politischen Massenverbände der Rechten. Wilhelm II. war noch mehr als zuvor den Einflüssen einer Umgebung ausgesetzt, die auf die Herausforderungen einer dynamischen Industriegesellschaft nur mit den überkommenen Rezepten einer Militärmonarchie zu antworten wusste. Der Weg in die Selbstzerstörung des Kaiserreichs war damit vorgezeichnet. Keine andere als die Baronin von Spitzemberg hat dies im November 1908 mit prophetischem Blick erkannt: «Aber die Sache wird ausgehen wie das Hornberger Schießen, das heißt im Grunde wird an des Kaisers Machtvollkommenheit ... nichts geändert, kein Ventil vorgeschoben werden ... Mein Gott, in welchen Abgrund wird er mein Deutschland noch führen, ehe man solchen pathologischen Zustand feststellen und dagegen Mauern aufführen kann!»[50]

«Wir haben ja nichts mehr zu verlieren ...»

Die Revolutionierung der wilhelminischen Gesellschaft im Jahre 1918

«Die größte aller Revolutionen hat wie ein plötzlich losbrechender Sturmwind das kaiserliche Regime mit allem, was oben und unten dazu gehörte, gestürzt. Man kann sie die größte aller Revolutionen nennen, weil niemals eine so fest gebaute, mit soliden Mauern umgebene Bastille so in einem Anlauf genommen wurde.» Mit diesen Worten feierte Theodor Wolff, der Chefredakteur des liberalen «Berliner Tageblatts», in einem Leitartikel vom 10. November 1918 den Zusammenbruch des Kaiserreichs.[1] Doch so plötzlich, wie der prominente Journalist meinte, war die Revolution keineswegs losgebrochen, und es hatte auch mehr als eines Anlaufs bedurft, um die scheinbar so festgefügten Mauern der Hohenzollernherrschaft zum Einsturz zu bringen. Die Revolutionierung der wilhelminischen Gesellschaft war ein Prozess, der faktisch schon mit Kriegsbeginn eingesetzt hatte. Das Jahr 1918 markierte in diesem Prozess die letzte, allerdings entscheidende Stufe.

In der Geschichtsschreibung der Bundesrepublik war es gleichwohl lange üblich, die Vorgeschichte der Ereignisse vom November 1918 auf das Kriegsende zu begrenzen. Die Revolution wurde interpretiert als unmittelbare Folge der mit dem Waffenstillstandsangebot von Anfang Oktober deutlich gewordenen militärischen Niederlage und der dadurch ausgelösten Schockreaktion in der Bevölkerung. So bemerkte noch Eberhard Kolb in seiner bahnbrechenden Studie aus dem Jahre 1962: «Es war einfach die große Müdigkeit der Enttäuschung und Entmutigung, die sich über das Volk legte und seinen Willen lähmte.»[2] Diese Deutung war offenkundig außerstande, die beschleunigenden Momente der Entstehung einer revolutionären Situation von ihren tieferen sozialen

Ursachen zu unterscheiden. Demgegenüber hat die kritische Sozialgeschichtsschreibung seit den siebziger Jahren, angefangen mit Jürgen Kockas grundlegender Untersuchung «Klassengesellschaft im Krieg»,[3] gezeigt, dass die Umwälzung vom November 1918 nicht nur ein Produkt des verlorenen Krieges war, sondern dass sie lange im Schoße der wilhelminischen Gesellschaft heranreifte. Unter der Hülle des «Burgfriedens» hatten sich seit August 1914 die gesellschaftlichen Spannungen außerordentlich verschärft. Hauptursache waren die schweren Belastungen, die der Krieg der großen Mehrheit der Bevölkerung aufbürdete.

Dazu gehörten zum einen die anhaltenden Schwierigkeiten in der Lebensmittelversorgung, unter denen vor allem Frauen zu leiden hatten. Eine nicht abreißende Kette von Hungerrevolten seit Herbst 1915 war die Antwort darauf. Dazu zählte zum anderen eine beträchtliche Verminderung des Lebensstandards insgesamt, von der nicht nur Arbeiter, sondern auch Angestellte und Beamte betroffen waren. Die Reallöhne sanken weit unter Vorkriegsniveau; zugleich wurden Arbeitszeiten verlängert und – besonders in Rüstungsbetrieben – Schutzbestimmungen außer Kraft gesetzt. Die Erbitterung darüber entlud sich seit 1916 in einer wachsenden Zahl sogenannter «wilder» Streiks – «wild» deshalb, weil die Gewerkschaftsleitungen sich mit Beginn des Krieges auf streikpolitische Abstinenz verpflichtet hatten.

Die ersten Äußerungen der Unzufriedenheit und des Protests in der Arbeiterschaft waren noch bestimmt durch ökonomische Beschwernisse, mochte im Hintergrund auch bereits das Verlangen nach Frieden als treibendes Motiv erkennbar sein. Mit zunehmender Dauer des Krieges verbanden sich Missstimmung über die materiellen Nöte und der Wunsch nach Beendigung des Krieges «mit Ressentiments gegen die Privilegierten und Herrschenden, mit sozialer Kritik und sozialem Protest».[4] Drei Faktoren vor allem trugen dazu bei, dass sich die ökonomische in eine sozialkritische und damit politisierbare Dimension der Unzufriedenheit umsetzen konnte:

1. Das Versagen der staatlichen Behörden, für eine halbwegs ausreichende und gerechte Verteilung der knappen Lebensmittel zu sorgen, führte zu einem Aufblühen des Schleichhandels und der

Etablierung eines «Schwarzmarktes». Wer genügend Geld hatte, der konnte sich immer noch ausreichend mit all den begehrten Produkten eindecken, die es auf dem rationierten Lebensmittelmarkt schon längst nicht mehr zu kaufen gab. Diese Ungleichheit wurde von den notleidenden Teilen der Bevölkerung als fundamentaler Verstoß gegen das Prinzip sozialer Gerechtigkeit empfunden und schürte den Hass auf die Wohlhabenden: «Alles wird für die Reichen, für die Besitzenden reserviert. Sobald es heißt, Entbehrungen mitmachen zu müsssen, dann wollen die Herrschaften keine Brüder und Schwestern mehr von der arbeitenden Klasse sein. Die schönen Reden gelten nur für die arbeitende Klasse, die herrschende Klasse hat sich mit ihrem Geldsack schon genügend versorgt», empörte sich eine Hamburger Arbeiterin in einer Versammlung im Winter 1916/17, der als «Steckrübenwinter» in die Geschichtsbücher eingegangen ist.[5]

2. Mobilisierend auf Friedenssehnsucht und Protestbereitschaft wirkten die Nachrichten von der Revolution in Russland vom Frühjahr 1917. «Als ich vorige Woche bei einem Telegramm stehen blieb und die Revolution in Petersburg las», schrieb eine Münchnerin im März 1917, «hörte ich hinter mir sagen, schade, daß es nicht in Berlin ist. Ich schaute mich um, und es waren Feldgraue.»[6] Auch unter den Frauen in den Lebensmittelschlangen vor den Geschäften wurden die revolutionären Ereignisse eifrig besprochen; viele sahen in ihnen eine Hoffnung auf eine grundlegende Verbesserung der eigenen Situation. «Die Vorgänge in Rußland scheinen ihre Wirkung auf die Masse nicht verfehlt zu haben», berichtete ein Polizeispitzel im April 1917, «denn an verschiedenen Stellen sind Äußerungen laut geworden: ‹Wir müssen es nur machen wie in Rußland, dann wird es auch bald anders werden›.»[7]
3. Die von einflussreichen annexionistischen Gruppen in Schwerindustrie, Großlandwirtschaft und Rechtsparteien seit 1916 öffentlich geführte Kriegszieldiskussion nährte die Zweifel in der Arbeiterschaft, ob es sich tatsächlich, wie die Regierung behauptete, um einen «Verteidigungskrieg» oder nicht doch um einen Eroberungskrieg im Interesse der Herrschenden handele. Typisch für diese Stimmung war die Meldung eines sächsischen Polizei-

beamten vom Mai 1917: «Das Verständnis zum Durchhalten schwindet immer mehr. Öfters hört man im Volke die Äußerung fallen: ‹Für wen führen wir eigentlich den Krieg, doch nur für das Großkapital›.»[8] Die Tatsache, dass die im September 1917 gegründete Vaterlandspartei eine ungehinderte Agitation für weitreichende Kriegsziele entfalten durfte, während zur gleichen Zeit Kriegsgegner aller Couleur unnachsichtig verfolgt wurden, wirkte aufreizend und verbitternd. Hinzu kam die Enttäuschung darüber, dass die Reichsleitung mit der versprochenen innenpolitischen «Neuorientierung», vor allem mit deren Kernstück, der Reform des preußischen Dreiklassenwahlrechts, nicht ernst machte. Anfang Januar 1918 sorgte die nicht unbegründete Befürchtung, die Friedensverhandlungen mit dem revolutionären Russland in Brest-Litowsk könnten an der harten Verhandlungsführung der deutschen Delegation scheitern, für zusätzlichen Unmut.

So war im Januar 1918 eine explosive Situation entstanden, die sich Ende des Monats – wie schon zuvor in Österreich-Ungarn – in einer großen Streikbewegung entlud. Arthur Rosenberg, der linkssozialistische Historiker der Weimarer Republik, hat die Januarstreiks als eine «Generalprobe für die Novemberrevolution» bezeichnet.[9] Dieses Urteil ist einerseits zutreffend und bedarf andererseits einer Korrektur.

1. Die Bewegung war nicht zentral vorbereitet und gesteuert, sondern vollzog sich in unkoordinierten Schüben. Den Auftakt setzte – wie später im November – nicht die Metropole, sondern die Ostseestadt Kiel, wo die Werftarbeiter bereits am 26. Januar, also zwei Tage vor dem Streikbeginn in Berlin, in den Ausstand traten.[10] Ausmaß und Dauer des Streiks hingen in den einzelnen Industriezentren stark von den jeweiligen Kräfteverhältnissen und den politischen Orientierungen in der Arbeiterbewegung ab. Eine wesentliche Rolle spielte, inwieweit sich die im April 1917 gegründete Unabhängige Sozialdemokratische Partei Deutschlands (USPD) bereits als eine ernsthafte Alternative zur alten SPD hatte profilieren können. Dort, wo sie über ein funktionierendes System von Vertrauensleuten in den Großbetrieben verfügte, gelang es offensichtlich am leichtesten, die Arbeiter für den

Streik zu mobilisieren. Die revolutionäre Linke – die Spartakusgruppe und die norddeutschen «Linksradikalen» – vermochte hingegen keinen maßgeblichen Einfluss auszuüben. Im Gegenteil, der Streik enthüllte, wie relativ isoliert sie von der betrieblichen Basis und den oppositionellen «Obleuten» des Metallarbeiterverbandes operieren musste. Diese gehörten in ihrer Mehrheit der USPD an oder standen ihr zumindest politisch nahe.

2. Die Streikbewegung blieb auf die Industriearbeiterschaft, insbesondere der Rüstungsbetriebe, beschränkt. Eine breite Solidarisierung anderer Arbeitergruppen fand nicht statt. Unter den Soldaten an der Front fanden die Streikaktionen, wie abgefangene Feldpostbriefe belegen, ein gemischtes Echo. Neben unverhohlener Zustimmung gab es auch Bekundungen des Unverständnisses und der Ablehnung. Das Spektrum reichte von Äußerungen wie: «Sämtliche Kameraden haben sich über den Streik gefreut» bis hin zur empörten Frage: «Glauben diese wahnsinnigen Leute, durch den Streik den Krieg schneller zu beenden?»[11] Offensichtlich hofften viele Soldaten zu diesem Zeitpunkt noch, dass nach dem Abschluss eines Sonderfriedens mit Russland das militärische Blatt im Westen gewendet werden könne.

3. Mit der Konstituierung von «Arbeiterräten» als Streikleitungen wurde die Räteidee aus Russland erstmals auch nach Deutschland importiert, ohne dass sie bereits in Konkurrenz zu bestehenden parlamentarischen Körperschaften gedacht wurde. Das Streikprogramm des Berliner «Arbeiterrats», das den Streikenden in anderen Orten als Vorbild diente, nahm sich bemerkenswert gemäßigt aus: An erster Stelle stand das Verlangen nach «schleuniger Herbeiführung des Friedens ohne Annexionen, ohne Kriegsentschädigung aufgrund des Selbstbestimmungsrechts der Völker». Weitere Punkte betrafen die Verbesserung der Lebensmittelversorgung, die Aufhebung des Belagerungszustands, Freilassung der politischen Gefangenen sowie eine «durchgreifende Demokratisierung aller Staatseinrichtungen in Deutschland», insbesondere die Einführung des Reichstagswahlrechts in Preußen.[12] Eindeutig rangierten die politischen vor den wirtschaftlichen Streikzielen. Insofern hatten die Behörden recht, wenn sie von dem «ersten politischen Massenstreik in Deutsch-

land» sprachen.[13] Allerdings handelte es sich noch nicht um eine revolutionäre, sondern eher um eine radikalpazifistische, reformorientierte Bewegung. Weitergehende sozialistische Forderungen wurden nicht erhoben; auch die Abschaffung der Monarchie stand, anders als im Herbst, noch nicht auf der Tagesordnung, geschweige denn die Einführung einer Rätedemokratie.

4. Die Führung der Mehrheitssozialdemokratie (MSPD) stand – ähnlich wie im November 1918 – vor einem Dilemma: Sie hatte die Bewegung nicht gewollt, konnte sich jedoch auch nicht abseits halten, wenn sie sich nicht um allen Einfluss unter den radikalen Teilen der Arbeiterschaft bringen wollte. Nicht nur in Berlin, sondern auch in den meisten anderen Streikzentren traten Repräsentanten der MSPD daher in die Streikleitung ein, in der Hoffnung, die Bewegung rasch «in geordnete Bahnen» lenken zu können. «Nachdem es jetzt zum Ausstand gekommen ist», bemerkte der Berliner Polizeipräsident Heinrich von Oppen am 29. Januar 1918, «hat die rechtsstehende Sozialdemokratie, um nicht vollkommen in den Hintergrund gedrängt zu werden, sich dieser Bewegung, wenn auch ungern, angeschlossen.»[14] Damit schien, zumindest nach außen, der «Bruderkampf» in der Arbeiterschaft beigelegt und die Einheit der Arbeiterbewegung wiederhergestellt zu sein. Das entsprach einem tiefverwurzelten Bedürfnis der Arbeiter, sich den etablierten Autoritäten in der alten Sozialdemokratie anzuvertrauen, sofern diese sich nur – wie es der Fall zu sein schien – auf kämpferische Positionen zurückbesannen. Darin liegt ein Schlüssel zum Verständnis einer Konstellation, die sich in den ersten Tagen der Novemberrevolution wiederholen sollte.

5. Ende Januar 1918 waren Zivil- und Militärbehörden noch in der Lage, ausreichende Kräfte zur Niederschlagung der Streikbewegung zu mobilisieren. «Jeder Versuch, die russischen Zustände auch bei uns herbeizuführen, muß rücksichtslos unterdrückt werden», erklärte der Oberbefehlshaber in den Marken, Generaloberst von Kessell.[15] Dieser Devise folgend, wurden Versammlungen und Demonstrationen verboten, Gewerkschaftshäuser geschlossen, Zeitungen am Erscheinen gehindert, außerordentliche Kriegsgerichte eingesetzt, Betriebe unter militärische Lei-

tung gestellt. Nachdem es in einigen Berliner Stadtteilen zu Auseinandersetzungen zwischen Streikenden und der Polizei gekommen war, wurde am 31. Januar der verschärfte Belagerungszustand verhängt. Das harte Vorgehen zeigte Wirkung. Im Laufe des 2. und 3. Februar wurde in fast allen Betrieben die Arbeit wiederaufgenommen. «Nicht der Lohnausfall machte die Arbeiterschaft mürbe, sondern das feste Zugreifen der Behörden», meldete ein Polizeibericht vom 5. Februar 1918.[16] Zu dieser Zermürbungsstrategie gehörte auch die Verhaftung zahlreicher Streikführer und die strafweise Einziehung von Tausenden zurückgestellter Arbeiter an die Front im Anschluss an den Streik. Für Oberstleutnant Max Bauer, die rechte Hand des Generalquartiermeisters Erich Ludendorff in der Obersten Heeresleitung, war die Tatsache, dass zur Unterdrückung der Streikbewegung kein Militär hatte herangezogen werden müssen, ein Beweis dafür, «wie fest die Regierungsgewalt im Grunde noch steht».[17] Doch das war eine Selbsttäuschung. Denn tatsächlich enthüllten die Januarstreiks, wie brüchig die Grundlagen des wilhelminischen Herrschaftssystems inzwischen waren. In einem Artikel mit der Überschrift «Der Damm bricht!» warnte der Hamburger Bauarbeiterfunktionär August Winnig: «Die Flut wird noch einmal beschworen werden können – sie ist es schon. Aber man wisse, daß sie wiederkehren muß, wenn nicht bald ein allgemeiner Wandel der Regierungsgrundsätze eintritt. Dann ist das Vaterland in Gefahr!»[18]

Dennoch – es führt keine gerade Linie von den Januarstreiks zur Novemberrevolution. Ende März 1918, nach den ersten großen Erfolgen der deutschen Westoffensive, war eine deutliche Verbesserung der Stimmung zu verzeichnen. Die Aussicht auf ein nahe bevorstehendes Ende der Kämpfe, womöglich gar auf einen militärischen Sieg, ließ Kriegsmüdigkeit und Protestbereitschaft offenbar auch in Teilen der Arbeiterschaft vorübergehend in den Hintergrund treten. Dominik Richert, ein Soldat aus dem Elsaß, dessen Einheit im Frühjahr 1918 von der Ost- an die Westfront verlegt wurde, hat in seinen Erinnerungen beschrieben, welche Begeisterung in der Reichshauptstadt herrschte: «Wir passierten Berlin, als eben die ersten Siegesmeldungen aus dem Westen eintrafen. Diese Nachricht schien der halbverhungerten Bevölkerung neuen

Mut gebracht zu haben, denn überall wurde uns gewaltig zugejubelt.»[19]

Auch die Berichte der Berliner Polizei, die noch Mitte März die Stimmung als «äußerst gedrückt» bezeichnet hatten, bemerkten Ende des Monats, dass sich «mehr und mehr die beruhigende Überzeugung verbreitet» habe, «daß der Krieg jetzt in seine letzten Stunden getreten sei und noch dieser Sommer den Frieden bringen wird».[20] Ende April hieß es: «Die Stimmung ist sehr gehoben. Dem siegreichen Vorrücken auf Frankreichs und Belgiens Boden folgt man mit größter, hoffnungsvollster Spannung.»[21]

Doch schon Ende Mai 1918, nach dem offenkundigen Scheitern der Westoffensive, schlug die Stimmung abermals um. «Jetzt ist das Feld wieder frei für Kleinmütige und für mißgünstige Gerüchte», meldete der Berliner Polizeipräsident.[22] «Im Volke wird nur noch eine Frage mit Interesse erörtert, die Beendigung des Krieges», berichteten die Polizeibeamten einen Monat später. Die «Wühlereien» der Unabhängigen Sozialdemokraten fielen «mehr und mehr auf fruchtbaren Boden», denn jedem graue es vor einem fünften Kriegswinter.[23] Mitte August 1918, nachdem die alliierte Gegenoffensive tiefe Einbrüche in die deutsche Front erzielt hatte, war nach übereinstimmenden Beobachtungen der Polizeibehörden ein absoluter «Tiefpunkt» erreicht. «Die Hoffnung auf den Sieg scheint vollständig im Schwinden, und überall ertönt der Ruf nach Verständigung.»[24] Als «Gewitterschwüle vor dem Sturm», beschrieb ein Polizeispitzel Ende August 1918 die Stimmung in Berliner USPD-Mitgliederversammlungen.[25]

Tatsächlich markierte der Spätsommer 1918 einen qualitativen Sprung in der Entwicklung der Massenbewegungen im Ersten Weltkrieg. Am Horizont tauchte nun die Möglichkeit, ja Wahrscheinlichkeit einer revolutionären Umwälzung der bestehenden Macht- und Herrschaftsverhältnisse auf. Wiederum waren es mehrere Faktoren, welche den sozialen und politischen Protest in eine systemkritische und zunehmend revolutionsbereite Haltung umschlagen ließen:

1. Immer häufiger standen Wilhelm II. und seine Familie im Mittelpunkt öffentlicher Kritik. So wurde beispielsweise Anfang August 1918 eine Urlaubsreisende aus Norddeutschland auf der

Zugfahrt nach München Zeugin, wie ein Soldat «die unflätigsten Reden gegen den Kaiser» ausstieß, «der die ganze Welt gegen uns gehetzt hätte ... Ich sagte, durch solche Reden machen Sie sich noch strafbar, da meinte er, da könne hier ein General sitzen, dann würde er dasselbe sagen, er hätte sein Kohlrabi lange genug hingegeben. Es waren noch mehrere Soldaten im Wagen, niemand trat gegen den Mann auf, sondern gaben ihm alle recht, und erntete ich nur Spott und Hohn mit meinen Verteidigungen, so daß ich ganz verstummen mußte.»[26] Das war kein Einzelfall. Äußerungen wie: «Der Krieg werde doch nur für die Firma Wilhelm und Söhne geführt. Ehe die nicht fallit mache, gebe es keinen Frieden», waren im Spätsommer und Frühherbst in Deutschland überall zu hören.[27]

2. Mit dem Schwinden monarchischer Loyalität einher ging ein dramatischer Verfall staatlicher Autorität. «Respekt vor Obrigkeit und Gesetz ist völlig geschwunden», klagte Oberstleutnant Bauer Ende Juli 1918.[28] Diebstahldelikte nahmen sprunghaft zu. «Es wird gestohlen und weggenommen, wo man es bekommen kann», hieß es zu gleichen Zeit in den Monatberichten der stellvertretenden Generalkommandos. «Ausräuberungen ganzer Bahnzüge durch die Angestellten, einschließlich Beamten, sind an der Tagesordnung.»[29] Um behördliche Anordnungen und Vorschriften kümmerte sich kaum noch jemand, schon gar nicht die Hamsterer aus den Großstädten, die Tag für Tag in die ländlichen Gebiete ausschwärmten, um sich unter Umgehung des Kartenzwangs zusätzliche Lebensmittel zu beschaffen. «Noch laufen Gendarmen und beauftragte Soldaten die Landstraßen, die Dörfer ab, prüfen das Gepäck der Reisenden auf den Bahnhöfen, während die Herren Wachtmeister im fahrenden Zug Nachschau halten – aber das Volk kümmert sich nicht mehr um sie», beobachtete der Reporter einer Berliner Zeitung Mitte Juli 1918.[30]

3. Dem Autoritätsschwund der staatlichen Behörden entsprach ein Verfall der militärischen Disziplin. In vielen Heimatgarnisonen kam es im Sommer 1918 zu Krawallen. Soldaten weigerten sich in wachsender Zahl, an die Front transportiert zu werden. Beispielhaft sei hier verwiesen auf die Vorgänge in München im Juni 1918: Auf dem Weg von der Kaserne zum Hauptbahnhof randa-

lierten Soldaten eines Truppentransports, der zur Westfront abgehen sollte. Ein Leutnant, der für Ordung sorgen wollte, erhielt zur Antwort: «Haut ihn nieder, den Hund!» Nicht viel besser erging es dem Münchner Polizeipräsidenten. Er bekam zu hören: «Was willst denn Du, Du saudummer Zivil, von einem Zivilisten lasse ich mir gar nichts sagen, ich fahr' Dir an die Gurgel, Du Kriegswucherer.»[31] Solche Reaktionen wurden von den zivilen und militärischen Behörden sehr ernst genommen, denn sie signalisierten, dass die Truppen in den Garnisonen künftig als Instrument zur Bekämpfung innerer Unruhen nicht mehr uneingeschränkt zur Verfügung stehen würden.

4. Im Zusammenhang mit dem beschriebenen Legitimationsverlust sämtlicher Machtträger des herrschenden Systems tat sich eine große Glaubwürdigkeitslücke auf. «Den Behörden glaubt heute bei uns fast kein Mensch mehr etwas, am wenigsten, wenn sie amtlich aufmunternd sprechen», stellte der Leiter der Nachrichtenabteilung im Auswärtigen Amt, Erhard Deutelmoser, im August 1918 fest.[32] Das Misstrauen erstreckte sich vor allem auf die Heeresberichte, denen keinerlei Wahrheitsgehalt mehr zugesprochen wurde. In einem Stimmungsbericht ebenfalls aus dem Monat August hieß es: «Die Erklärungen der amtlichen Nachrichten vom ‹meisterhaften Rückzug›, ‹Vereitelung des feindlichen Hauptziels›, ‹gelungene Loslösung vom Feind› werden belacht als Schönfärberei, hinter der die Niederlage verhüllt werde.»[33] Da die amtlichen Informationsträger als glaubwürdige Instanz ausfielen, blühten die Gerüchte. «Noch nie sind in Deutschland so wahnwitzige Gerüchte umgegangen wie in den letzten Wochen, seit wir uns im Abwehrkampf befinden», notierte ein Beobachter Anfang September 1918.[34] Unter anderem erzählte man sich von Duellen im Großen Hauptquartier, bei denen Generalfeldmarschall Hindenburg vom Kronprinzen erschossen worden sein sollte. Alle Versuche der Behörden, die Gerüchteflut einzudämmen, indem sie den Verbreitern Gefängnis- oder Geldstrafen androhten, blieben wirkungslos.

5. Zur Gegenöffentlichkeit des Spätsommers 1918 gehörte schließlich auch die Gewöhnung an die Vorstellung, dass der Krieg nur durch eine revolutionäre Umwälzung im Innern beendet werden

könne. In den Unmutsäußerungen der Bevölkerung war, wie die Überwachungsbeamten feststellen mussten, «das Spielen mit der Revolution» inzwischen ganz selbstverständlich. «So kanns nicht weitergehen!» «Wir werden bald was erleben!» – solche und ähnliche Drohungen registrierten die Behörden Anfang September 1918 in verstärktem Maße, und zwar nicht nur in der Arbeiterschaft, sondern bis weit in Kreise des Mittelstands und der Bauern hinein.[35] Dass die Personen, die immer noch am Krieg ein Interesse hätten, durch eine Revolution entfernt werden müssten, werde «weithin in allen Kreisen ausgesprochen», berichtete der Pfarrer einer süddeutschen Gemeinde am 4. September 1918.[36] Zwischen dem Revolutionierungsprozess an der sogenannten «Heimatfront» und der wachsenden Verweigerungshaltung der Truppen in den Garnisonen und an der Front bestand ein sich wechselseitig verstärkender Zusammenhang. Soldaten, die auf Heimaturlaub waren, erzählten von Meutereien und Desertionen und davon, wie schlecht es wirklich um die militärische Lage im Westen stand.[37] Die «ungünstige Beeinflussung der Stimmung durch Urlauber» nehme «ein bedenkliches Ausmaß» an, berichtete das stellvertretende Generalkommando in Karlsruhe Mitte August 1918.[38] Umgekehrt wirkten jedoch auch die Missstimmungen in der Heimat auf die Haltung der Urlauber zurück und bestärkten sie in dem Wunsch, nicht länger mehr das eigene Leben an der Front aufs Spiel zu setzen. So kam es, wie ein General klagte, «zu einem Kreislauf …, zu einem stets anschwellenden Überdruß am Kriege».[39] Was ein Polizeispitzel Mitte August 1918 einem Gespräch zweier Lazarettinsassen in Bremerhaven ablauschte, entsprach einer weitverbreiteten Stimmung: «Siehst Du, Kamerad, wir sind kaputt, keiner denkt mehr an Sieg, was die Zeitungen schreiben, ist alles Lug und Trug … Wenn wir jetzt Schluß machen, können wir noch viel retten … Sollen wir uns denn die Knochen kaputt schießen lassen, nur weil die Oberen noch Lust haben an dieser wahnsinnigen Schlachterei? … Wir kriegen unsere Kameraden so weit, daß sie alle mitmachen wie in Rußland, wir haben ja nichts mehr zu verlieren.»[40]

So war der Prozess der Revolutionierung der wilhelminischen Gesellschaft bereits sehr weit fortgeschritten, als sich die Oberste

Heeresleitung Ende September 1918 endlich zum militärischen Offenbarungseid entschloss und mit dem Wunsch nach Waffenstillstand zugleich den Weg frei machte für die Bildung einer Regierung auf parlamentarischer Grundlage. Die Reform «von oben» sollte der Revolution «von unten» zuvorkommen. Dass dieses Kalkül nicht aufging, hatte vor allem zwei Gründe: Zum einen wirkte das mit dem Waffenstillstandsgesuch verbundene Eingeständnis der militärischen Niederlage keineswegs beruhigend, sondern es steigerte nur die Erbitterung über jene, die das Kaiserreich in diese ausweglose Lage manövriert hatten. Eine radikale Stimmung des «Friedens um jeden Preis» erfasste nun auch Schichten der Bevölkerung, deren monarchische Loyalität und patriotische Gesinnung bislang ganz außer Zweifel gestanden hatten. Den Kern der Massenbewegungen gegen den Krieg bildete zwar immer noch die großstädtische Arbeiterschaft, aber sie erhielt nun verstärkt Zulauf von verarmten Angestellten und Beamten, und auch in den agrarischen Regionen verbreiterte sich ihre soziale Basis. So war in der ländlichen Bevölkerung Süddeutschlands im Oktober 1918 der Wunsch vernehmbar: «Wenn nur die Franzosen bald kämen.»[41]

Zum anderen waren die Reformen vom Oktober 1918 in ihren Auswirkungen für die Masse der Bevölkerung noch kaum spürbar. Der Alltag war nach wie vor bestimmt durch die drückenden Beschwernisse der Lebensmittelbeschaffung; hinzu kam gerade im Oktober eine schwere Grippeepidemie, die Tausende von Menschen dahinraffte.[42] Auch an den politischen Verhältnissen schien sich zunächst wenig zu ändern. Nach wie vor herrschte der Belagerungszustand, wurden Zeitungen zensiert, Versammlungen überwacht und politisch missliebige Personen verhaftet. Die Herrschaft der Militärs dauerte, so schien es, trotz «Parlamentarisierung» der Reichsverfassung, ungebrochen fort. Und tatsächlich kam, wie Wilhelm Deist gezeigt hat, der Befehl der Seekriegsleitung von Ende Oktober 1918, die Schlachtflotte zu einem letzten Gefecht in den Kanal auslaufen zu lassen, einem Anschlag auf die Regierung des Prinzen Max von Baden gleich.[43] Gerade damit aber wurde das Feuer an die Lunte gelegt, die das Pulverfass zur Explosion brachte. Auf die Rebellion der Admirale folgte die Revolte der Matrosen, und diese wiederum setzte das Signal für den Aufstand in Kiel in den ersten Novembertagen, der sich in einer Kettenreaktion rasch über ganz Deutschland ausbreitete. Überall wurden – nach Kieler Vorbild – Arbeiter- und Soldatenräte gebildet. Fast widerstandslos brach die alte Ordnung zusammen.

Es war keineswegs so, wie Arthur Rosenberg meinte, dass die Massen Anfang November 1918 «eigentlich gegen sich selbst rebelliert» hätten, weil sie mit den Oktoberreformen bereits am Ziel ihrer Wünsche gewesen seien.[44] Es bedurfte vielmehr der gemeinsamen Aktion der revolutionären Matrosen, Soldaten und Arbeiter, um den Systemwechsel unumkehrbar zu machen und die Herrschaft der Hohenzollern definitiv zu beenden.

IV. Die SPD und das Ende von Weimar

Die Stunde der Barone

Am 20. Juli 1932 griffen die alten Eliten wieder nach der Macht in Preußen – die Sozialdemokraten räumten kampflos das Feld

Am Vormittag des 20. Juli 1932, gegen Viertel vor elf, klingelt ein Bürobeamter der Reichskanzlei an der Pforte eines Dreizimmerhäuschens in Berlin-Zehlendorf, in das sich der preußische Ministerpräsident Otto Braun zurückgezogen hat. Dem verdutzten Hausherrn übergibt er ein mit Dienstsiegel verschlossenes Schreiben. Der brisante Inhalt besteht aus einem einzigen Satz: «Nachdem der Herr Reichspräsident mich durch die Verordnung vom 20. Juli 1932 zum Reichskommissar für das Land Preußen bestellt hat, enthebe ich Sie Ihres Amtes als Preußischer Ministerpräsident. v. Papen.»[1] Braun beschließt, sich umgehend zum Staatsministerium fahren zu lassen. Doch Ministerialdirektor Eduard Nobis teilt ihm auf telefonische Nachfrage mit, das Haus sei bereits von Reichswehrtruppen besetzt und der Dienstwagen beschlagnahmt. Dann werde er eben mit einem Taxi ins Amt fahren und sich dort verhaften lassen, erklärt Braun.

In der Reichskanzlei löst diese Nachricht nicht geringe Bestürzung aus. Ein legal amtierender preußischer Ministerpräsident, der von einem Reichswehrkommando vor seinem Dienstsitz festgenommen wird – was würde das für einen Eindruck im In- und Ausland machen! Man überlegt hin und her, wie man den prominenten SPD-Politiker von seinem Vorhaben abbringen kann. Doch schon kurze Zeit später atmet alles erleichtert auf: Braun hat in einem Telefonat mit seinem Referenten Herbert Weichmann zu erkennen gegeben, dass er es sich anders überlegt habe und zu Hause bleiben wolle. Seine Verhaftung hätte «vielleicht Stoff zu einer sensationellen Pressenotiz» gegeben, wäre sonst «aber nutzlos» gewesen, so hat er in seinen Erinnerungen «Von Weimar zu Hitler» seinen Sinneswandel begründet.[2] Ein Rückzug von symbolhafter Bedeutung: Der einst so mächtige «rote Zar» von Preußen denkt nicht mehr an Widerstand; er hat innerlich längst kapituliert.

Seit März 1920 – mit kurzen Unterbrechungen 1921 und 1925 – hatte Braun, Spross einer Königsberger Arbeiterfamilie, in Preußen regiert. Unter seiner Führung schien das mit Abstand größte deutsche Land zu einer Bastion der Weimarer Republik geworden zu sein. Jedenfalls war die politische Situation hier, wo die SPD mit dem Zentrum und der Deutschen Demokratischen Partei (DDP) kooperierte, wesentlich stabiler als an der Spitze des Reichs, wo die Regierungen häufig wechselten und die Parteien der Weimarer Koalition seit 1920 über keine Mehrheit mehr verfügten.[3]

Doch Anfang der dreißiger Jahre, als die Folgen der Weltwirtschaftskrise mit voller Wucht auch Deutschland trafen, zeigte sich, dass die Fundamente des republikanischen «Bollwerks Preußen» brüchig wurden. Die DDP (seit 1930 Deutsche Staatspartei) schrumpfte zu einer Splitterpartei. Die Tolerierung des ersten Präsidialkabinetts unter dem unpopulären Zentrumskanzler Heinrich Brüning, zu der sich die SPD-Führung bereit finden musste, verurteilte die Regierung Braun in Preußen zur Immobiliät, wollte sie die dortige Koalition mit dem Zentrum nicht gefährden. Überdies war die Finanzlage Preußens geradezu verzweifelt; sie zwang zu immer härteren Etatkürzungen.

Dass die Wahlen zum Preußischen Landtag am 24. April 1932 unter diesen Bedingungen für die Regierungskoalition schlecht ausfallen würden, war vorauszusehen. Das Ausmaß der Niederlage aber überraschte selbst ihre Gegner. Die NSDAP konnte die Zahl ihrer Mandate von 9 auf 162 steigern. Sie war damit fast so stark wie SPD, Zentrum und Deutsche Staatspartei zusammen, die es auf 163 (von 423 Mandaten) brachten, also die parlamentarische Mehrheit weit verfehlten. Dennoch reichten die spektakulären Gewinne der NSDAP für eine Regierungsbildung durch die Rechte nicht aus, weil einerseits die DNVP viele Stimmen einbüßte und andererseits die KPD deutlich zulegte.

Als hätten sie die Pattsituation vorausgeahnt, hatten die Regierungsparteien in der letzten Sitzung des alten Landtags am 12. April

1932 eine Änderung der Geschäftsordnung durchgesetzt: Danach konnte zum Ministerpräsident nur gewählt werden, wer mehr als die Hälfte der Stimmen auf sich vereinigte. Die bisherige Regelung, wonach im zweiten Wahlgang die relative Mehrheit ausreichte, wurde abgeschafft. Otto Braun und der preußische Innenminister Carl Severing selbst waren gegen diese Änderung, weil sie nicht den Eindruck erwecken wollten, als klammerten sie sich an die Macht. Braun hatte einen Tag vor der Wahl einen schweren Zusammenbruch erlebt, von dem er sich nur langsam erholte. «Ich bin so ziemlich am Ende meiner Kraft», schrieb er einem Freund Anfang Mai, «und sehne den Tag herbei, an dem ich aus dem Amt scheiden kann, wo ich unter den gegebenen Verhältnissen doch nichts mehr nützen kann.»[4]

Doch dieser Wunsch blieb vorerst unerfüllt. Zwar erklärte das Kabinett Braun noch vor der Eröffnung des neuen Landtags am 24. Mai seinen Rücktritt; da sich das Parlament indes nicht auf die Wahl eines neuen Ministerpräsidenten einigen konnte, musste die alte Regierung geschäftsführend im Amt bleiben. Bereits in der zweiten Sitzung am 25. Mai kam es zu schweren Schlägereien zwischen Abgeordneten der NSDAP und der KPD. Angewidert zog sich Braun zurück. Am 4. Juni beurlaubte er sich selbst und übergab die Geschäfte seinem Stellvertreter, dem Wohlfahrtsminister Heinrich Hirtsiefer von der Zentrumspartei. Offenbar wollte er sich ganz von der Politik verabschieden. Denn bereits am 30. Mai hatte er sich anstelle seines bisherigen Dienstausweises einen Reisepass ausstellen lassen mit dem Eintrag: «Ohne Beruf».[5]

An ebendiesem 30. Mai 1932 entließ Hindenburg den Zentrumskanzler Brüning, dem er seine Wiederwahl im April gegen den Herausforderer Hitler zu verdanken hatte. Die Kamarilla hinter dem greisen Reichspräsidenten wollte das Präsidialregime gänzlich freimachen vom Einfluss des Reichstags, vor allem vom Zwang einer Tolerierung durch die SPD. Reichskanzler wurde Franz von Papen, ein klerikaler Herrenreiter aus westfälischem Uradel, als rechter Hinterbänkler der Zentrumsfraktion im Preußischen Landtag ein weithin unbeschriebenes Blatt. Allerdings hatte er im Ersten Weltkrieg als Bataillonskommandeur an der Westfront gedient, was ihn in Hindenburgs Augen empfahl. Der neuen Regierung gehörten vor allem Vertreter der ostelbischen Junker und der preußischen Konservativen an, weshalb die SPD-Zeitung «Vorwärts» auch treffend von einem «Kabinett der Barone» sprach.[6] Als besonders provozierend wurde die Ernennung des Freiherrn Magnus von Braun zum Landwirtschaftsminister empfunden, denn der war wegen Beteiligung am Kapp-Putsch 1920 aus dem preußischen Dienst entlassen worden.

Der starke Mann der Papen-Regierung aber war Reichswehrminister Kurt von Schleicher, ein politisierender General, der sein intrigantes Spiel bisher hinter den Kulissen betrieben hatte. Er war es auch gewesen, der Anfang Mai mit Hitler die Bedingungen des Machtwechsels ausgehandelt hatte: Zum einen sollte der Reichstag aufgelöst und die Neuwahl zum 31. Juli ausgeschrieben werden; zum anderen sollte das Verbot der SA, das Brüning gerade erst im April durchgesetzt hatte, aufgehoben werden. Beide Bedingungen wurden durch präsidiale Notverordnungen vom 4. bzw. 16. Juni erfüllt.

Im Kern zielte das Konzept Schleichers und Papens darauf, die NSDAP in das autoritäre Präsidialregime einzubinden, in der Hoffnung, sie dadurch «zähmen» zu können. So bemerkte der neue Reichsinnenminister Wilhelm Freiherr von Gayl später: «Die junge, immer weitere Kreise erfassende Bewegung Adolf Hitlers mußte, um die in ihr lebendigen nationalen Kräfte dem Wiederaufbau des Volkes nutzbar zu machen, von den ihr unter Brüning und Severing angelegten Fesseln befreit und zum erfolgreichen Kampf gegen den internationalen Kommunismus geführt werden.»[7]

Voraussetzung dafür war freilich, dass die Macht der «schwarzroten Preußenregierung» endgültig gebrochen wurde. «Es hatte wenig Sinn, im Reiche zu einer besseren Ordnung der Dinge zu schreiten, wenn sie nicht gleichzeitig auch in Preußen hergestellt werden konnte», so hat Papen noch 1952 (in dem Erinnerungsbuch «Der Wahrheit eine Gasse») seine Politik zu rechtfertigen versucht.[8] Bereits Anfang Juni 1932 kursierten Gerüchte über die Einsetzung eines Reichskommissars in Preußen. Zunächst aber wollte Papen eine andere Lösung: Am 6. Juni forderte er den Präsidenten des Preußischen Landtags, den Nationalsozialisten Hans Kerrl, auf, «unverzüglich» eine neue Regierung (bestehend aus

NSDAP, DNVP und Zentrum) zu bilden – ein Affront der geschäftsführenden preußischen Regierung, die nicht einmal informiert wurde.[9]

Doch die Verhandlungen zwischen NSDAP und Zentrum kamen nicht voran. Die Nationalsozialisten waren entschlossen, wie ihr Berliner Gauleiter Joseph Goebbels bereits in einer Tagebuchnotiz vom 4. Juni festhielt, «die Verantwortung entweder ganz oder gar nicht [zu] übernehmen».[10] Das Zentrum fand sich allenfalls bereit, einen Deutschnationalen, nicht aber einen Nazi als Ministerpräsidenten zu akzeptieren. Obendrein war Hirtsiefer, Brauns Stellvertreter, ein überzeugter Anhänger der Regierungskoalition mit den Sozialdemokraten. Eine Zusammenarbeit mit den Männern, die Brüning gestürzt hatten, kam für ihn nicht in Frage. Anfang Juli 1932 galten die Bemühungen um eine Verbindung zwischen NSDAP und Zentrum in Preußen als gescheitert; der Landtag vertagte sich auf unbestimmte Zeit.

Umso mehr rückte nun die zweite Option, die Reichsexekution gegen Preußen, in den Vordergrund. Am 11. Juni hatte Gayl in einer Besprechung mit den Ministerpräsidenten der Länder Gerüchte über die Einsetzung eines Reichskommissars noch dementiert: Ein solcher Schritt sei «die ultima ratio, wenn das Leben der Nation auf dem Spiele stehe» – eine Zusicherung, die Papen einen Tag später mit fast denselben Worten wiederholte.[11] Doch in der geschäftsführenden preußischen Regierung blieb man misstrauisch. Den Versuch der Papen-Regierung, die finanzielle Daumenschraube anzuziehen, indem das Reich seine Verpflichtungen einfach nicht mehr erfüllte, konnte Hiertsiefer im Verein mit dem preußischen Finanzminister Otto Klepper konterkarieren: Durch eine drastische Sparnotverordnung vom 8. Juni 1932 gelang es ihnen, die Zahlungsunfähigkeit Preußens abzuwenden.

Besonders Carl Severing war peinlich darauf bedacht, Wohlverhalten zu demonstrieren, um der Reichsregierung keinen Vorwand für ein Einschreiten zu liefern. Gegen die Aufhebung des SA-Verbots kam Protest vor allem von den süddeutschen Staaten, nicht aber vom preußischen Innenminister, obwohl doch auch ihm die Konsequenzen – eine Verschärfung des nationalsozialistischen Straßenterrors – bewusst sein mussten. In einem Gespräch mit dem

Reichsinnenminister von Gayl Mitte Juni ging er so weit, für den Fall, dass nach der Reichstagswahl vom 31. Juli Unruhen drohten, eine Zusammenfassung der Machtmittel des Reiches und der Polizeikräfte in Preußen in Aussicht zu stellen.[12] Gayl interpretierte diesen Vorschlag so, dass Severing nun selbst die Einsetzung eines Reichskommissars befürworte – was dieser heftig bestritt. Wie auch immer: Aus Severings Äußerungen konnte man im «Kabinett der Barone» schließen, dass von der geschäftsführenden preußischen Regierung kein größerer Widerstand gegen eine Reichsexekution zu erwarten war, wenn sie nur die scheinlegale Form wahrte.

Was von vielen befürchtet worden war, trat ein: Nach Aufhebung des SA-Verbots stieg die Zahl der politisch motivierten Gewalttaten sprunghaft an. Nationalsozialisten und Kommunisten lieferten sich fast täglich blutige Straßenkämpfe. Die Gewalteskalation war der Papen-Regierung höchst erwünscht. Schien sie doch zu beweisen, dass die preußische Polizei mit dem Terror nicht fertig wurde. Am 8. Juli forderte der Vorsitzende der deutschnationalen Landtagsfraktion Friedrich von Winterfeldt in einer Unterredung mit Staatssekretär Erwin Planck und gleichzeitig in einem Brief an Reichskanzler Papen «ein schnelles Eingreifen des Reiches» in Preußen, «und zwar noch vor den Reichstagswahlen, weil bis dahin die gefährlichsten Zustände eintreten könnten».[13] Winterfeldt behauptete, dass die sozialdemokratischen Polizeipräsidenten «enge Verbindungen mit den Kommunisten aufgenommen» hätten, ohne dafür auch nur die Spur eines Beweises vorzulegen.[14] Aber Eindruck machten seine Erfindungen dennoch. In einer Ministerbesprechung am 11. Juli, unmittelbar nach der Rückkehr Papens von der Reparationskonferenz in Lausanne, erklärte von Gayl, dass «für die Reichsregierung der psychologische Moment zum Eingreifen gekommen» sei. Die preußische Polizei konzentriere ihre Kräfte auf die Bekämpfung der NS-Bewegung; die Abwehr der «kommunistischen Gefahr» hingegen sei ganz «unzureichend». Als Ergebnis der Besprechung gab Papen zu Protokoll, dass man sich im Reichskabinett «über die Einsetzung eines Reichskommissars in Preußen» einig sei.[15]

Eine entsprechende Notverordnung beriet das Kabinett einen Tag später. Dabei wartete Gayl mit einer Enthüllung auf: Angeblich hatte der Staatssekretär im preußischen Innenministerium, Wilhelm

Abegg, Verhandlungen über «einen Zusammenschluß der SPD mit der KPD» geführt.[16] Tatsächlich hatte Abegg Anfang Juni in einem Gespräch mit zwei KPD-Abgeordneten darauf gedrängt, die Partei möge auf jede Gewalt verzichten. Denn es könne nicht in ihrem Interesse sein, dass die Nazis ans Ruder kämen. Der beim Gespräch anwesende Regierungsrat Rudolf Diels, der spätere Gestapochef, informierte gleich den Reichsinnenminister, und der konstruierte daraus die absurde Geschichte eines kommunistisch-sozialdemokratischen Komplotts.[17]

Am 14. Juli fuhren Papen, Gayl und Staatssekretär Otto Meißner auf Hindenburgs ostpreußisches Gut Neudeck, um sich vom Reichspräsidenten eine Blankovollmacht für den geplanten Coup erteilen zu lassen. Das Datum der «Verordnung über die Wiederherstellung der Sicherheit und Ordnung im Gebiet des Landes Preußen» wurde offen gelassen; man wartete jetzt nur noch auf einen geeigneten Anlass, um sie in Kraft zu setzen.[18]

Diesen Anlass bot der «Altonaer Blutsonntag» vom 17. Juli 1932. Der Regierungspräsident in Schleswig hatte – nach Rücksprache mit Severing – den provokatorischen Marsch der SA durch die roten Bezirke Altonas genehmigt (die Stadt an der Elbe gehörte damals noch nicht zu Hamburg, sondern zu Preußen). Das Ergebnis war vorauszusehen: Es gab Tote – 17 an der Zahl – und viele Verletzte. Einen Tag später forderte der Pressezar und Vorsitzende der DNVP Alfred Hugenberg die Beseitigung des «marxistischen Spuks» in Preußen.[19] Sein Parteikollege Kerrl regte in einem Brief an Papen an, «ob nicht bis zur Wiederherstellung verfassungsgemäßer Zustände in Preußen die Polizeigewalt besser vom Reiche übernommen» werden sollte.[20]

Doch es bedurfte solcher Aufforderungen nicht mehr, denn die Papen-Regierung war längst zum Handeln entschlossen. Am selben 18. Juli wurden Hirtsiefer, Severing und der preußische Finanzminister Klepper für den 20. Juli, 10 Uhr vormittags, in die Reichskanzlei bestellt. Was sie dort erwartete, darüber berichteten die Morgenzeitungen bereits in großer Aufmachung – die Einsetzung eines Reichskommissars in Preußen. Ohne Umschweife teilte Papen den preußischen Ministern mit, dass «die öffentliche Ordnung und Sicherheit in Preußen nicht mehr gewährleistet» sei.[21] Er habe deshalb den Reichspräsidenten um besondere Vollmachten gebeten und diese auch bekommen. Daraufhin verlas er die Verordnung Hindenburgs, die ihn zum Reichskommissar ernannte und Braun und Severing ihrer Ämter enthob. Die Dienstgeschäfte des Ministerpräsidenten, fügte der Kanzler hinzu, übernähme er selbst; mit der kommissarischen Leitung des preußischen Innenministeriums habe er den Essener Oberbürgermeister Franz Bracht betraut.

Severing protestierte. Die Maßnahmen der Reichsregierung verstießen gegen die Verfassung. Er werde keinesfalls freiwillig seinen Posten räumen, sondern «nur der Gewalt weichen»: «Wer Wind säe, werde Sturm ernten.» Hirtsiefer schloss sich dem Protest an: Das Vorgehen sei «so unerhört», dass er «dafür in der Geschichte kein Beispiel wüßte».[22] Doch Papen zeigte sich unbeeindruckt. Gleich nach der Besprechung ließ er über Berlin und die Mark Brandenburg den militärischen Ausnahmezustand verhängen.

Die vollziehende Gewalt wurde Generalleutnant Gerd von Rundstedt übertragen (er sollte es in Hitlers Wehrmacht noch bis zum Generalfeldmarschall bringen). Der erklärte gegen Mittag den Berliner Polizeipräsidenten Albert Grzesinski für abgesetzt und forderte ihn auf, seinen Platz zu räumen. Als Grzesinski sich weigerte, erschienen am Nachmittag mit Handgranaten bewaffnete Reichswehrsoldaten im Präsidium und nahmen ihn, mitsamt dem Vizepräsidenten Bernhard Weiß und dem Kommandeur der Schutzpolizei, Magnus Heimannsberg, fest. «Die Beamten stehen dichtgedrängt an den Fenstern und Türen, sie winken und rufen uns zu: ‹Freiheit›, ‹Hoch die Republik› und ‹Hoch unsere Chefs›», so erinnerte sich Grzesinski in seiner 1933 im Exil geschriebenen Autobiografie.[23] Die Verhafteten wurden in die Militärarrestanstalt nach Moabit gebracht und erst am Abend wieder auf freien Fuß gesetzt, nachdem sie versichert hatten, sich «jeder weiteren dienstlichen Maßnahme» zu enthalten.[24]

Mittlerweile hatte die preußische Regierung in einem Schreiben an den Reichskanzler offiziell Beschwerde gegen die Verletzung der Verfassung eingelegt und angekündigt, sie werde dagegen die Entscheidung des Staatsgerichtshofs anrufen.[25] Damit war zugleich klargestellt, dass sich der Widerstand gegen Papens Coup streng im Rahmen der Legalität halten sollte – was einer halben Kapitulation gleichkam. Von Kampfgeist war auch nichts zu spüren, als führende Vertreter der Gewerkschaften, der Sozialdemokratie und des Reichsbanners, der republikanischen Schutzorganisation der SPD, am Nachmittag des 20. Juli zusammenkamen. Otto Wels, der Parteivorsitzende, bezeichnete das Vorgehen der Papen-Regierung zu Recht als «offenen Staatsstreich», war aber, wie alle übrigen Anwesenden, «ratlos, was zu tun sei».[26] Kein einziger Teilnehmer sprach sich für einen Generalstreik oder andere Kampfaktionen aus. Die Parole lautete vielmehr: Sicherung der Reichstagswahl am 31. Juli – als ob von deren Ausgang irgendetwas Positives für die SPD erhofft werden konnte! In diesem Sinne rief der SPD-Parteivorstand noch am Abend des 20. Juli zu «strengster Disziplin» auf: «Jetzt mit aller Kraft für den Sieg der Sozialdemokratie am 31. Juli!»[27]

Im Vollgefühl des sicheren Triumphes wandte Papen sich an demselben Abend in einer Rundfunkansprache an die deutsche Bevölkerung. Darin machte er der abgesetzten preußischen Regierung zum Vorwurf, «die politische und moralische Gleichsetzung von Kommunisten und Nationalsozialisten» betrieben zu haben. Dadurch sei «jene unnatürliche Frontbildung entstanden, die die staatsfeindlichen Kräfte des Kommunismus in eine Einheitsfront gegen die aufstrebende Bewegung der NSDAP einreiht».[28] Deutlicher konnte der distinguierte Herrenreiter seine Sympathien mit den braunen Schlägertrupps nicht zum Ausdruck bringen.

Über den reibungslosen Ablauf des «Papen-Schlages» zeigte man sich auch bei den Nationalsozialisten hoch zufrieden. «Man muß den Roten nur die Zähne zeigen, dann kuschen sie», notierte Joseph Goebbels, der Berliner Gauleiter der NSDAP, am 20. Juli. «SPD und Gewerkschaften rühren nicht einen Finger.» Und einen Tag später schrieb er: «Die Roten haben ihre große Stunde verpaßt. Die kommt nie wieder.»[29]

War Widerstand möglich? Über diese Frage ist seit den Tagen des sozialdemokratischen Exils viel gestritten worden, und auch die historische Forschung ist sich darüber bis heute nicht einig geworden. Sicher ist, dass die Reichsregierung eine Mobilisierung der preußischen Schutzpolizei mit dem Einsatz der Reichswehr beantwortet hätte – und wer dabei die Oberhand behalten würde, darüber durfte es keinen Zweifel geben. Überdies war ein großer Teil der Schutzpolizei, besonders ihrer höheren Ränge, in ihrer Republiktreue keineswegs so gefestigt, wie es dem nachträglichen Selbstbild entsprach. Auch auf ihre Beamten konnten sich die preußischen Minister keineswegs mehr verlassen. Nicht wenige unter ihnen witterten ihre Chance und begannen sich auf die neuen Herren umzustellen.

Am stärksten war der Kampfgeist offenbar unter Aktivisten des Reichsbanners, und hier war die Enttäuschung über die Passivität der SPD-Führung auch am größten. «Ich sah in jenen Tagen Reichsbannerleute weinen», erinnerte sich Otto Buchwitz, Sekretär des Bezirks Niederschlesien. «Alte Funktionäre warfen uns die Mitgliedsbücher hin.»[30] Doch über das tatsächliche Ausmaß der Kampfbereitschaft sagen solche subjektiven Impressionen wenig aus. Und bei nüchterner Betrachtung lässt sich schnell erkennen, dass das Reichsbanner einer Konfrontation mit den paramilitärischen Verbänden der Rechten kaum gewachsen war.

Das wirksamste Gegenmittel wäre ein Generalstreik gewesen, und ihn fürchtete man im «Kabinett der Barone» am meisten. Dabei spielte die Erinnerung an den Kapp-Putsch eine Rolle, der an einem Generalstreik gescheitert war. Doch die Situation von 1932 unterschied sich grundlegend von der des Frühjahrs 1920. Damals hatte nahezu Vollbeschäftigung geherrscht; jetzt gab es sieben Millionen Arbeitslose, und alles deutete darauf hin, dass ein Aufruf zum Streik auf keine große Resonanz gestoßen wäre. Außerdem lag die Verfassungswidrigkeit des «Preußen-Schlages» nicht so klar zutage, wie das seinerzeit der Fall war. Damals putschten rechte Verschwörer (mit dem ostpreußischen Generallandschaftsdirektor Wilhelm Kapp und General Walther von Lüttwitz an der Spitze) gegen die legitime Staatsgewalt; diesmal ging die Aktion von der Reichsregierung und dem Reichspräsidenten selbst aus, und sie richtete sich gegen eine Landesregierung, die ihre Parlamentsmehrheit eingebüßt hatte.

Sozialdemokratie und Gewerkschaften sind kaum dafür zu tadeln, dass sie das Risiko eines Bürgerkriegs scheuten. Wohl aber kann man ihnen vorwerfen, dass sie den Dingen ihren Lauf ließen. Vielleicht hätte die Papen-Regierung von ihrem Plan Abstand genommen, wenn sie einen entschiedenen Willen zur Gegenwehr gespürt hätte. Stattdessen war ihr deutlich signalisiert worden, das «demokratische Bollwerk» würde von seinen Verteidigern kampflos geräumt werden. So kam es, dass der Abschied der Sozialdemokraten von der Macht in Preußen – in den Worten des Berliner Historikers Heinrich August Winkler – «mehr einer Farce als einer Tragödie glich».[31]

Unmittelbar nach dem Staatsstreich begannen die neuen Herren damit, die preußische Verwaltung von republikanischen Beamten zu «säubern».[32] Sie gingen dabei gründlich zu Werke – Goebbels sorgte sich bereits am 22. Juli, «daß diese Regierung zu viel tue und uns nichts mehr übrig bleibe».[33] Zu Recht hat Karl Dietrich Bracher in seinem klassischen Werk «Die Auflösung der Weimarer Republik» (1955) den «Preußenschlag» ein «Vorspiel» zur «Machtergreifung» vom 30. Januar 1933 genannt.[34]

Am 25. Oktober 1932 sprach der Staatsgerichtshof sein Urteil. Es hätte widersprüchlicher nicht ausfallen können: Denn einerseits bekräftigte es das Recht des Reichspräsidenten, einen Reichskommissar in Preußen einzusetzen; andererseits erklärte es die Ausschaltung der preußischen Staatsregierung für unzulässig. An der vollzogenen Machtverschiebung änderte der Richterspruch nicht das Geringste. Die geschäftsführende Regierung Braun war zwar formal rehabilitiert, aber sie führte künftig neben dem Regiment des Reichskommissars nur noch eine Schattenexistenz. Im Februar 1933 wurde Braun das Amt endgültig entzogen; er floh in die Schweiz, wo er 1955 starb.

Mit dem Staatsstreich kehrte die alte Elite Preußens noch einmal an die Schalthebel der Macht zurück. «In gewisser Weise», so resümiert der britische Historiker Christopher Clark in seiner großen Preußen-Darstellung, «könnte man also sagen, dass am 20. Juli 1932 das alte Preußen das neue zerstörte.»[35] Doch der Sieg kostete einen hohen Preis. Er beseitigte die letzten Reste der Demokratie. Und er ebnete den Weg für den «Trommler» Hitler, den die Kamarilla um Hindenburg für ihre Zwecke glaubte benutzen zu können und der sie nach 1933 mühelos an die Wand spielte. Spät, viel zu spät sollten ostelbische Junker und Reichswehroffiziere begreifen, was sie angerichtet hatten. Das Attentat vom 20. Juli 1944 war, so gesehen, auch ein verzweifelter Versuch der Wiedergutmachung.

Wohlverhalten um jeden Preis

Die «Machtergreifung» in Hamburg und die Politik der SPD

Nur wenige Monate nach Kriegsende 1945 erklärte Bürgermeister Rudolf Petersen in einem Memorandum für die Briten, der Nationalsozialismus sei «in Hamburg im Vergleich zum übrigen Reich relativ wenig eingedrungen».[1] Das war die Geburtsstunde einer Legende – der vom liberalen Sonderweg Hamburgs im «Dritten Reich». Aus ihr entwickelte sich mit der Zeit das liebevoll gepflegte Selbstbild der hanseatischen Eliten, demzufolge die Hansestadt sich als letzte Insel von Humanität und Toleranz inmitten der allgemeinen braunen Barbarei behauptet habe.

Die Wirklichkeit sah, wie wir inzwischen wissen, anders aus. Auch in Hamburg, dieser einstigen Hochburg der sozialdemokratischen Arbeiterbewegung, konnten die Nationalsozialisten ohne besondere Schwierigkeiten die Macht ergreifen und die Gleichschaltung des gesamten politischen und öffentlichen Lebens vollziehen. Und hier konnten sie ihre Herrschaft während der zwölf Jahre der Diktatur ebenso unangefochten ausüben wie in anderen Ländern und Provinzen des Reiches. In manchen Bereichen – etwa in der Gesundheits- und Sozialpolitik oder im Justizwesen – entwickelte sich der Stadtstaat sogar zu einem nationalsozialistischen «Mustergau».[2]

Die Ausgangslage: Hamburg vor 1933

Im Unterschied zu den meisten anderen deutschen Ländern zeichneten sich die politischen Verhältnisse in Hamburg in den Jahren der Weimarer Republik durch eine beachtliche Stabilität aus.[3] Seit März 1919 stellte die SPD die stärkste Partei in der Bürgerschaft und bildete eine Koalition mit der liberalen Deutschen Demokratischen Partei (DDP), die auf dem Gebiet des Wohnungsbaus, der Sozial- und Bildungspolitik weithin als vorbildlich gepriesene Reformen ins Werk setzte. Doch die Stabilität war trügerisch. Schon 1924 verloren SPD und DDP die parlamentarische Mehrheit in der Bürgerschaft. Sie mussten den Koalitionssenat erweitern um die Deutsche Volkspartei (DVP), die zur Republik eher ein distanziertes Verhältnis pflegte.

Wie brüchig der vielgerühmte Konsens zwischen sozialdemokratischer Arbeiterschaft und hanseatischem Bürgertum war, zeigte sich vollends in den Jahren der Weltwirtschaftskrise, die das wirtschaftliche und soziale Gefüge der Hansestadt nachhaltig erschütterte.[4] DDP (seit 1930: Deutsche Staatspartei) und DVP schrumpften zu Splitterparteien; ihre Wähler liefen in Scharen über zur NSDAP. War diese in den Wahlen bis Ende der zwanziger Jahre kaum über zwei Prozent hinausgekommen, so gelang ihr der entscheidende Durchbruch in der Reichstagswahl vom September 1930. Mit 18,8 Prozent der Stimmen lag die NSDAP in Hamburg sogar noch leicht über dem Gesamtergebnis von 18,3 Prozent. In den folgenden Reichstagswahlen blieben die Erfolge der NSDAP allerdings immer um einige Prozentpunkte hinter dem Reichsdurchschnitt zurück, was wohl vor allem auf die relative Stabilität des sozialdemokratischen und kommunistischen Lagers in Hamburg zurückzuführen ist.

Die vordem als skurrile Randfiguren belächelten Hamburger Nationalsozialisten waren indessen über Nacht zu einem ernstzunehmenden politischen Faktor geworden.[5] Nach der Bürgerschaftswahl vom 27. September 1931 nahmen 43 Braunhemden im Plenarsaal des Hamburger Rathauses Platz; der amtierende Koalitionssenat aus SPD, DDP/Staatsparttei und DVP verlor die Mehrheit und konnte nur noch als «geschäftsführender Senat» weiterregieren. Seine Position verschlechterte sich nach der vorgezogenen Bürgerschaftswahl vom 24. April 1932, aus der die Nationalsozialisten mit 31,2 Prozent oder 51 Mandaten als stärkste Fraktion vor den Sozialdemokraten hervorgingen.

Die NSDAP war zwar auch in Hamburg zu einer Massenbewegung geworden, aber sie war hier vor 1933 noch keine Massenpartei. Im Vergleich zu den über 50 000 organisierten Sozialdemokraten nahm sich die Zahl von rund 13 000 NSDAP-Mitgliedern im «Gau Hamburg» eher bescheiden aus. Dennoch erfreute sich die Partei, der seit Mai 1929 mit Karl Kaufmann ein neuer, um gesellschaftliche Respektabilität bemühter Gauleiter vorstand[6], zunehmend der Unterstützung einflussreicher Wirtschaftskreise in der Hansestadt. Zu ihnen zählte etwa die HAPAG, Deutschlands größte Reederei, mit Generaldirektor Wilhelm Cuno an der Spitze. Auf dessen Vermittlung hin durfte Hitler bereits im Februar 1926 und dann ein zweites Mal am 1. Dezember 1930 vor dem renommierten «Hamburger Nationalclub von 1919», einer Versammlung von Honoratioren aus Wirtschaft, Politik und Verwaltung, sprechen.[7] Mochte man hier und da im hanseatischen Bürgertum auch die Nase rümpfen über die rabaukenhaften Manieren der Braunhemden – von einer generellen Distanz gegenüber dem Nationalsozialismus konnte keine Rede sein. Gleich vier bekannte Überseekaufleute – Carl Vincent Krogmann, Kurt Woermann, Erwin Merck und Emil Helfferich – zählten zu den Förderern der NSDAP in der Hansestadt und halfen, die braune Partei hier salonfähig zu machen. Nicht zufällig standen ihre Namen – dazu auch noch der von Franz Heinrich Witthoefft, der als Vertreter der DVP bis Herbst 1931 dem Senat angehört hatte – unter der Eingabe führender Unternehmer an Reichspräsident von Hindenburg vom November 1932, in der die Ernennung Hitlers zum Reichskanzler gefordert wurde. Auch in Hamburg war das Terrain für die «Machtergreifung» der NSDAP bereitet.

Reaktionen auf den 30. Januar 1933

Gegen 12 Uhr mittags kam die Nachricht über Rundfunk und Telegraphenbüros: Hitler war zum Reichskanzler ernannt worden. «Wir sind ganz gehoben und selig wandeln wir umher wie im schönen unglaublichen Traum. Hitler ist Reichskanzler! Es ist wahr! Marxismus lebe wohl! Kommunismus lebe wohl! Parlament lebe wohl! Jude lebe wohl! – Jetzt kommt Deutschland!», so notierte Emerentia Krogmann, die Frau Carl Vincent Krogmanns, in ihr

Tagebuch.[8] Am Abend feierten Hamburgs Nationalsozialisten das Ereignis mit einem Fackelzug in die Innenstadt. Ein Beobachter – der Sozialdemokrat Hellmut Kalbitzer – schrieb in seinen Erinnerungen: «Viehische Lieder wurden mehr geschrien als gesungen. An einen Satz erinnere ich mich und kann ihn wegen seiner Brutalität nie vergessen: ‹Karl Liebknecht an den Laternenpfahl, Rosa Luxemburg schwimmt im Kanal!› Der moralische Untergang Deutschlands zeigte sich am ersten Abend der Naziherrschaft.»[9]

In der Nacht vom 30. auf den 31. Januar verbreitete die KPD-Bezirksleitung Wasserkante ein Flugblatt, das zum Massenstreik gegen die «faschistische Hitler-Papen-Diktatur» aufrief: «Jetzt gibt es nur eins: Proletariat, stehe auf!»[10] Doch die KPD-Parole wurde kaum befolgt, nicht einmal bei den eigenen Anhängern stieß sie auf breite Resonanz, geschweige denn bei den Hamburger Sozialdemokraten. Deren Parteizeitung, das «Hamburger Echo», forderte am 31. Januar die Mitglieder auf, «ein äußerstes Maß an Kaltblütigkeit und Disziplin zu zeigen», um den neuen Machthabern nicht den Vorwand zu liefern, «die Grenzen der Verfassung zu sprengen».[11] Diese legalistisch begründete Stillhaltetaktik bestimmte die Haltung der Hamburger SPD-Führung auch in den kommenden Wochen: Man deklamierte Kampfbereitschaft, ohne den Kampf wirklich zu wollen und konkrete Schritte zu seiner Vorbereitung zu unternehmen. Ein Generalstreik, erklärte der SPD-Reichstagsabgeordnete Kurt Schumacher am 5. Februar 1933, könne überhaupt nur «als letztes Mittel im letzten Augenblick» in Frage kommen.[12] Wann dieser «letzte Augenblick» gekommen sein würde, sagte er nicht. In Kreisen der aktiven Parteimitglieder, vor allem unter den Angehörigen der Republikschutzorganisation, des Reichsbanners Schwarz-Rot-Gold, stieß die abwartende Haltung der Parteiführung zum Teil auf heftige Kritik, doch beugte man sich schließlich auch hier dem gewohnten Appell zu Disziplin und Geschlossenheit. Gab es keine Möglichkeit, den Lauf der Dinge noch aufzuhalten, etwa durch Bildung einer «Einheitsfront» von SPD und KPD? Tatsächlich sind nach dem 30. Januar 1933, vor allem von kommunistischer Seite, verschiedene Anstrengungen unternommen worden, ein gemeinsames Handeln der Arbeiterparteien in die Wege zu leiten. Doch besaßen solche Versuche zu keinem Zeitpunkt eine reale Erfolgschance, schon gar nicht in Hamburg, wo die Auseinandersetzungen zwischen SPD und KPD besonders heftig geführt worden waren und beide Parteien sich wie zwei feindliche Lager gegenüberstanden. Die KPD hatte vor allem in den letzten Jahren der Republik immer wieder bittere Erfahrungen mit der sozialdemokratisch geführten Polizei machen müssen, zum Beispiel am «Altonaer Blutsonnttag» vom 17. Juli 1932, als Hamburger Polizeibeamte ein regelrechtes Massaker veranstalteten, dem zwölf Zivilisten zum Opfer fielen.[13] So war es nicht verwunderlich, dass die «Sozialfaschismus»-Theorie gerade unter Hamburgs kommunistischen Arbeitern Anklang fand. Noch im Rundschreiben der KPD-Bezirksleitung Wasserkante vom 6. Februar 1933 wurde in grotesker Verkennung der tatsächlichen Lage behauptet, dass der 30. Januar «die Rolle der Sozialdemokratie als soziale Hauptstütze der Bourgeoisie enthüllt» habe.[14] Umgekehrt betrachtete die SPD die Kommunisten lediglich als willenlose Befehlsempfänger der russischen Zentrale, als einen Haufen von Chaoten, die mit ihren «Radau- und Revoluzzermethoden» nur der Reaktion in die Hände arbeiteten.

Zu tief waren die gegenseitig geschlagenen Wunden, zu unversöhnlich die Gegensätze, als dass es jetzt, im Augenblick der gemeinsamen Bedrohung, zu einer einheitlichen Abwehrfront hätte kommen können. Zudem machte man sich in beiden Arbeiterparteien noch Illusionen über das tatsächliche Ausmaß der Gefahr. Die KPD hatte zwar seit 1932 begonnen, sich auf die Illegalität umzustellen, von der Wucht des bald nach dem Reichstagsbrand vom 28. Februar 1933 einsetzenden Terrors wurde die Partei jedoch weitgehend unvorbereitet getroffen. In der SPD wiederum rechnete man allenfalls mit einer Wiederholung der Unterdrückungsmaßnahmen in der Art des Bismarckschen Sozialistengesetzes und glaubte, auch diese Prüfung bestehen zu können. «Die sozialdemokratische Arbeiterbewegung ist mit ihrer disziplinierten Geschlossenheit mit den Bismarckschen Gewaltmethoden fertig geworden, ... die sozialdemokratische Arbeiterbewegung wird durch disziplinierte Geschlossenheit auch mit der neuen, kapitalistisch-faschistischen Reaktion fertig werden», schrieb das «Hamburger Echo» drei Tage nach der «Machtergreifung».[15] Dies sollte sich freilich als ein verhängnisvoller Irrtum erweisen.

Während sich SPD und KPD gegenseitig die Schuld am Scheitern der «Einheitsfront» zuschoben, setzten die Nationalsozialisten zum Sturm auf das Hamburger Rathaus an.[16] Dabei suchten sie zunächst, den Anschein der Legalität wahrend, in Verhandlungen mit den bürgerlichen Parteien die Bildung einer Rechtsregierung zu erreichen, um den geschäftsführenden Minderheitssenat aus seiner Position zu verdrängen. Die Koalitionsverhandlungen kamen im Februar 1933 zügig voran, scheiterten dann aber daran, dass der Staatspartei (die ja noch in der Regierung saß und auf eine lange Zusammenarbeit mit den Sozialdemokraten zurückblicken konnte) plötzlich doch Bedenken kamen, ob man die Schlüsselpositionen staatlicher Macht in der Hansestadt den Nationalsozialisten überlassen durfte. Immerhin signalisierte die Tatsache, dass sich die Staatspartei überhaupt auf Verhandlungen mit der NSDAP eingelassen und ein starker, von Wirtschaftskreisen beeinflusster Flügel gegen das Experiment einer Rechtskoalition nichts einzuwenden hatte, wie sehr der organisierte Liberalismus in der Hansestadt an Substanz eingebüßt hatte. Das «Hamburger Echo» konnte sich denn auch am 22. Februar nicht der – freilich verspäteten – Erkenntnis verschließen, «daß jetzt die letzten kümmerlichen Reste des demokratischen Bürgertums schmählich die Segel streichen».[17]

Nach dem vorläufigen Scheitern der Koalitionsverhandlungen verschärften die Nationalsozialisten den Druck auf den geschäftsführenden Senat. Bei einem Besuch in Hamburg am 23. Februar bekräftigte Reichsinnenminister Frick die Entschlossenheit der Reichsregierung, «mit allen Mitteln ihr Ziel zu erreichen» und gegen die noch nichtnationalsozialistisch regierten Länder «rücksichtslos durchzugreifen».[18] Die Handhabe dazu bot die nach dem Reichstagsbrand vom 28. Februar erlassene Notverordnung «zum Schutz von Volk und Staat» – das eigentliche Grundgesetz des «Dritten Reiches» –, die der Reichsregierung unter anderem das Recht einräumte, in die Befugnisse der Länder einzugreifen, wenn dort die «öffentliche Sicherheit» nicht mehr gewährleistet sei. Unter Berufung darauf bedrängte das Reichsinnenministerium den

Hamburger Senat, schärfer gegen die Kommunisten vorzugehen. Und der sozialdemokratische Polizeisenator Adolf Schönfelder kam den Wünschen der Berliner Regierung umgehend nach. Er ließ kommunistische Plakate, Flugblätter, Druckschriften beschlagnahmen, verhängte ein allgemeines Demonstrations- und Versammlungsverbot gegen die KPD und veranlasste – am 2. März 1933 – im Rahmen einer großangelegten Polizeiaktion die Festnahme von 75 KPD-Funktionären.

Aber auch durch diesen Akt vorauseilenden Gehorsams ließ sich das Reichsinnenministerium nicht mehr beeindrucken; vielmehr sah es sich dadurch nur in der Annahme bestärkt, dass man diesen sozialdemokratischen Senatoren noch mehr zumuten durfte. Am Abend des 2. März erging die Aufforderung an den Senat, das «Hamburger Echo» zu verbieten, weil es in einem kritischen Artikel Zweifel an der von den Nazis verbreiteten Version über die kommunistische Urheberschaft am Reichstagsbrand geäußert hatte. Aus Gründen der Selbstachtung blieb den SPD-Senatoren nun gar nichts anderes mehr übrig, als am nächsten Tag von ihren Ämtern zurückzutreten. Der Versuch, durch Wohlverhalten um jeden Preis einen Rest von staatlicher Macht in der Hansestadt zu behaupten, war gescheitert. Der bürgerliche Rumpfsenat verfügte sofort ein Verbot des «Hamburger Echo», zunächst für vierzehn Tage.

Am Abend des 3. März 1933 sprach Hitler auf seiner vorletzten Kundgebung vor dem Wahltag in Hamburg. Der Andrang war außerordentlich, die Begeisterung des hamburgischen Bürgertums kannte keine Grenzen. «Es war wie 1914, jeder hätte jedem um den Hals fallen mögen im Zeichen Hitlers. Trunkenheit ohne Wein», notierte die Lehrerin Luise Solmitz.[19] In der Reichstagswahl vom 5. März 1933 behauptete sich die SPD in Hamburg dennoch erstaunlich gut. Sie erreichte 26,9 Prozent der Stimmen, ihr Verlust gegenüber der Wahl vom 6. November 1932 betrug nur 1,7 Prozent. Die KPD kam auf 17,6 Prozent; das bedeutete einen Verlust von 4,3 Prozent – eine Folge wohl vor allem der vielfältigen Wahlbehinderungen. Noch immer lag der gemeinsame Stimmenanteil der beiden Arbeiterparteien mit 44,5 Prozent um fast 6 Prozent über dem der NSDAP, die 38,8 Prozent gewann. Auch mit den Stimmen der Deutschnationalen und des Stahlhelms brachte sie es nur auf

46,8 Prozent. Eine deutliche Mehrheit der Wähler in Hamburg hatte sich in den letzten noch halbwegs freien Wahlen also gegen die NSDAP ausgesprochen. Dennoch taten die Nazis hier so, als hätten sie einen überragenden Wahlsieg errungen und ein Mandat erhalten, nun auch in Hamburg die Regierung in ihrem Sinne umzugestalten. Nur eine Stunde nach Schließung der Wahllokale ordnete Reichsinnenminister Frick die Übergabe der Polizeigewalt an den SA-Standartenführer Alfred Richter an. Der Rumpfsenat beugte sich, wenn auch unter Protest. Zum Zeichen ihres Sieges hissten die Nationalsozialisten die Hakenkreuzfahne auf dem Rathaus. Sie sollte dort über zwölf Jahre wehen – bis zum 3. Mai 1945, als britische Truppen die Stadt befreiten.

Gleichschaltung und Terror

Als die Bürgerschaft am 8. März 1933 zusammentrat, um den neuen Senat zu wählen, blieben die Plätze der 26 kommunistischen Abgeordneten leer. Sie waren entweder bereits festgenommen worden oder mussten stündlich mit ihrer Verhaftung rechnen. In einer schriftlichen Erklärung an den sozialdemokratischen Bürgerschaftspräsidenten Herbert Ruscheweyh bezeichneten sie die Senatswahl als «Komödie», welche die Öffentlichkeit nur in der Illusion wiegen solle, «als ob die Verfassung noch die Grundlage des staatlichen Lebens sei.»[20] Auch die SPD beteiligte sich nicht an der Senatswahl, stellte allerdings deren Legalität auch nicht in Abrede. Nach wie vor hofften führende Hamburger Sozialdemokraten, im Rahmen der bestehenden Verfassung, wenn auch unter den erschwerten Bedingungen einer in ihrem Wirkungskreis beengten parlamentarischen Opposition, ihre politische Arbeit fortsetzen zu können. In dieser Überzeugung mochte sie die Zusammensetzung des neuen Senats bestärken. Von den zwölf Senatoren stellten die Nationalsozialisten nur die Hälfte, die übrigen sechs Posten entfielen auf die bürgerlichen Koalitionspartner: je zwei auf die Deutschnationale Volkspartei und den Stahlhelm und je einer auf die DVP und die Staatspartei. Erster Bürgermeister wurde Carl Vincent Krogmann, der zwar erst nach seiner Wahl der NSDAP beitrat, allerdings bereits seit 1931 zu ihren einflussreichen Förderern in der Hansestadt gezählt hatte. Als Angehöriger einer alten Hamburger Kaufmannsfamilie galt er offenbar als besonders geeignet, die traditionellen Führungsschichten mit dem neuen Regime zu versöhnen. Dass diese Erwartung nicht trog, machte unter anderem ein Glückwunschschreiben Albert Oswalds an Krogmann deutlich. Darin äußerte der Hamburger Großkaufmann seine Genugtuung darüber, dass der «Senat jetzt wieder zu seinen alten Traditionen zurückkehren kann unter der Leitung im besten Sinne konservativer Familien».[21] Krogmann selbst bekannte in einer Rede beim «Liebesmahl» des Ostasiatischen Vereins Hamburg-Bremen e. V., er sei «Nationalsozialist mit Leib und Seele» und habe seinem «Führer, dem Reichskanzler Adolf Hitler, Treue bis zum Tode geschworen».[22]

Hinter der Kulisse scheinbarer Mäßigung bereiteten die Nationalsozialisten jedoch auch in der Hansestadt sehr zielstrebig die Übernahme der gesamten politischen Macht vor. Der erste Schlag war die Ausschaltung des Landesparlaments. Nach Erlass des «vorläufigen Gesetzes zur Gleichschaltung der Länder mit dem Reich» vom 31. März 1933 wurde die Bürgerschaft aufgelöst und in ihrer Zusammensetzung dem Ergebnis der Reichstagswahl vom 5. März angepasst. Da zugleich die Zahl der Mandate von 160 auf 128 herabgesetzt, die auf die KPD entfallenden 22 Sitze ersatzlos gestrichen wurden und zudem noch die drei Abgeordneten der DVP zu den Nationalsozialisten wechselten, besaß die NSDAP in der neuen Bürgerschaft mit 54 Mandaten die absolute Mehrheit. Bereits bei ihrer konstituierenden Sitzung am 10. Mai 1933 erklärte Bürgermeister Krogmann den versammelten Abgeordneten – die SPD-Fraktion war der Sitzung ferngeblieben, weil am selben Tag ihr gesamtes Parteivermögen beschlagnahmt worden war –, dass künftig keine Verantwortlichkeit des Senats gegenüber der Bürgerschaft mehr existiere. Die drei Sitzungen, die bis zur endgültigen Auflösung der Volksvertretung am 14. Oktober 1933 noch folgten, glichen mehr Akklamationsritualen als Parlamentsberatungen.

Kaum war die parlamentarische Kontrolle beseitigt, mussten sich auch Krogmann und seine Senatskollegen rigorose Eingriffe in ihre Amtsbefugnisse gefallen lassen. Am 16. Mai 1933 wurde Gauleiter

Karl Kaufmann zum «Reichsstatthalter» in Hamburg ernannt. Seine zunächst nur vage definierten Kompetenzen wurden in den folgenden Jahren schrittweise konkretisiert und erweitert – bis ihn Hitler am 30. Juli 1936 mit der Führung der Landesregierung beauftragte und damit den Senat der letzten Reste einer selbständigen Amtsführung beraubte. Im Volksmund wurde Krogmann bald als «Regierter Bürgermeister» bespöttelt.[23]

Unter der Ägide Kaufmanns wurde im Frühjahr 1933 mit dem Aufbau eines umfassenden Verfolgungs- und Terrorapparats begonnen. Bereits wenige Tage nach der Machtübernahme ordnete Polizeisenator Richter die Aufstellung einer Hilfspolizei aus Mitgliedern der SA an.[24] Sie veranstaltete im Frühjahr 1933 im universitätsnahen Grindelviertel, einem der Hauptwohngebiete der Hamburger Juden, regelrechte «Judenjagden», bei denen jüdische Bürger angepöbelt und zusammengeschlagen wurden.[25] Überdies unterstützten sie die regulären Polizeikräfte bei der Verfolgung von Kommunisten und Sozialdemokraten. Aus Beamten der Schutzpolizei wurde am 24. März ein «Kommando zur besonderen Verwendung» zusammengestellt, dessen Leiter, der Polizeioberleutnant Franz Kosa, bereits für das Blutbad vom 17. Juli 1932 verantwortlich war. Dem Kommando wurde die Aufgabe übertragen, Razzien in Arbeitervierteln durchzuführen, bekannte Funktionäre der KPD und SPD festzunehmen und die Verhafteten der Staatspolizei im Stadthaus auszuhändigen. Da das Hamburger Untersuchungsgefängnis am Holstenglacis und die anderen hamburgischen Haftanstalten bald nicht mehr ausreichten, um die wachsende Zahl der in «Schutzhaft» festgehaltenen politischen Gefangenen aufzunehmen, richtete die Polizeibehörde Anfang April 1933 auf dem Gelände eines ehemaligen Torfverwertungsbetriebs in Wittmoor im Norden Hamburgs ein erstes Konzentrationslager ein.[26] Die Existenz dieses Lagers wurde keineswegs geheimgehalten. Im Gegenteil: Die hamburgische Presse brachte Ende Mai/Anfang Juni 1933 ausführliche Berichte, das «Hamburger Fremdenblatt» sogar eine Extra-Beilage «Bilder aus dem Konzentrationslager Wittmoor».

Allerdings waren Misshandlungen und Folterungen in Wittmoor noch nicht an der Tagesordnung. Das änderte sich, als das Konzentrationslager im Herbst 1933 aufgelöst und seine 110 Insassen in die

Strafanstalt Fuhlsbüttel überstellt wurden. Hier wurden sie zusammen mit anderen «Schutzhäftlingen» in das von der übrigen Anstalt völlig abgetrennte ehemalige Frauengefängnis gesteckt und einem SS-Wachkommando ausgeliefert. Für viele Häftlinge – im November 1933 waren es über 800 – begann damit eine lange Leidenszeit. Das Konzentrationslager Fuhlsbüttel oder «Kolafu», wie es allgemein hieß, wurde zu einem Synonym für den nationalsozialistischen Terror in der Hansestadt.[27] Von hier wurden die politischen Gefangenen, sofern sie nicht schon vorher umgebracht worden waren, den Gerichten übergeben oder in eines der großen Konzentrationslager außerhalb Hamburgs, vor allem nach Sachsenhausen oder in das Frauenlager Ravensbrück, überführt. Seit Ende 1938 wurde mit der Errichtung eines Konzentrationslagers in Neuengamme bei Hamburg – zunächst als Außenlager des KZ Sachsenhausen – begonnen.[28]

Was die Effektivität und Brutalität polizeilicher Verfolgung im «Dritten Reich» anging, stand Hamburg keineswegs hinter anderen Ländern oder Großstädten zurück. Im Gegenteil, es war hier nicht selten an der Spitze zu finden. Im Oktober 1933 wurde die Leitung der Hamburger Staatspolizei (seit Dezember 1935: Geheime Staatspolizei) dem SS-Sturmbannführer Bruno Streckenbach, einem Vertrauten Kaufmanns, übertragen. Durch eine bedeutende personelle Aufstockung und durch verfeinerte Bespitzelungs-, Vernehmungs- und Foltermethoden baute er die «Staatspolizeistelle Hamburg» zu einem nationalsozialistischen «Musterbetrieb» aus. Mit unerbittlicher Härte verfolgte Streckenbach vor allem die Kommunisten in der Hansestadt. Als Belohnung wurde er 1939 zum Leiter einer Einsatzgruppe in Polen bestellt, um anschließend als Befehlshaber der Sicherheitspolizei im «Generalgouvernement» ins Zentrum nationalsozialistischer Vernichtungspolitik zu rücken.[29]

Eine ähnliche Karriere machte der Chef der Hamburger Justiz, Justizsenator Dr. Curt Rothenberger, seit 1935 Präsident des Hanseatischen Oberlandesgerichts. Er sorgte dafür, dass das neugeschaffene «Hanseatische Sondergericht» und die politischen Strafsenate des Hanseatischen Oberlandesgerichts sich einer besonders rigorosen Abschreckungsjustiz gegen angeklagte Kommunisten und Sozialdemokraten befleißigten.[30] Allerdings standen ihm dabei seine Kollegen vom Sondergericht im benachbarten Altona kaum nach. Nirgendwo sonst wurden während der ersten Jahre der Nazi-Diktatur so viele Todesurteile gesprochen und mit dem Handbeil vollstreckt wie in Hamburg und dem erst 1937 durch das Groß-Hamburg-Gesetz eingemeindeten Altona. Eines der Opfer dieser Blutjustiz war der erst 19-jährige Bruno Tesch, der wegen Beteiligung am Altonaer «Blutsonntag» in einem Schauprozess zusammen mit drei Mitangeklagten zum Tode verurteilt und am 1. August 1933 hingerichtet wurde.[31] In Arnold Zweigs Exil-Roman «Das Beil von Wandsbek», dem dieser Fall als Vorlage diente, lesen wir: «Junge, Junge, sieh dich für. Lebst in einer gefährlichen Dschungelgegend, Hamburg genannt oder Deutschland. Und kannst dich freuen, wenn du bloß wegen Einbruchs verknackt bist, Blutschande oder Urkundenfälschung; das sind einfache Tatbestände, aus denen auch der ehrgeizigste Staatsanwalt keinen Hochverratsprozess fingern kann.»[32] Für den ehrgeizigen Oberlandesgerichtspräsidenten Rothenberger lohnte sich sein unermüdlicher Einsatz: Er wurde 1942 als Staatssekretär ins Reichsjustizministerium berufen.

Die Kapitulation der SPD

Am 28. Februar 1933 hielt der Münchner SPD-Reichstagsabgeordnete Wilhelm Hoegner eine Wahlkampfrede vor sozialdemokratischen Arbeitern in Hamburg. Wie er später in seinen Erinnerungen schrieb, gewann er dabei den Eindruck, dass «die beste sozialdemokratische Parteiorganisation des Reiches noch immer unerschüttert stand ... Im ‹Reichsbanner› waren viele Tausende junger kräftiger Menschen, die Blüte der Hamburger Arbeiterschaft. Ich kannte diese schweren ernsten Männer von der Wasserkante und schätzte sie hoch. Sie schwankten nicht wie Schilfrohr im Wind, wer ihr anfängliches Mißtrauen überwunden, wer sie einmal zu Freunden gewonnen hatte, mit dem gingen sie durch dick und dünn. Wären ihnen Waffen zur Verteidigung der Demokratie gegeben worden, sie hätten gekämpft bis zum letzten Mann.»[33]

Doch nichts geschah. Die Führung der Hamburger Sozialdemokratie hatte – während sie Mitglieder und Anhänger noch zur Kampfbereitschaft aufrief – innerlich längst kapituliert. Außerparlamentarischer Widerstand war ihre Sache nicht. Nur einmal, im März 1920, hatte sie davon Gebrauch gemacht, als sie sich schweren Herzens am Generalstreik zur Abwehr des Kapp-Putsches beteiligte. Auch noch nach 1933 galt unverändert das Vermächtnis des SPD-Parteivorstands aus der Zeit des Sozialistengesetzes: «An unserer Gesetzlichkeit müssen unsere Feinde zugrunde gehen.» Tatsächlich ging die organisatorisch hochentwickelte SPD an ihrer Gesetzlichkeit selber zugrunde, und zwar unter ziemlich kläglichen Umständen.[34]

Als auch nach dem 5. März 1933 alle Zeichen einer Widerstandsbereitschaft ausblieben und zugleich Repressalien der Nationalsozialisten sich häuften, griffen Mutlosigkeit und Resignation auch an der SPD-Basis um sich. Am 29. März erklärte der Hamburger Senat die Zugehörigkeit zu einer «marxistischen» Partei oder Organisation für unvereinbar mit einer Tätigkeit im Dienste des Stadtstaates Hamburg – der Auftakt für eine große «Säuberungswelle» im Bereich von Verwaltung, Polizei und Schule. Mitte März wurde das Erscheinen des «Hamburger Echo» auf unbestimmte Zeit untersagt, Ende April folgte das Verbot jeder Versammlungstätigkeit. Damit war die Kommunikation zwischen Parteiführern und Mitgliedern nachhaltig gestört; fortschreitende Desorganisation war die Folge.

Zum Zustand der allgemeinen Demoralisierung der sozialdemokratischen Arbeiterbewegung trug die Haltung der Gewerkschaften in diesen Wochen entscheidend bei. Seit März 1933 begann sich die Hamburger ADGB-Führung von der SPD abzusetzen und sich der NSDAP anzunähern – in der Hoffnung, dadurch die gewerkschaftlichen Organisationen vor dem Zugriff der Nationalsozialisten retten zu können. Am 13. April 1933 bekräftigte John Ehrenteit, der ADGB-Vorsitzende in Hamburg, auf einer großen Funktionärsversammlung den Kurswechsel der Gewerkschaften: «Wir fühlen uns nicht als Fremdkörper, sondern als einen gewichtigen Teil der vom Reichskanzler Hitler proklamierten Volksgemeinschaft.» Deshalb – so der Redner weiter – «haben wir uns auch zur heutigen Regierung positiv einzustellen».[35]

Ein erstes Resultat dieser Neuorientierung war der Beschluss des ADGB-Ortsausschusses Groß-Hamburg, an der von den Nazis organisierten 1. Mai-Feier teilzunehmen. Doch schon am Morgen des nächsten Tages zerplatzte der Traum von einer Zusammenarbeit zwischen Gewerkschaften und NSDAP wie eine Seifenblase: Das Gewerkschaftshaus am Besenbinderhof wurde von SA-Männern besetzt und die anwesenden Gewerkschaftsfunktionäre in «Schutzhaft» genommen. Das hinderte freilich eine Gruppe von sechs sozialdemokratischen Bürgerschaftsabgeordneten unter Führung John Ehrenteits nicht daran, ihren Anpassungskurs nach rechts fortzusetzen. Ende Mai 1933 erklärte sie ihren Austritt aus der SPD. Da sie als selbsständige «Gewerkschaftsfraktion» keinen Fraktionsstatus erreichte, begab sie sich in ein Hospitantenverhältnis zur NSDAP. Dieser Schritt – ein ebenso einmaliger wie beschämender Vorgang in der Geschichte der deutschen Arbeiterbewegung – löste unter sozialdemokratischen Mitgliedern zu recht helle Empörung aus. Nicht wenige kehrten der Partei enttäuscht den Rücken.

Doch alle Verrenkungen halfen den führenden Funktionären von SPD und Gewerkschaften nichts. Als am 15. Juni 1933 die Mitglieder des SPD-Vorstands zusammentrafen, um unter anderem über ein angebliches Angebot Karl Kaufmanns zu verhandeln, das «Hamburger Echo» als gemeinsames Blatt von SPD und NSDAP herauszubringen, wurden die Sitzungsteilnehmer von der Staatspolizei verhaftet. Wenige Tage später wurde die Partei verboten, ihre Bürgerschaftsmandate wurden kassiert, darunter auch die Mandate der Abgeordneten, die aus der SPD-Fraktion ausgetreten waren – ein nicht unverdienter Fußtritt.

Doch damit war dieses trübe Kapitel noch nicht beendet. Vor die Wahl gestellt, sich glaubhaft von der SPD loszusagen oder auf ihre Pension zu verzichten, distanzierten sich ehemalige Senatoren von ihrer Partei. Polizeisenator a. D. Adolf Schönfelder versicherte, dass er sich «niemals mehr für die SPD in irgendeiner Form betätigen werde». (1945 wurde Schönfelder Zweiter Bürgermeister in Hamburg; von 1946 bis 1961 war er Präsident der Hamburgischen Bürgerschaft.) Bürgermeister a. D. Rudolf Ross bat «höflich um Anweisung der mir zustehenden Bezüge», und John Ehrenteit ließ über seine Tochter erklären, dass «ihm gleichgültig sei, was die SPD mache, der er seit längerer Zeit nicht mehr nahestände».[36] Nach der völligen Preisgabe ihrer politischen Identität hatten sich Hamburgs führende Sozialdemokraten in die Niederungen der Würdelosigkeit begeben.

V. Geschichtsschreibung und Öffentlichkeit

Die schwierige Königsdisziplin

Das biografische Genre hat immer noch Konjunktur. Doch was macht eine gute historische Biografie aus?

Seit den späten sechziger Jahren des vergangenen Jahrhunderts war das Genre der Biografie unter deutschen Zunfthistorikern in Verruf. Es galt als hoffnungslos antiquierte Form einer personalisierenden Geschichtsbetrachtung, als «letzte Auffangstellung des deutschen Historismus».[1] Das Feld beherrschten die Sozial- und Strukturhistoriker; die «historische Sozialwissenschaft» Bielefelder Observanz feierte Triumphe. Doch seit zweieinhalb Jahrzehnten, angefangen mit Lothar Galls großem Bismarck-Buch von 1980, hat die Biografie eine erstaunliche Renaissance erlebt. Das viel zitierte Unbehagen ist längst einem neuen Interesse, ja einer wahren Passion gewichen. Die Biografie, bemerkte Ulrich Raulff vor zehn Jahren, «ist zur tragenden Säule des Buchmarkts geworden; sie unterwandert die Literatur und resümiert das Beste, was die Sachbücher zu bieten haben. Es ist, als ob das Publikum von einem maßlosen Hunger nach geschriebenem Leben befallen sei, einer Art literarischem Kannibalismus.»[2] Und dieser Heißhunger hat seitdem nicht nachgelassen. Im Gegenteil: Man muss nur einmal einen Blick in die Verlagsprospekte werfen, um zu erkennen, welch unverminderter Beliebtheit sich die Gattung der Biografie erfreut. Man kann sogar so weit gehen zu sagen, dass sie den Markt der historischen Literatur mittlerweile klar dominiert (wobei hier ausdrücklich nicht jene Ramschbücher über lebende Politiker, Schriftsteller oder Schauspieler gemeint sind, deren Informationswert immer geringer und deren Verfallszeit immer kürzer wird).

Über die Gründe für die anhaltende Attraktivität ließen sich gewiss viele interessante Spekulationen anstellen. Zwei Bemerkungen sollen hier genügen. Zum einen zeigt sich darin der Überdruss an einer Geschichtsschreibung, die über der scharfen Analyse von Strukturen und Prozessen die Menschen als Subjekte ihrer Geschichte ganz aus dem Blick verlor. Zum anderen hat das Verlangen nach biografischer Literatur wohl auch etwas mit den gesellschaftlichen und politischen Umbrüchen vor und nach der Jahrhundertwende zu tun.

In seinen Betrachtungen über die Biografie als Kunstform aus dem Jahre 1948 schrieb der Niederländer Jan Romein: «Immer dann, wenn der Mensch zu zweifeln beginnt, d. h. wenn alte Werte wanken, neue aber erst noch gebildet werden müssen, ist die Regsamkeit im biographischen Bereich besonders groß.»[3] Das scheint auch auf die heutige Situation zuzutreffen. Das Bedürfnis nach Orientierung, nach Vorbildern und Leitfiguren wächst offenbar in dem Maße, wie das Vertrauen in die alten Institutionen, die über viele Jahrzehnte Stabilität verbürgten, brüchig geworden ist. Die neue Regsamkeit auf dem Felde der biografischen Literatur kommt diesem Bedürfnis entgegen.

Unabhängig von den Konjunkturen des historischen Interesses, in denen sich immer auch wandelnde Bedürfnisse des Publikums spiegeln, darf man wohl feststellen: Die Biografie zählt neben der großen Epochendarstellung zu den Königsdisziplinen der Geschichtswissenschaft. Man muss das nicht ideologisch überfrachten etwa im Sinne des Geschichtsphilosophen Wilhelm Dilthey, der einmal gemeint hat, alle Geschichte strebe letztlich zur Biografie, «in der das Historische rein und ganz zur Darstellung» gelange.[4] Aber richtig ist zweifellos, was Jacques Le Goff in der Einleitung zu seinem Buch über Ludwig den Heiligen hervorgehoben hat: dass nämlich jede Biografie «den Historiker auf besonders scharfe und komplexe Weise mit den wesentlichen aber klassischen Problemen seines Berufs» konfrontiere.[5]

Jeder Historiker, der etwas auf sich hält, sollte also wenigstens einmal im Laufe seines langen Gelehrtendaseins diese Herausforderung annehmen und sich an einer Biografie versuchen. Allerdings: Eine Biografie zu schreiben ist keineswegs eine einfache, sondern eine sehr anspruchsvolle Aufgabe, vielleicht sogar die schwerste aller Übungen. Die Gefahr des Misslingens ist hier besonders groß.

Was aber macht überhaupt eine gelungene historische Biografie aus? Hierzu im Folgenden einige thesenartig zugespitzte Überlegungen.

I. Eine Biografie kann nur dann geglückt genannt werden, wenn es ihr gelingt, Entwicklung, Denken und Handeln einer historischen Person oder einer Gruppe von Personen in Beziehung zu setzen zu den bewegenden Kräften und Tendenzen ihrer Zeit. Goethe hat im Vorwort zu «Dichtung und Wahrheit» als «Hauptaufgabe der Biographie» bezeichnet, «den Menschen in seinen Zeitverhältnissen darzustellen und zu zeigen, inwiefern ihm das Ganze widersteht, inwiefern es ihn begünstigt, wie er sich eine Welt- und Menschenansicht daraus gebildet und wie er sie, wenn er Künstler, Dichter, Schriftsteller ist, wieder nach außen abspiegelt».[6]

Was für Künstler und Schriftsteller gilt, trifft aber ebenso auch für Politiker oder Gelehrte zu: Es kommt auf die Wechselwirkung an zwischen dem Individuum und den überindividuellen Strukturen und Prozessen. Hagen Schulze hat bereits 1978, als allenthalben von der «Krise der Biografie» die Rede war, vor der «sowohl wissenschaftstheoretisch wie wissenschaftspolitisch schädlichen Frontstellung» zwischen Personengeschichte auf der einen und Sozial- und Strukturgeschichte auf der anderen Seite gewarnt. Tatsächlich existiere die grobe Alternative «Individuum» versus «Gesellschaft» oder «Struktur» gar nicht. Vielmehr müsse jede Biografie, gleich ob es sich um eine herausragende historische Figur oder um eine eher durchschnittliche Person handelt, das interdependente Verhältnis herausarbeiten.[7]

Hier liegt, um ein Beispiel zu nennen, die große Leistung von Ian Kershaws zweibändiger Hitler-Biografie. Denn als Erster unter den Hitler-Forschern wagte der britische Historiker den Versuch, personale und strukturelle Elemente zu verbinden und damit den vermeintlichen Gegensatz zwischen biografischer und sozialgeschichtlicher Betrachtung aufzuheben.[8] In Max Webers Begriff der «charismatischen Herrschaft» fand Kershaw den Ansatzpunkt, um diesen Brückenschlag zu vollziehen. Der Gewinn war beträchtlich: Noch nie zuvor ist das Wechselspiel zwischen dem Diktator und der Gesellschaft, die ihn ermöglichte und ihm später bei allen seinen Vorhaben, auch den verbrecherischen, willig zuarbeitete, so überzeugend dargestellt worden. Freilich stößt das Konzept dort auf Grenzen, wo irrationale Momente ins Spiel kommen, etwa wenn es um die Psyche des Diktators und seinen wahnhaften Antisemitismus geht. Es lässt sich eben individuelles Handeln nicht allein aus den gesellschaftlichen Bedingungen ableiten, sosehr diese als bedingende Faktoren mitbedacht sein wollen.

II. Gelingen kann eine historisch-wissenschaftliche Biografie daher zweitens nur, wenn sie sich gegen psychoanalytische Theorien und Einsichten nicht ignorant verhält. Sie stellen, methodisch umsichtig gehandhabt, das unentbehrliche Rüstzeug für die Ergründung von psychischen Dispositionen, von Charaktereigentümlichkeiten und Handlungsmotivationen zur Verfügung. Freilich liegt die Betonung auf «methodisch umsichtig gehandhabt». Jeder kennt abschreckende Beispiele für eine grobschlächtige Anwendung freudianischer Theoreme, nicht nur in den Biografien angelsächsischer Historiker.

Gegenüber einem seiner Vertrauten, Robert von Keudell, hat Otto von Bismarck einmal bekannt: «Faust klagt über die zwei Seelen in seiner Brust; ich beherberge aber eine ganze Menge, die sich zanken. Es geht da zu wie in einer Republik. Das meiste, was sie sagen, teile ich mit. Es sind da aber auch ganze Provinzen, in die ich nie einen anderen Menschen werde hineinsehen lassen.»[9] Selbst einem psychoanalytisch geschulten Historiker wie dem kürzlich verstorbenen Amerikaner Otto Pflanze ist es nicht gelungen, diese geheimen Bezirke Bismarcks restlos aufzuschließen, obwohl er in der Analyse von dessen komplizierter Persönlichkeit weiter gekommen ist als jeder andere Bismarck-Biograf.[10]

Die Schwierigkeit besteht ebendarin, dass der Historiker das Objekt seiner biografischen Neugierde nicht einfach auf die Couch legen kann. Die Quellen, die ihm zur Verfügung stehen, geben zumeist nur spärlich Auskunft über das Seelenleben, über Träume und Traumata. Der Biograf von Schriftstellerviten hat es hier leichter: Er kann, wie Hermann Kurzke beispielhaft am Falle Thomas Manns vorgeführt hat, das literarische Werk als biografische Quelle mit heranziehen. Nur in seinem Werk, so Kurzke, habe sich Thomas Mann frei gefühlt, um auch seine Geheimnisse mitzuteilen, «geschützt durch die indiskrete Diskretion der Kunst».[11] Der Biograf, der sich mit dem Leben etwa eines Staatsmannes oder eines Feldherrn beschäftigt, hat diese Möglichkeit nicht. Er kann in der Regel nicht mehr erreichen als mehr oder weniger große Annäherungen. Kurzum, gelungen ist eine Biografie gerade dann, wenn sie nicht vorgibt, alles zu wissen. «Gute Biographen», hat Antonia Grunenberg einmal formuliert, «enthüllen die Geheimnisse nicht, sie umkreisen sie, lassen aber ihre Rätselhaftigkeit unangetastet.»[12]

III. Das führt zur dritten These: Jeder Biograf neigt dazu, das Leben seines «Helden» oder seiner «Heldin» nach dem Modell eines bürgerlichen Entwicklungsromans zu konzipieren. Das heißt, er geht im Grunde von der Vorstellung einer Ganzheit des Individuums aus, dessen Leben sich gleichsam als ein genetischer Weg von der Wiege bis zur Bahre beschreiben ließe. Vor dieser «biografischen Illusion» hat bereits der französische Soziologe Pierre Bourdieu in einem viel zitierten Aufsatz aus dem Jahre 1986 zu Recht gewarnt und darauf hingewiesen, dass der behauptete kohärente Zusammenhang einer Biografie, der alle Details einer Lebensgeschichte als logische und zielgerichtete Abfolge von Ereignissen erscheinen lasse, die Komplexität einer historischen Person verfehle.[13] Mit anderen Worten: Der Historiker tut gut daran, sich von der Fiktion der Kohärenz, die zumeist einem retrospektiven Wunschdenken entspricht, zu verabschieden und seine Sinne zu schärfen für die Brüche und Widersprüche, die Vielfalt der Erfahrungen und das Geflecht von Motiven, aus denen sich nur selten ein einziges dominantes herausschälen lässt.

Damit soll keineswegs einer völligen Dekonstruktion oder einer wie immer gearteten Beliebigkeit das Wort geredet werden. Eine Biografie, die sich darauf beschränkt, Episoden in mehr oder weniger lockerer Folge aneinanderzureihen, verfehlt ihr Ziel. Auch bei der Darstellung einer Lebensgeschichte kommt der Historiker nicht umhin, nach entscheidenden Prägungen, nach Determinanten des Handelns zu fragen. Als Beispiel sei Johannes Kunischs zu Recht gerühmte Biografie Friedrichs II., des Großen, genannt.[14] Kunisch verweist einerseits auf das Nichtauflösbare in Friedrichs Persönlichkeit, und er macht andererseits den inneren Zusammenhang seiner Lebensgeschichte deutlich, indem er zeigt, wie bestimmend der Konflikt des jungen Kronprinzen mit seinem Vater, dem «Soldatenkönig», war. Von hier aus wird manches verständlich im späteren Verhalten des Königs – seine an Verschlagenheit grenzenden Verstellungskünste, sein Sarkasmus, aber auch seine Fähigkeit, sich in scheinbar ausweglosen Situationen, wie im Siebenjährigen Krieg, zu behaupten. Scharf arbeitet Kunisch eine Grundkonstante Friedrichs heraus: «das Denken in den Kategorien des alles oder nichts, des Sieges oder des Untergangs».[15] Das deutet bereits voraus auf die spätere Generation wilhelminischer Politiker, die mit ihrer halsbrecherischen Risikopolitik das Deutsche Reich in den Ersten Weltkrieg führten, noch mehr auf den Vabanquespieler Hitler, der das Werk der Selbstzerstörung des ersten deutschen Nationalstaats vollenden sollte.

IV. Mit diesen Bemerkungen ist ein weiterer Punkt angesprochen: Kein Historiker, der sich einer so vielschichtigen und umstrittenen Figur wie etwa Friedrichs II., Napoleons oder Bismarcks annimmt, wird von sich behaupten, die endgültige Wahrheit gefunden, das definitiv gültige Bild entworfen zu haben. Vielmehr gehört es zu den unverzichtbaren Aufgaben eines Biografen, der Überlieferungs- und Rezeptionsgeschichte nachzugehen, um zu zeigen, wie sich das Bild gewandelt hat, von welchen Faktoren diese Wandlungen abhängig waren und worin sich die eigene Deutung von anderen unterscheidet. Eine Biografie, die gleichsam voraussetzungslos in medias res springt, schleppt von vornherein eine erhebliche Hypothek mit sich.

Das gilt etwa für die 2005 veröffentlichte große Napoleon-Biografie von Johannes Willms, deren erster Satz lautet: «Bereits die Umstände ihrer Geburt, so wird gerne geglaubt, verweisen auf die künftige Bestimmung großer Persönlichkeiten.»[16] Kein Wort über die Entwicklung der Forschung, kein Wort auch darüber, inwieweit der Verfasser andere Wege einzuschlagen gedenkt als jene, welche die bedeutenden französischen Napoleon-Biografen Georges Lefebvre oder Jean Tulard vorgezeichnet haben.

V. Jede Biografie lebt nicht nur von den Quellen und der Literatur, sondern auch von der Perspektivität des Forschers, von Annahmen, Bildern, Klischees, welche sich in seinem Kopf festgesetzt haben. Insofern gibt jede Lebensbeschreibung auch etwas preis von ihrem Autor selbst, und es wäre gut, wenn er diesen Zusammenhang nicht unreflektiert ließe, sondern sich ihn bewusst machte und darüber Auskunft gäbe. Allerdings ist die Mitteilungsbereitschaft gerade hier nicht besonders ausgeprägt. Ganz selten einmal, dass sich ein Historiker zu seiner subjektiven Sicht bekennt.

Kein Biograf kann umhin, sich in seinen «Helden» einzufühlen, in seine Empfindungen und Gedanken, seine Vorlieben und Abneigungen. Allerdings bedarf dieser Akt des Sich-Hineinversetzens, soll er nicht in der identifikatorischen Sackgasse enden, stets auch einer korrigierenden Gegenbewegung, des Auf-Distanz-Gehens. Die Kunst besteht darin, diese beiden Seiten der biografischen Methode in ein Gleichgewicht zu bringen, ohne die eine oder andere zu privilegieren. Der Biograf müsse, so hat Christian Meier bemerkt, «einen Mittelweg finden zwischen Vertrautmachen und Fremdlassen».[17] In seiner großen Caesar-Biografie aus dem Jahr 1982 hat der Althistoriker auf exemplarische Weise gezeigt, wie dieser schwierige Balanceakt vollführt werden kann.

VI. «Eine wissenschaftliche Biographie in erzählender Absicht», so hat Christian Meier sein Werk genannt.[18] Das berührt einen letzten, aber keineswegs nebensächlichen Punkt: die Form der Darstellung. «Daß die Biographie Erzählung sein muß oder gar nichts, bedarf keines Beweises», schrieb Golo Mann in seinem Plädoyer für die historische Erzählung aus dem Jahr 1979.[19] An dieser Hürde scheitern leider die meisten deutschen Historiker, die sich auf das Wagnis des biografischen Genres einlassen. Die Biografie verlangt von ihrem Autor eine hohe Kunstfertigkeit, Erzähltalent, sprachliche Sensibilität, auch Einfühlungsvermögen und Fantasie – alles Gaben, die sich in hiesigen historischen Seminaren nicht gerade besonderer Wertschätzung erfreuen.

«Es ist leider so», bemerkte Golo Mann in einem Brief an seinen Freund Joachim Schiller vom November 1959, «daß die deutschen Professoren meist nicht gut schreiben und daß die vielgeschmähten

Amerikaner ungleich besser, kultivierter, schriftstellerischer schreiben. Ich sage das nicht aus Vorurteil, sondern aus bitterer Erfahrung heraus. Mein eigener, wenn ich so sagen darf, Erfolg beruht in Deutschland ja auch wesentlich darauf; Sie wissen ja, wo der Einäugige König werden kann. Ein wenig Kultur im Erzählen, und man ist schon eine Seltenheit.»[20] Das schrieb Golo Mann, zwölf Jahre bevor er im Oktober 1971 seinen Wallenstein veröffentlichte, ein Werk, das, was die literarisch-ästhetische Dimension des Biografischen betrifft, Maßstäbe gesetzt hat. In der deutschen Historikerzunft fand das Buch eine sehr kühle Aufnahme. Gegenüber Johannes Kunisch beklagte sich der Autor im Juli 1983: «Das Buch hat vielen Leuten gefallen, alten und sehr jungen, einfachen und sehr komplizierten. Aber die Zunft? Da war nahezu nichts.»[21]

Die Kultur des Erzählens – sie vermisst man auch heute noch in vielen Biografien aus der Feder deutscher Fachhistoriker. Gewiss, es gibt die erwähnten großen Bücher von Christian Meier, Johannes Kunisch und Lothar Gall. Doch das sind Ausnahmen geblieben. Die Regel sind eher Biografien wie zuletzt die von Walter Mühlhausen über Reichspräsident Friedrich Ebert: eine über tausendseitige Publikation, die jeden Sinn für Proportionen vermissen lässt und sich im Gestrüpp der Details verliert.[22] An solchen hoch subventionierten Werken, die keinerlei Rücksichten nehmen auf die Bedürfnisse der Leser, können allenfalls einige Dutzend Spezialisten Gefallen finden.

Für die großen Historiker des 19. Jahrhunderts von Leopold von Ranke bis Theodor Mommsen war es dagegen noch selbstverständlich, dass die Darstellung so abgefasst sein musste, dass sie ein großes bildungsbürgerliches Publikum erreichen konnte. Dass der Geschichtsschreiber «vielleicht mehr zu den Künstlern als zu den Gelehrten» gehöre, hat Theodor Mommsen in seiner Berliner Rektoratsrede von 1874 bemerkt.[23] Nicht zufällig erhielt Mommsen 1902 für seine Römische Geschichte den Nobelpreis für Literatur. Doch dass einst Klio eine Muse war, geriet in der deutschen Geschichtswissenschaft bald in Vergessenheit. In der Weimarer Republik führte die überwiegend konservative Fachhistorie einen verbissenen Kampf gegen die sogenannten «historischen Belletristen» – Autoren wie Emil Ludwig, der mit seinen Biografien ein

Millionenpublikum fand.[24] Heute haben sich solche Vorbehalte abgeschwächt, erfreuen sich die Werke von Sebastian Haffner oder Joachim Fest einiger Wertschätzung, selbst unter Vertretern der akademischen Disziplin. Doch so schreiben wie jene Publizisten – das wollen oder können sie nicht. Und das ist auch einer der Gründe für die Distanz zwischen Geschichtswissenschaft und Öffentlichkeit hierzulande, die zwar immer wieder heftig beklagt wird, an der aber die Vertreter der Zunft selbst ein gerüttelt Maß Anteil haben.

Zeitgeschichte als Streitgeschichte

Zur Rolle der Geschichte in den Printmedien

I. Geschichtswissenschaft und Journalismus

Geschichtswissenschaft und Journalismus – das war immer eine interessante, wenn auch nicht ganz spannungsfreie Beziehung. Die Fachhistoriker haben nur selten eine hohe Meinung von Journalisten gehabt. Heinrich von Treitschke etwa, der einflussreichste Historiker des frühen Kaiserreichs, entdeckte noch in den 80er Jahren des 19. Jahrhunderts einige «sehr tüchtige und ehrenhafte Männer» unter ihnen. Die Mehrzahl aber bestehe «aus katilinarischen Existenzen, wie Bismarck einmal sagte, aus Leuten, die sonst im Leben nicht fortgekommen sind».[1] Es soll einmal dahingestellt bleiben, ob dieses Urteil im Blick auf den gegenwärtigen Medienbetrieb nicht ein hohes Maß an Realitätsgehalt hat. Interessant scheint an Treitschkes Diktum vielmehr ein anderer Aspekt. Wie Treitschke selbst, so haben nämlich viele Historiker vor und nach ihm einmal vor der Frage gestanden, ob sie sich für die Wissenschaft oder den Journalismus entscheiden sollten. Manche meinten, wenn die akademischen Blütenträume nicht reiften, bliebe ihnen ja immer noch, gewissermaßen als Notausgang, der Weg in die journalistische Laufbahn. Andere hingegen entschieden sich statt einer akademischen Karriere bewusst für den Journalismus, etwa Kurt Eisner, der 1919 als bayerischer Ministerpräsident ermordete USPD-Politiker – der begabteste Journalist, den die deutsche Sozialdemokratie hervorgebracht hat.[2]

Wieder andere versuchten, Wissenschaft und Journalismus zu verbinden, also auch noch als Universitätsprofessoren publizistisch tätig zu sein und Einfluss zu nehmen. Das galt etwa für die nationalliberalen Historiker der Reichsgründungszeit und des wilhelminischen Deutschland – neben Treitschke etwa Heinrich von Sybel, Hermann Oncken, Friedrich Meinecke – , aber auch für die lange Generation der sozialliberalen Historiker in der Bundesrepublik, Hans-Ulrich Wehler, die Brüder Hans und Wolfgang Mommsen, Heinrich August Winkler, Jürgen Kocka.[3]

Umgekehrt verfügten und verfügen nicht wenige führende Publizisten in der Bundesrepublik über eine solide historische Ausbildung. Zu nennen sind unter anderen Theo Sommer, der langjährige Chefredakteur und Herausgeber der ZEIT, ein Schüler von Hans Rothfels in Tübingen, Karl-Heinz Janßen, ein Schüler Gerhard Ritters in Freiburg, Hermann Rudolph, der Herausgeber des Tagesspiegel, oder, von den Jüngeren, Franziska Augstein und Gustav Seibt von der Süddeutschen Zeitung, Patrick Bahners und Michael Jeismann von der FAZ. Manche spielen die Doppelrolle des Wissenschaftlers und Journalisten recht gekonnt, etwa Michael Stürmer, der WELT-Leitartikler, früher Hofhistoriograf von Bundeskanzler Helmut Kohl, oder Götz Aly, früher Redakteur bei der taz und bei der Berliner Zeitung, 2005/06 Gastprofessor in Frankfurt und vielbeschäftigter Buchautor. Götz Aly verkörpert vielleicht am besten den Typus des «Historiker-Journalisten», wie ihn Paul Nolte in einem Aufsatz im «Merkur» von 1999 charakterisiert hat.[4] Es handelt sich hier um promovierte, zum Teil auch habilitierte Journalisten, die vor allem in den Feuilletons der großen Tages- und Wochenzeitungen, aber auch als Lektoren in Verlagen, etwa bei C. H. Beck in München, tätig sind. Diese «Historiker-Journalisten» spielen, was die Darstellung und Vermitttlung von Geschichte in der Öffentlichkeit angeht, eine zunehmend wichtigere Rolle. Das hängt einerseits zusammen mit der gestiegenen Bedeutung der Medien, der Printmedien ebenso wie der elektronischen Medien, andererseits aber auch mit der nachlassenden Attraktivität des Hochschullehrerberufs, der intelligenten Nachwuchshistorikern nur noch geringe Chancen eröffnet.

Die Massenmedien üben, was die Präsentation von Geschichte angeht, eine entscheidende Selektionsfunktion aus. Sie setzen die Themen, bestimmen die Inhalte und steuern so die Wahrnehmung des Publikums. Dabei spielt der Aspekt der Aktualität eine ganz besondere Rolle, sei es, dass es sich um eine aufregende Publikation, neue Quellenfunde, eine große historische Ausstellung oder um einen Jahrestag handelt. Die Rhythmus «runder» Erinnerungsdaten beherrscht mittlerweile den Terminkalender der Historiker-Journalisten.

Als sich 1969 der Geburtstag Napoleons zum 200. Mal jährte, schrieb Michael Freund im Vorwort seines Essays «Napoleon und die Deutschen»: «Für einen Historiker und Publizisten ist es ein ärgerliches Faktum, daß die größten historischen Gestalten zwischen ihrem 150. und 200. Geburtstag für Zeitungen, Zeitschriften und auch für Verlage fast uninteressant sind. Aber Historiker und Publizisten müssen mit dem Publikum heulen. Die Jahrhunderte und die Nullen, die sie dem geschichtlichen Geschehen anfügen, üben eine magische Verzauberung auf die Menschen aus.»[5] Die Verzauberung hält an, nur sind es heute nicht mehr nur die Jahrhunderte und die Nullen, sondern die Jahrzehnte und die eine Null, die bereits ausreichen, um die mediale Erinnerungsmaschine in Gang zu setzen.

Wir erinnern uns: Im August 2004 jährte sich zum 90. Mal der Beginn des Ersten Weltkriegs. Bereits zu Beginn des Jahres begann der SPIEGEL eine große Serie über «Die Urkatastrophe des 20. Jahrhunderts», in der auch prominente Historiker, von Hans-Ulrich Wehler bis John Röhl, zu Worte kamen. Das war der Auftakt zu einem regelrechten Mediengewitter, wie man es wohl zum 100., aber kaum zum 90. Jahrestag erwartet hätte. Was, so fragt man etwas bänglich, wird erst 2014 auf uns zukommen?

Ähnliches wiederholte sich ein Jahr später. Wer gedacht hätte, daß sich bereits mit dem Erinnerungsboom zum 50. Jahrestag des Kriegsendes 1995 das Interesse erschöpft hätte, sah sich 2005 eines Besseren belehrt. Auch in den Printmedien war die Präsenz des

Themas ohne Beispiel. «Soviel Hitler war nie» – mit diesem Satz begann ein Essay des Historikers Norbert Frei in der ZEIT vom 20. Oktober 2004, mit dem die Zeitung ihre Serie «Inferno oder Befreiung» eröffnete, also bereits ein gutes halbes Jahr, bevor sich das Ereignis tatsächlich jährte.[6] Und die meisten anderen Zeitungen und Zeitschriften zogen nach, veranstalteten eigene Serien, etwa, wie die Frankfurter Rundschau, in Form von Erinnerungen von Zeitgenossen an die letzten Kriegstage, oder, wie in der FAZ, in Form von Interviews mit prominenten Zeitgenossen von heute.

Man kann die Konjunktur der Jahrestage nur mit zwiespältigen Gefühlen verfolgen. Denn auf der einen Seite führt die Tatsache, dass alle Medien, die Printmedien wie die elektronischen, sich nach diesen Events ausrichten, zu einer Überproduktion an Artikeln, Büchern, Sendungen, die die Aufnahmefähigkeit selbst des Gutwilligsten überfordert. Auf der anderen Seite aber schwimmt in dieser Medienflut manches mit, was sonst vielleicht untergegangen wäre oder nur geringes Interesse gefunden hätte. Das gilt zum Beispiel, was den 90. Jahrestag des Kriegsausbruchs von 1914 betrifft, für das Buch von John Horne und Alan Kramer: «Deutsche Kriegsgreuel 1914» in der Hamburger Edition, das endlich die Wahrheit über die deutschen Kriegsverbrechen in Belgien zu Beginn des Krieges ans Licht brachte.[7] Oder, im Blick auf den 60. Jahrestag von 1945, für den aufwändigen TV-Dreiteiler «Speer und Er» von Heinrich Breloer, der endlich mit der Legende brach, die Hitlers ehemaliger Lieblingsarchitekt unter tatkräftiger Assistenz von Wolf Jobst Siedler und Joachim Fest über seine Rolle im «Dritten Reich» in die Welt gesetzt hatte.[8]

III. Die Lust an der Kontroverse

Kontroversen sind das Salz in der Suppe der Geschichtswissenschaft. Und meistens beginnen sie mit einer Provokation, mit, um ein Wort Theodor Mommsens aufzugreifen, dem «Schlag, der tausend Verbindungen schlägt».[9] Die Entwicklung der zeithistorischen Forschung in der Bundesrepublik nach 1945 lässt sich begreifen als eine Abfolge von Großdebatten, wobei den Printmedien, allen voran der ZEIT, eine wichtige initiierende Rolle zukam.

Die «Fischer-Kontroverse» der frühen sechziger Jahre wurde ausgelöst durch eine Rezension Paul Sethes, des damaligen Leiters des Politischen Buches in der ZEIT vom Oktober 1961, die den Untertitel trug: «Professor Fischers Thesen von der Alleinschuld Deutschlands am Ausbruch des Ersten Weltkrieges wird noch viele Diskussionen auslösen.»[10] Zwar hatte der Hamburger Historiker in seinem Werk «Griff nach der Weltmacht» an keiner Stelle von der «Alleinschuld» gesprochen, sondern davon, dass die deutsche Reichsleitung «einen erheblichen Teil der historischen Verantwortung» zu tragen habe, doch erst diese Zuspitzung seiner These sorgte für den nötigen Zündstoff. Im Rückblick fällt auf, wie lange sich die Kontroverse hinzog. Zunächst wurde sie fast ausschließlich in den großen Zeitungen ausgetragen. Erst 1964, im 50. Jahr der Wiederkehr des Kriegsausbruchs, weitete sich die Debatte zum Publikumsstreit. Höhepunkt war der Historikertag in Berlin im Oktober 1964, auf dem die Kontrahenten «in direktem Schlagabtausch vor großem Publikum, vor Kameras und Mikrophonen» aufeinandertrafen.[11] Unvergessen sind mir die Worte, die der amerikanische Historiker Fritz Stern damals zur Verteidigung Fischers ins Feld führte: «Aber wird nicht jede neue These in der Geschichtsschreibung das erste Mal zu scharf, zu einseitig formuliert?... Unsere Wissenschaft braucht solche anregenden Neuanfänge.»[12]

Der sogenannte «Historikerstreit» Mitte der achtziger Jahre begann mit einem großen Artikel des Frankfurter Sozialphilosophen Jürgen Habermas in der ZEIT vom 11. Juli 1986, überschrieben «Eine Art Schadensabwicklung». Darin nahm er «apologetische Tendenzen in der deutschen Zeitgeschichtsschreibung» aufs Korn, wie er sie bei einigen Historikern, allen voran Ernst Nolte, ausmachen zu können glaubte.[13] Im Kern ging es um die Einzigartigkeit oder Vergleichbarkeit des Holocaust und damit um die Frage, welcher Stellenwert der Erinnerung an dieses Menschheitsverbrechen künftig im Gedächtnis der Deutschen zuzumessen sei. Eingeführt wurde Habermas' Artikel durch eine «Kampfansage» überschriebenen Glosse von Karl-Heinz Janßen auf der Titelseite der ZEIT, die den Auftakt setzte für einen monatelangen Meinungskampf, wobei wiederum die Tages- und Wochenzeitungen eine zentrale Rolle spielten. Im Verlauf der Debatte kam es zu einer scharfen Lagerbildung zwischen einer mehr linksliberal und einer eher konservativen Richtung unter den Historikern. Sie spiegelte sich auch in den Leserbriefspalten im Sommer und Herbst 1986 wider, in denen die «polemische Schlacht wechselseitiger Unterstellungen» fortgesetzt wurde.[14] Der «Historikerstreit» war weniger ein Streit der Historiker über neue Forschungsergebnisse als ein Kampf um Deutungshoheit, um kulturelle Hegemonie in der Interpretation der jüngeren deutschen Geschichte. Und zugleich war er auch ein Streit um die Meinungsführerschaft zwischen den Feuilletons der ZEIT und der FAZ in geschichtspolitischen Fragen.[15]

Die Kontroverse um das Buch des Harvard-Dozenten Daniel Jonah Goldhagen «Hitlers willige Vollstrecker» im Jahre 1996 wiederum wurde angestoßen durch einen von mir verfassten Leitartikel, der ebenfalls auf der ersten Seite der ZEIT erschien, begleitet von einem Dossier, in dem zum ersten Mal in deutscher Übersetzung Auszüge aus dem umstrittenen Werk präsentiert wurden.[16] Im Mittelpunkt des Streits stand die Frage nach dem Anteil der «ganz gewöhnlichen Deutschen» am Holocaust und der spezifischen Rolle, die der Antisemitismus in der deutschen Gesellschaft gespielt hatte. Der ZEIT ist der Vorwurf gemacht worden, dass sie in Sachen Goldhagen überstürzt, aus einem reflexartigen Selbstbezichtungszwang heraus, reagiert habe, um sich wieder einmal ins Gespräch zu bringen. Zumindest hätte die deutsche Ausgabe des Buches abgewartet werden sollen. Eine solche Kritik übersieht, dass die Globalisierung inzwischen auch die Rezeptionsmechanismen von wissenschaftlicher Forschung bestimmt. Wie hätte sich die Zeitung aus einer Debatte heraushalten sollen, die in den USA bereits hohe Wellen schlug und über das Internet weltweit kommuniziert wurde? In gewisser Weise war die Goldhagen-Kontroverse die erste zeithistorische Debatte in Deutschland, «die in einem transnationalen Kommunikations- und Erinnerungsraum ausgetragen wurde».[17] Dass es die als betulich geltende alte Tante ZEIT war, die am schnellsten war, hat natürlich die Konkurrenz ungemein geärgert. Entsprechend heftig fielen die Reaktionen aus. Innerhalb weniger Tage hatten sich alle wichtigen Printmedien in der Bundesrepublik zum Fall Goldhagen geäußert, und es war gerade die Heftigkeit der Ablehnung, die das öffentliche Erregungsklima schuf, ohne das Großdebatten dieser Art nicht in Schwung kommen können.

Allerdings erwies sich die Ankündigung in meinem Leitartikel, mit Goldhagens Buch sei «der Auftakt gesetzt für einen zweiten, für einen noch schärferen Historikerstreit», zumindest als voreilig. Denn tatsächlich enthielten Goldhagens provozierende Thesen zwar reichlich Zündstoff für eine heftige Debatte in den Medien, nicht aber für einen kontrovers geführten Streit unter Fachhistorikern – ein wichtiger Unterschied nicht nur zur Fischer-Kontroverse, sondern auch zum «Historikerstreit». Manche Beobachter schlossen daraus, dass die Debatte «wie keine geschichtswissenschaftliche Kontroverse zuvor den Gesetzen der Mediengesellschaft» entsprochen habe.[18] Andere meinten gar, «ein neues Phänomen im Verhältnis zwischen Wissenschaft und Medien» erkennen zu können: «Mediale Promimenz» trete in Konkurrenz zur «wissenschaftlichen Reputation».[19] Auffällig war in der Tat eine bis dahin nicht gekannte Polarisierung: auf der einen Seite die fast einhellige Ablehnung der Fachwissenschaft, auf der anderen die begeisterte Zustimmung, die Goldhagen während seiner Tournee in Deutschland im September 1996 beim Publikum fand. Wo immer er auftrat, flogen ihm die Sympathien zu. Das war das berühmte «Goldhagen-Phänomen», über das sich die Leitartikler die Köpfe zerbrachen.

Mit der Goldhagen-Kontroverse scheint die Zeit der historischen Großdebatten, jedenfalls was die nationalsozialistische Vergangenheit betrifft, an ein Ende gekommen zu sein. Vielleicht hat sich ja auch das ihr innewohnende Provokationspotential erschöpft. Die Zeichen stehen heute eher auf Konsens denn auf Konflikt. Die konfrontativen Lagerbildungen haben sich aufgelöst; unter der nachrückenden Historikergeneration ist die Streitlust deutlich geringer ausgeprägt. Auch in den Medien sind Ermüdungserscheinungen unverkennbar. «In diesen Zeiten hysterisch-demokratischer Streitkultur muss man für jede ausgefallene Debatte dankbar sein», schrieb unlängst Jens Jessen, der Feuilletonchef der ZEIT.[20] Für die Inszenierung von historischen Kontroversen braucht es einen langem Atem. Dem steht die Neigung auch der Printmedien entgegen, immer rascher von einem Thema zum anderen zu springen, weil man anders die Aufmerksamkeit des Publikums nicht mehr glaubt festhalten zu können.

IV. Veränderungen des Rezensionsbetriebs

«Manche Autoren», hat der französische Historiker Lucien Febvre einmal bemerkt, «mögen glauben, ihre Schriften seien für die Ewigkeit bestimmt. Wir dagegen bewerten ein großartiges Buch nach der Zeit, die unsere Pionier- und Bergungstruppen brauchen, um es auseinanderzunehmen.»[21] So ist es nun einmal in der Wissenschaft, der historischen zumal: Das Rad der Forschung dreht sich unaufhörlich weiter. Immer neue Quellen werden zutage gefördert; immer neue Erkenntnisse verlangen nach einer Korrektur alter Sichtweisen. Gute historische Bücher zeichnen sich dadurch aus, dass sie den Prozess des «Auseinandernehmens» überdauern, man sich also auch danach noch von ihnen inspirieren lassen kann.

Rezensionen sind das wichtigste Medium, um die Spreu vom Weizen zu trennen. Gerade in den großen meinungsbildenden Organen wie der ZEIT, der Süddeutschen Zeitung oder der FAZ besitzen sie eine Scharnierfunktion zwischen Fachwissenschaft und historisch interessiertem Publikum. Sie kommunizieren die Ergebnisse und Diskussionsprozesse der historischen Forschung in eine breitere Öffentlichkeit und sie formulieren, umgekehrt, Ansprüche und Erwartungen des Publikums an die Wissenschaft.

Allerdings haben sich die Rahmenbedingungen der Rezensionskultur in den letzten Jahren stark gewandelt. Das hängst erstens zusammen mit Veränderungen auf dem Buchmarkt: Die Verweildauer der Bücher in den Buchläden und Buchhandelsketten wird immer kürzer; immer rascher werden Bücher remittiert und anschließend verramscht. Das hat Auswirkungen auf die Rezensionspraxis. Für den Erfolg von wissenschaftlichen, also auch historischen Büchern ist deren Rezeption in den nichtwissenschaftlichen Medien heute unvergleichlich wichtiger als früher. Besprechungen in den Fachzeitschriften, allen voran der Historischen Zeitschrift, erscheinen in der Regel in einem Abstand von ein bis zwei Jahren, wenn die meisten Bücher nicht mehr in den Läden vorrätig sind. Die Verlage sind jedoch daran interessiert, dass ihre Neuerscheinungen möglichst schnell in den wichtigen Zeitungen besprochen werden. Mit den wirksamsten Zitaten aus den Rezensionen, meist aus dem Zusammenhang gerissenen Sätzen, kann dann wiederum die Werbung bestückt werden.

Der Prozess der Beschleunigung wird zweitens verstärkt durch die verschärfte Konkurrenzsituation der Printmedien untereinander. Bei wichtigen Neuerscheinungen zählt, wer «die Nase vorn» hat, wobei sich manche Zeitungen auch nicht mehr durch die Sperrfristen der Verlage abschrecken lassen. Das gilt besonders für den SPIEGEL. Die 2006 veröffentlichte vierbändige Geschichte der Dresdner Bank im «Dritten Reich» zum Beispiel wurde bereits einen Monat vor Erscheinen im SPIEGEL besprochen.[22] Der Zwang, der von diesem Wettrennen ausgeht, ist in seiner Wirkung auf den klassischen Rezensionsjournalismus kaum zu überschätzen. Er verführt nicht selten zu hechelnder Kurzatmigkeit, bei der die fundierte, fachlich begründete inhaltliche Kritik auf der Strecke bleibt.

Zu den veränderten Rahmenbedingungen gehört drittens aber auch, dass die Grenzen zwischen Fachwissenschaft, interessierter Öffentlichkeit und Medien heute fließender geworden sind, als das früher der Fall war. Für den akademischen Erfolg eines angehenden Historikers ist eine lobende Besprechung seines Werkes in einer der großen Zeitungen keineswegs rufschädigend; sie kann im Gegenteil die Karriere befördern. Wer früher in der historischen Zunft gut schrieb und dies auch durch Artikel in nichtwissenschaftlichen Publikationen dokumentierte, geriet rasch in den Verdacht, ein «Feuilletonist», das heißt eigentlich gar kein richtiger Wissenschaftler zu sein. Die Vorbehalte gegenüber populär gehaltener Geschichtsschreibung haben in der deutschen Geschichtswissenschaft eine lange Tradition. Zwar haben sich solche Vorbehalte heute deutlich abgeschwächt, aber es gibt sie immer noch. Medienpräsenz allerdings gilt nicht mehr als standeswidrige Zumutung, sondern gehört mittlerweile zum Profil eines modernen Hochschullehrers. Man muss als Redakteur selbst die Koryphäen des Faches nicht mehr mit üppigen Zeilenhonoraren locken; in der Regel schreiben sie nur allzugern, wenngleich die wenigsten wirklich gut schreiben können. Auf der anderen Seite drängen immer mehr junge Historiker, die an den Universitäten oder den Schulen keine Berufsperspektive sehen, in die Medien. Rezensionen historisch-politischer Bücher sind häufig der Einstieg in die journalistische Laufbahn. Das Angebot übersteigt freilich auch hier bei weitem die Nachfrage, zumal in ökonomisch schwierigen Zeiten wie den gegenwärtigen, in denen nicht wenige Zeitungen und Zeitschriften ihre Rezensionsteile verknappen.

V. Ausblick

Die Printmedien befinden sich seit einigen Jahren in einer Umbruchphase. Hauptursache ist das rückläufige Anzeigenaufkommen, von dem alle Zeitungen, die einen mehr, die anderen weniger, betroffen sind. Die Folgen sind einschneidend: Gerade die großen Qualitätsblätter können nur überleben, wenn sie sich neue Geschäftsfelder erschließen. Das hat zuerst die Süddeutsche Zeitung begriffen, die mit ihrer Bibliothek der 50 Romane der Weltliteratur einen sensationellen Erfolg verbuchen konnte, der andere zur Nachahmung reizte. Auch die DIE ZEIT hat mittlerweile eine Fülle von Aktivitäten neben dem Hauptblatt und darüber hinaus entfaltet: unter anderem mit ihren vielbändigen Lexikonreihen und neuen Produkten, so die Magazine ZEIT-Wissen und ZEIT-Geschichte. Die ZEIT-Geschichte erscheint viermal im Jahr, und sie widmet sich Themen und Personen, die jeweils mit einem runden Jahresdatum verbunden sind.

Wie dauerhaft alle diese neuen Aktivitäten und Initiativen sind, die das klassische Berufsprofil des Journalisten verändern werden, ist noch nicht abzusehen. Denn es gibt einen schwer zu kalkulierenden Unsicherheitsfaktor, und das ist das Internet. Es könnte sich langfristig zu einer ernsthaften Konkurrenz der Printmedien entwickeln, ihnen möglicherweise sogar den Rang ablaufen.[23] Auf dem uns hier interessierenden Felde der Geschichte gibt es dafür bereits erste Anzeichen. So bietet etwa H-Soz-Kult ein Rezensionsforum für jüngere Historiker, die in den etablierten Medien noch nicht oder nicht mehr zum Zuge kommen. Und wenn nicht alles täuscht, werden künftig die historischen Debatten nicht mehr zuerst in den Printmedien, sondern im Internet stattfinden. Jedenfalls wurde hier etwa über die Rolle des Historikers Hans Rothfels vor und nach 1933 oder über das Buch von Götz Aly, «Hitlers Volksstaat», lebhafter und kontroverser diskutiert als in den Zeitungen.[24]

So schließt dieser kurze Überblick eher mit einer pessimistischen Prognose: Wenn Zeitgeschichte immer auch Streitgeschichte ist, dann haben die Printmedien vielleicht ihre Rolle bereits ausgespielt.

Drucknachweise

1. DIE ZEIT Nr. 50 v. 2. 12. 2004
2. ZEIT-Geschichte Nr. 2 (2006), S. 10–24
3. DIE ZEIT Nr. 7 v. 10. 2. 2005
4. Klaus Hildebrand/Eberhard Kolb (Hrsg.): Otto von Bismarck im Spiegel Europas, Paderborn 2006, S. 183–200
5. DIE ZEIT Nr. 47 v. 13. 11. 2003
6. ZEIT-Geschichte Nr. 4 (2006), S. 70–73
7. Arno Klönne/Karl A. Otto/Karl Heinz Roth (Hrsg.): Fluchtpunkte. Das soziale Gedächtnis der Arbeiterbewegung, Hamburg 2003, S. 114–125
8. DIE ZEIT Nr. 45 v. 2. 11. 2006
9. DIE ZEIT Nr. 44 v. 28. 10. 1988
10. Jörg Duppler/Gerhard P. Groß (Hrsg.): Kriegsende 1918. Ereignis, Wirkung, Nachwirkung, München 1999, S. 273–283
11. DIE ZEIT Nr. 30 v. 18. 7. 2002
12. Angelika Ebbinghaus/Karl Heinz Roth (Hrsg.): Grenzgänge. Deutsche Geschichte des 20. Jahrhunderts im Spiegel von Publizistik, Rechtssprechung und historischer Forschung. Heinrich Senfft zum 70. Geburtstag, Lüneburg 1999, S. 303–318
13. DIE ZEIT Nr. 15 v. 4. 4. 2007
14. Archiv und Wirtschaft. Zeitschrift für das Archivwesen der Wirtschaft, 39. Jg. (2006), H. 3, S. 109–115

Anmerkungen

«Wenn Vater uns jetzt sehen könnte ...»

1 Clemens Amelunxen: Der Clan Napoleons. Eine Familie im Schatten des Imperators, Berlin 1995, S. 101.

2 Vgl. Volker Ullrich: Napoleon. Eine Biographie, Reinbek bei Hamburg 2004, S. 23 ff.; Johannes Willms: Napoleon. Eine Biographie, München 2005, S. 17 ff.

3 Zit. nach Jean Tulard: Napoleon oder der Mythos des Retters, Tübingen 1978, S. 190.

4 Zit. nach ebda., S. 191.

5 Im Schatten Napoleons. Aus den Erinnerungen der Frau von Rémusat. Übers. und hrsg. von Friedrich Freiherr von Falkenhausen, Leipzig 1941, S. 152.

6 Zit. nach Franz Herre: Joséphine. Kaiserin an Napoleons Seite, Regensburg 2003, S. 173; vgl. auch Andrea Stuart: Die Rose von Martinique. Die vielen Leben der Joséphine Bonaparte, München 2004, S. 453.

7 Vgl. zu den Details Christina Egli: 2. Dezember 1804. Das größte Spektakel aller Zeiten, in: Dominik Gügel/Christina Egli (Hrsg.): Was für ein Theater. Krönungen und Spektakel in napoleonischer Zeit, Stuttgart und Wien 2004, S. 70 ff.

8 Zit. nach Vincent Cronin: Napoleon. Stratege und Staatsmann, München 2000, S. 321.

9 Vgl. Napoleon. Die Memoiren seines Lebens, Bd. VIII, Wien-Hamburg-Zürich o. J., S. 458.

10 Zit. nach Frédéric Masson: Le sacre et la couronnement de Napoléon, Paris 1925, S. 198.

11 Im Schatten Napoleons (wie Anm. 5), S. 176.

12 Memoiren der Herzogin von Abrantès. Eingel. und hrsg. von Albert Ollivier, Stuttgart 1961, S. 198.

13 Zit. nach J. Tulard (wie Anm. 3), S. 193.

14 Vgl. F. Masson: Le sacre (wie Anm. 10), S. 268; Jacques Presser: Napoleon. Die Entschlüsselung einer Legende, Reinbek bei Hamburg 1979, S. 210.

15 Gespräche Napoleons des Ersten. Gesammelt und hrsg. von Friedrich M. Kircheisen. Bd. I, 2. Aufl., Stuttgart 1911, S. 220.

16 Zit. nach Albert S. Manfred: Napoleon Bonaparte, Berlin 1978, S. 408.

Das erhabene Ungeheuer

1 Zit. nach Friedrich Stählin: Napoleons Glanz und Fall im deutschen Urteil. Wandlungen des deutschen Napoleonbildes, Braunschweig 1952, S. 30.

2 Las Cases; Napoleon I. Tagebuch von St. Helena. Übertragen und bearbeitet von Oskar Marschall von Bieberstein, Bd. 2, Berlin o. J., S. 119.

3 Gentz an Metternich, 13. 3. 1814; zit. nach Jens Flemming: ‹Held der Weltgeschichte› oder ‹Geissel Gottes›? Napoleon und die Deutschen im Zeitalter der Befreiungskriege, in: Ekkehard Eggs/Hubertus Fischer (Hrsg.): Napoleon: Europäische Spiegelungen in Mythos, Geschichte und Karikatur, Frankfurt/M. 1986, S. 59. – Grundlegend für den Bereich der Literatur jetzt Barbarara Beßlich: Der deutsche Napoleon-Mythos. Literatur und Erinnerung 1800 bis 1945, Darmstadt 2007.

4 Zit. nach Karl-Georg Faber: Die Rheinländer und Napoleon, in: Francia, 1 (1973), S. 382.

5 Zit. nach Eckart Kleßmann: Das Bild Napoleons in der deutschen Literatur, Mainz 1995, S. 5; vgl. B. Beßlich (wie Anm. 3), S. 50.

6 Zit. nach F. Stählin (wie Anm. 1), S. 38 f.; vgl. B. Beßlich (wie Anm. 3), S. 54–57.

7 Zit nach E. Kleßmann: Das Bild (wie Anm. 5), S. 6.

8 Zit. nach Hagen Schulze: Napoleon, in: ders./Etienne François (Hrsg.): Deutsche Erinnerungsorte, Bd. 2, München 2001, S. 29.

9 Zit. nach F. Stählin (wie Anm. 1), S. 56; vgl. B. Beßlich (wie Anm. 3), S. 61.

10 Zit. nach B. Beßlich (wie Anm. 3), S. 10.

11 Zit. nach F. Stählin (wie Anm. 1), S. 32.

12 Vgl. Martin Geck/Peter Schleuning: «Geschrieben auf Bonaparte». Beethovens «Eroica». Revolution, Reaktion, Rezeption, Reinbek bei Hamburg, S. 141–144.

13 Zit. nach J. Flemming (wie Anm. 3), S. 67.

14 Zit. nach E. Kleßmann: Das Bild (wie Anm. 5), S. 10 f.

15 Zit. nach Günter de Bruyn: Das Leben des Jean Paul Friedrich Richter. Eine Biographie, Frankfurt/M. 1978, S. 280.

16 Zit. nach F. Stählin (wie Anm. 1), S. 16.

17 Zit. nach Eckart Kleßmann (Hrsg.): Deutschland unter Napoleon in Augenzeugenberichten, München 1976, S. 312.

18 Zit. nach ebda., S. 318.

19 Vgl. Michael Freund: Napoleon und die Deutschen. Despot oder Held der Freiheit?, München 1969, S. 52.

20 Zit. nach Karl Otto Conrady: Goethe. Leben und Werk, Bd. 2, Frankfurt/M. 1988, S. 334.

21 Zit. nach E. Kleßmann: Das Bild (wie Anm. 5), S. 17.

22 Heinrich von Kleist: Sämtliche Werke und Briefe, Bd. 2. Hrsg. von Helmut Sembdner, München 1961, 3. Aufl., 1964, S. 354.
23 Ebda., Bd. 1, S. 55.
24 Zit. nach M. Freund (wie Anm. 19), S. 128.
25 Zit. nach H. Schulze: Napoleon (wie Anm. 8), S. 32.
26 Zit. nach Hans Schmidt: Napoleon in der deutschen Geschichtsschreibung, in: Francia, 14 (1986), S. 532.
27 Zit nach B. Beßlich (wie Anm. 3), S. 67.
28 Zit. nach H. Schulze: Napoleon (wie Anm. 8), S. 33; vgl. M. Freund (wie Anm. 19), S. 136: B. Beßlich (wie Anm. 3), S. 74.
29 Zit. nach F. Stählin, S. 56.
30 Zit. nach Thomas Nipperdey: Deutsche Geschichte 1800–1866. Bürgerwelt und starker Staat, München 1983, S. 84.
31 Zit. nach J. Flemming (wie Anm. 3), S. 79.
32 Zit. nach M. Freund (wie Anm. 19), S. 141.
33 Zit. nach E. Kleßmann: Das Bild (wie Anm. 5), S. 20.
34 Zit. nach K. G. Faber (wie Anm. 4), S. 380.
35 Ebda., S. 393
36 Ebda.
37 Ebda., S. 378.
38 Zit. nach Eckart Kleßmann: Napoleon. Ein Charakterbild, Weimar 2000, S. 136.
39 Zit. nach K. G. Faber (wie Anm. 4), S. 393.
40 Zur Heinrich Heines Napoleon-Begeisterung vgl. B. Beßlich (wie Anm. 3), S. 225–245. Ferner: Heidemarie Vahl: «Sohn der Revoluzion» und «Riese unseres Jahrhunderts». Heinrich Heine über Napoleon Bonaparte, in: Veit Veltzke (Hrsg.): Napoleon. Trikolore und Kaiseradler über Rhein und Weser, Köln-Weimar-Wien 2007, S. 521–546.
41 Heines Werke in fünf Bänden. Ausgewählt und eingeleitet von Helmut Holtzhauer, Bd. 3, 9. Aufl., Berlin-Weimar 1967, S. 34 f.
42 Ebda., S. 36.
43 Zit. nach F. Stählin (wie Anm. 1), S. 67. Ausführliche Analyse der Erzählung bei B. Beßlich (wie Anm. 3), S. 178–205.
44 Zit. nach M. Freund (wie Anm. 19), S. 142.
45 Ebda., S. 143.
46 Zit. nach B. Beßlich (wie Anm. 3), S. 141.
47 Heines Werke (wie Anm. 41), Bd. 2, S. 116.
48 Vgl. K. G. Faber (wie Anm. 4), S. 397.
49 Karl Marx/Friedrich Engels: Ausgewählte Schriften in zwei Bänden, Berlin 1966, Bd. 1, S. 226.
50 Zit. nach H. Schulze: Napoleon (wie Anm. 8), S. 41.
51 Jacob Burckhardt: Briefe, Bd. 5, Basel-Stuttgart 1963, S. 184.
52 Zit. nach H. Schmidt (wie Anm. 26), S. 539.

53 Zitate ebda., S. 539 f.
54 Ebda., S. 542.
55 Max Lenz: Napoleon, Bielefeld und Leipzig 1908, Vorrede, S. 10.
56 Vgl. Heinz-Otto Sieburg: Napoleon in der deutschen Geschichtsschreibung des 19. und 20. Jahrhunderts, in: Geschichte in Wissenschaft und Unterricht, 21 (1970), S. 477.
57 Zit. nach Roger Dufraisse: Die Deutschen und Napoleon im 20. Jahrhundert, in: Historische Zeitschrift, 252 (1991), S. 599.
58 Georg Heym: Das Werk, Hamburg 2005, S. 1307 (v. 6. 7. 1910) und 1329 (v. 16. 10. 1911).
59 Ebda., S. 541–559; vgl. B. Beßlich (wie Anm. 3), S. 321–329.
60 Zit. nach F. Stählin (wie Anm. 1), S. 104 f.; zur Napoleon-Rezeption Nietzsches vgl. B. Beßlich (wie Anm. 3), S. 283–299.
61 Vgl. R. Dufraisse (wie Anm. 57), S. 591 f.
62 Zit. nach ebda., S. 606.
63 Zit nach M. Freund (wie Anm. 19), S. 200; vgl. B. Beßlich (wie Anm. 3), S. 377 f. Zur Napoleon-Verehrung Stefan Georges vgl. Thomas Karlauf: Stefan George. Die Entdeckung des Charisma. Biographie, München 2007, S. 36 f.
64 Berthold Vallentin: Napoleon, Berlin 1923, S. 4 f.
64 Ebda., S. 86; vgl. M. Freund (wie Anm. 19), S. 203; B. Beßlich (wie Anm. 3), S. 378–388.
66 Emil Ludwig: Napoleon, Berlin 1926, S. 662; vgl. zu Emil Ludwig Sebastian Ullrich: Im Dienste der Republik von Weimar. Emil Ludwig als Historiker und Publizist, in: Zeitschrift für Geschichtswissenschaft, 49 (2001), S. 119–140.
67 Werner Hegemann: Napoleon oder der Kniefall vor dem Heros, Hellerau 1927, S. 13.
68 Philipp Bouhler: Napoleon. Kometenbahn eines Genies, München 1939 (2. Aufl. 1942).
69 Zit. nach R. Dufraisse (wie Anm. 57), S. 610.
70 Ebda., S. 613.
71 Th. Nipperdey: Deutsche Geschichte (wie Anm. 30), S. 11.

Der hysterische Koloss

1 Lucius von Ballhausen: Bismarck-Erinnerungen, Stuttgart-Berlin 1920, S. 56.
2 Robert von Keudell: Fürst und Fürstin Bismarck. Erinnerungen aus den Jahren 1846 bis 1872, Berlin-Stuttgart 1901, S. 220 f.
3 Vgl. Volker Ullrich: Otto von Bismarck, Reinbek bei Hamburg 1998, S. 13–16.
4 Faksimile in: Christian Graf von Krockow: Bismarck, Stuttgart 1997, S. 25.

5 Heinrich von Poschinger (Hrsg.): Fürst Bismarck. Neue Tischgespräche und Interviews, Bd. 2, Stuttgart-Leipzig 1899, S. 373.

6 Bismarck an seine Schwester Malwine, 10. 12. 1858; Otto von Bismarck: Die gesammelten Werke. (Friedrichsruher Ausgabe), 15 in 19 Bdn., Berlin 1924–1935, Bd. 14, S. 495 (zitiert: GW). Johanna von Bismarck an Keudell, 26. 2. 1859: «Bismarck ist zuerst in Berlin vor Ärger krank geworden, weil man Alles so hinterrücks abgemacht hatte.» R. v. Keudell (wie Anm. 2), S. 69.

7 Johanna von Bismarck an Keudell, 12.8. 1959; R.v. Keudell (wie Anm. 2), S. 71.

8 GW, Bd. 14, S. 581. Johanna von Bismarck an Keudell, 21.4. 1861: «Außerdem sind seine Nerven immer in einem so erbärmlichen Zustande, daß man ihn nur mit Bangigkeit ansehen kann.» R. v. Keudell (wie Anm. 2), S. 84.

9 Denkwürdigkeiten aus dem Leben des Generalfeldmarschalls Kriegsministers Grafen von Roon, Berlin 1905, Bd. 2, S. 400; R. v. Keudell (wie Anm. 2), S. 194: «Wegen seiner Gesundheit war ich nie ohne Sorge.»

10 Zit. nach Volker Ullrich: Fünf Schüsse auf Bismarck. Historische Reportagen 1789–1945, München 2002, S. 43.

11 Fürst Bismarcks Briefe an seine Braut und Gattin. Hrsg. von Herbert Bismarck, Stuttgart 1900, S. 572.

12 R. v. Keudell (wie Anm. 2), S. 309.

13 Rudolf Vierhaus (Hrsg.): Das Tagebuch der Baronin Hildegard von Spitzemberg, München 1960, S. 77 v. 15. 4. 1867.

14 Zit nach Otto Pflanze: Bismarck. Der Reichsgründer, München 1997, S. 431.

15 Ebda.

16 Fürst Nikolai Orloff: Bismarck und Katharina Orloff. Ein Idyll in der hohen Politik, München 1936, S. 129.

17 R. L. v. Ballhausen (wie Anm. 1), S. 21.

18 John Lothrop Motley: Briefwechsel. Aus dem Englischen übersetzt von A. Eltze, Bd. 1, Berlin 1890, S. 364.

19 R. L. von Ballhausen (wie Anm. 1), S. 21 f. v. 5. 5. 1872.

20 GW, Bd. 13, S. 559.

21 Moritz Busch: Tagebuchblätter, Bd. 1, Leipzig 1899, S. 465.

22 Zit. nach V. Ullrich: Bismarck (wie Anm. 3), S. 112.

23 Christoph von Tiedemann: Sechs Jahre Chef in der Reichskanzlei unter dem Fürsten Bismarck. Erinnerungen, Leipzig 1909, S. 400.

24 Vgl O. Pflanze: Bismarck, Der Reichsgründer (wie Anm. 14), S. 48, 568 f.

25 Thomas Mann: Goethe und das deutsche Wunder (1949); zit. nach Deutsches Historisches Museum: Bismarck – Preußen, Deutschland und Europa, Berlin 1990, S. 483; vgl. auch R. L. v. Ballhausen (wie Anm. 1), S. 53

v. 18.4. 1874: «Er glaubte oft sich nicht genügend anerkannt und von den Seinigen nicht geliebt.»

26 Zit. nach Otto Pflanze: Bismarck. Der Reichskanzler, München 1998, S. 568.

27 H. v. Poschinger (wie Anm. 5), Bd. 2, S. 349.

28 R. Vierhaus (wie Anm. 13), S. 287 v. 5. 3. 1891.

29 Zit. nach Lothar Machtan: Bismarcks Tod und Deutschlands Tränen. Reportage einer Tragödie, München 1998, S. 66.

30 Ebda., S. 57.

«Wie tief man ihn grollend geliebt hat ...»

1 Friedrich Schiller: Gesammelte Werke in fünf Bänden. Hrsg von Reinhold Netolitzky. Bd. 2 Gütersloh 1955, S. 11. – Vgl. zum Wandel des Bismarck-Bildes vor allem Lothar Gall: Die Deutschen und Bismarck, in: Deutschland und Europa in der Neuzeit. Festschrift für Karl Otmar von Aretin zum 65. Geburtstag. Hrsg. von Ralph Melville u. a., Stuttgart 1988, S. 525–536; Christoph Studt: Das Bismarckbild der deutschen Öffentlichkeit (1898–1998), Friedrichsruh 1999.

2 Alfred Kerr: Wo liegt Berlin? Briefe aus der Reichshauptstadt 1895–1900. Hrsg. von Günther Rühle, Berlin 1997, S. 407 (v. 4. 8. 1898).

3 Wochenschrift des Nationalvereins v. 3. 10. 1882. Zit nach Otto Nirrnheim: Das erste Jahr des Ministeriums Bismarck und die öffentliche Meinung, Heidelberg 1908, S. 70. Vgl. weitere Pressestimmen ebd., S. 60 f. (Kölnische Zeitung, Kreuzzeitung), S. 65 (Augsburger Zeitung).

4 Zit. nach ebd., S. 70. Die Kritik an Bismarck wurde z. T. auch in der Regierung nahestehenden Kreisen geteilt: Vgl. Clemens Theodor Perthes an Kriegsminister Roon, 25. 2. 1863: «Heute so wenig wie früher wage ich zu behaupten, daß die Berufung dieses Mannes an diese Stelle ein Fehler war, aber ein Unglück war sie gewiß, und Unglück wird sie auch künftig noch bringen, fürchte ich.» Denkwürdigkeiten aus dem Leben des Generalfeldmarschalls, Kriegsministers Grafen von Roon, Bd. 2, Berlin 1905, S. 137. Vgl. ebd., S. 140.

5 Horst Kohl (Hrsg.): Die politischen Reden des Fürsten Bismarck 1847–1897, Bd. 2, Stuttgart 1893, S. 30.

6 Heinrich von Treitschkes Briefe. Hrsg. von Max Cornelicius, Leipzig 1918, S. 238 (v. 29. 9. 1862). «Der Hoffnung, daß er sich geändert hat, ist durch seine Reden ein Ende gemacht», schrieb die «Kölnische Zeitung» am 10. Oktober 1862. Zit nach O. Nirrnheim (wie Anm. 3), S. 85. – Besondere Empörung lösten die repressiven Maßnahmen aus, die Bismarck 1862/63 gegen opponierende Beamte und Zeitungen ergriff. Vgl. Hoverbeck an Mahraun, 1. 3. 1863: «Die Erbitterung gegen dieses Ministerium hier in Berlin sowie bei fast allen Abgeordneten ist so intensiv, daß ich glaube, sie kann gar nicht mehr höher steigen.» Zit. nach ebda, S. 106.

Ähnlich damals Gerson Bleichröder, Bismarcks Bankier, an Baron James Rothschild: «Das gegenwärtige Ministerium ist in einer Weise mißliebig, wie selten eines in Preußen war.» Zit. nach Fritz Stern: Gold und Eisen. Bismarck und sein Bankier Bleichröder, Reinbek bei Hamburg 1998, S. 60.

7 Heinrich von Treitschkes Briefe (wie Anm. 6), S. 324 (v. 7. 5. 1864). Vgl. Ulrich Langer: Heinrich von Treitschke. Politische Biographie eines deutschen Nationalisten, Düsseldorf 1998, S. 103. – Vgl. auch Wilhelm Kügelgen an seinen Bruder, 24. 4. 1864: «Die Preußen haben ihren alten Waffenruhm neu aufgefrischt, Napoleon hat Respect bekommen, die Armeeorganisation ist gerettet, die Nation jubelt und Bismarck wird immer populärer.» Wilhelm von Kügelgen: Bürgerleben. Die Briefe an den Bruder Gerhard 1840–1867. Hrsg. von Walther Killy, München 1990, S. 895.

8 Rudolf von Ihering in Briefen an seine Freunde, Leipzig 1913, S. 196 (v. 1. 5. 1866).

9 Zit nach Hans-Christof Kraus: Ernst Ludwig von Gerlach. Politisches Denken und Handeln eines preußischen Altkonservativen. Bd. 1, Göttingen 1994, S. 805.

10 Heinrich Sybel an Hermann Baumgarten, 14. 5. 1866; Deutscher Liberalismus im Zeitalter Bismarcks. Eine politische Briefsammlung. Hrsg. von Julius Heiderhoff und Paul Wentzke. Bd. 1, Bonn 1925, S. 284.

11 Zit. nach Julius H. Schoeps: Bismarck und sein Attentäter, Zürich-München 1998, S. 115. Vgl. auch Günther Franz: Ferdinand Cohen-Blind und sein Attentat auf Bismarck 1866, in: Zeitschrift für Württembergische Landesgeschichte 40, 1981, S. 395; Volker Ullrich: Fünf Schüsse auf Bismarck. Historische Reportagen, München 2002, S. 40 ff.

12 Wilhelm von Kügelgen, Bürgerleben (wie Anm. 7), S. 100. Vgl. Aufzeichnungen und Erinnerungen aus dem Leben des Botschafters Joseph Maria von Radowitz. Hrsg. von Hajo Holborn. Bd. 2, Berlin und Leipzig 1925, S. 120 (v. 20. 9. 1866): «Bismarck wurde der Held des Tages.»

13 Zit. nach Stefan Rebenich: Theodor Mommsen. Eine Biographie, München 2002, S. 167.

14 Rudolf von Ihering in Briefen an seine Freunde (wie Anm. 8), S. 206 f. (v. 19. 8. 1866).

15 J. Heyderhoff/P. Wentzcke (Hrsg.): Deutscher Liberalismus im Zeitalter Bismarcks (wie Anm. 10). Bd. 1, S. 494.

16 Zit. nach St. Rebenich: Theodor Mommsen (wie Anm. 13), S. 168 f.

17 Bismarcks großes Spiel. Die geheimen Tagebücher Ludwig Bambergers. Eingel. und hrsg. von Ernst Feder, Frankfurt/M. 1932, S. 328. Vgl. Benedikt Koehler: Ludwig Bamberger. Revolutionär und Bankier, Stuttgart 1999, S. 220. – Ähnlich Franz von Roggenbach in einem Brief an Al-

brecht von Stosch, 7. 11. 1881: «Wir anderen, die den Staat nur dann für wohlbestellt halten, wenn derselbe auf zur Freiheit erzogenen und derselben fähigen Individuen mit staatlichen und nationalen Gemeinsinn gegründet ist, können und wollen mit diesem System nichts zu tun haben und sagen demselben ein klägliches Ende voraus.» Zit. nach Hans-Joachim Schoeps (Hrsg.): Bismarck über Zeitgenossen – Zeitgenossen über Bismarck, Frankfurt/M.-Berlin-Wien 1981, S. 202.

18 Fontanes Briefe in zwei Bänden. Ausgewählt und erläutert von Gotthard Erler, Berlin und Weimar 1968. Bd. 2., S. 32.Vgl. Hans Schumann: Der Schwefelgelbe. Fontane und Bismarck, Zürich 1998.

19 Zit. nach Konrad Canis: Von Bismarck zur Weltpolitik. Deutsche Außenpolitik 1890 bis 1902, Berlin 1997, S. 30.

20 Fontanes Briefe in zwei Bänden (wie Anm. 18), Bd. 2, S. 273. Ähnlich der Freisinnige Eugen Richter: «Gott sei Dank, daß er fort ist ... Es wäre ein Segen für das Reich gewesen, wenn er schon viel früher beseitigt worden wäre.» Zit. nach H.-J. Schoeps: Bismarck über Zeitgenossen (wie Anm. 17), S. 218. Für Theodor Mommsen war Bismarcks Entlassung eine «wahre Erlösung». Zit. nach St. Rebenich: Theodor Mommsen (wie Anm. 13), S. 189.

21 Zit nach Conrad Canis: Bismarcks Außenpolitik 1870–1890. Aufstieg und Gefährdung, Paderborn 2004, S. 376. Vgl. auch den Tagebuch-Eintrag von Harry Graf Kessler, 18. 3. 1890: «Bismarck ist gestürzt; die Meldung über seinen Rücktritt ist in allen Zeitungen; die Erregung ist groß, aber nicht so groß, wie ich es eigentlich erwartet hätte.» Zit. nach Peter Grupp: Harry Graf Kessler 1868–1937. Eine Biographie, München 1995, S. 34. Ferner Nationalzeitung v. 21. 3. 1890: «Im Äußeren des Berliner Stadtbildes ging das historische Ereignis vollständig spurlos vorbei.» Zit. nach H.-J. Schoeps: Bismarck über Zeitgenossen (wie Anm. 17), S. 239.

22 Das Tagebuch der Baronin Spitzemberg. Ausgewählt und hrsg. von Rudolf Vierhaus. 5. Aufl., Göttingen 1983, S. 275 (v. 29. 3. 1890). Vgl. auch Aufzeichnungen und Erinnerungen aus dem Leben des Botschafters Joseph Maria von Radowitz. Hrsg. von Hajo Holborn. Bd. 2, Berlin und Stuttgart 1925, S. 325 (v. 29. 3. 1890): «Das Berliner Volk, das bis vor einigen Tagen noch wenig erkennbare Aufregung gezeigt hat, ist nun plötzlich wach geworden. Größte allgemeine Ergriffenheit ist nachgekommen. Eine unbeschreibliche Bewegung zwischen dem Kanzlerpalais und dem Brandenburger Tor!» Vgl. ferner Manfred Hank: Kanzler ohne Amt. Fürst Bismarck und seine Entlassung 1890–1898, München 1980, S. 4 f.

23 Bismarcks großes Spiel. Die geheimen Tagebücher Ludwig Bambergers (wie Anm. 17), S. 446 (v. 29. 3. 1890).

24 Otto Planze: Bismarck. Der Reichskanzler, München 1998, S. 640.

25 Zit nach Lothar Machtan: Bismarcks Tod und Deutschlands Tränen. Reportage einer Tragödie, München 1998, S. 92.

26 Harry Graf Kessler: Das Tagebuch 1892–1897. Hrsg. von Günter Riederer und Jörg Schuster, Stuttgart 2004, S. 242 (v. 27. 1. 1894).

27 Gustav Freytags Briefe an Albrecht von Stosch. Hrsg. von H. F. Helmolt, Stuttgart 1913, S. 189 (v. 30. 3. 1895). Vgl. L. Machtan: Bismarcks Tod (wie Anm. 25), S. 110; M. Hank: Kanzler ohne Amt (wie Anm. 22), S. 44 f., 407 ff.

28 Richard J. Evans (Hrsg.): Kneipengespräche im Kaiserreich. Die Stimmungsberichte der Hamburger Politischen Polizei 1892–1914, Reinbek bei Hamburg 1989, S. 337. Vgl. ebd., S. 339.

29 Das Tagebuch der Baronin Spitzemberg (wie Anm. 22), S. 381 (v. 20. 12. 1898). Vgl. M. Hank: Kanzler ohne Amt (wie Anm. 22), S. 158 ff.

30 Ludwig Bamberger. Bismarck Posthumus, in: Die Nation XII, 1898/99, S. 145; zit. nach Gustav Seeber: Bismarcks «Gedanken und Erinnerungen» von 1898, in: Otto von Bismarck. Person-Politik-Mythos. Hrsg. von Jost Dülffer und Hans Hübner, Berlin 1993, S. 239, 242 . Für Lothar Gall sind Bismarcks Memoiren «politisches Testament und Kampfschrift zugleich». Otto von Bismarck: Gedanken und Erinnerungen. Mit einem Essay von Lothar Gall, Berlin 1990, S. 12.

31 Vgl. Hans-Walter Hedinger: Bismarck-Denkmäler und Bismarck-Verehrung, in: E. Mai/St. Waetzoldt (Hrsg.): Kunstverwaltung, Bau- und Denkmal-Politik im Kaiserreich, Berlin 1981, S. 287. Neuerdings: Jörg Schilling: «Distanz halten». Das Hamburger Bismarckdenkmal und die Monumentalität der Moderne, Göttingen 2006.

32 Vgl. zur alldeutschen Bismarck-Verehrung: Rainer Hering, Konstruierte Nation. Der Alldeutsche Verband 1890 bis 1939, Hamburg 2003, S. 229 f.

33 So Hans-Günter Zmarzlik: Das Bismarck-Bild der Deutschen – gestern und heute, Freiburg 1967, S. 16 f. Vgl. zur Historiographie vor 1914: Elisabeth Fehrenbach: Die Reichsgründung in der deutschen Geschichtsschreibung, in: Theodor Schieder/Ernst Deuerlein (Hrsg.): Reichsgründung 1870/71. Tatsachen, Kontroversen, Interpretationen, Stuttgart 1970, S. 259–290; Hellmut Seier: Bismarck und die Anfänge der deutschen Historiographie vor 1914, in: Bismarck und seine Zeit. Hrsg. von Johannes Kunisch, Berlin 1991, S. 259–395.

34 Theodor Ziegler: Bismarck und die akademische Jugend, in: Max Lenz/Erich Marcks (Hrsg.): Das Bismarck-Jahr. Eine Würdigung Bismarcks und seiner Politik in Einzelschilderungen, Hamburg 1915, S. 257.

35 Zit. nach Egmont Zechlin: Das Bismarck-Bild 1915. Eine Mischung aus Sage und Mythos, in: ders.: Krieg und Kriegsrisiko. Zur deutschen Politik im Ersten Weltkrieg. Aufsätze, Düsseldorf 1979, S. 227 f. Gegen die Inanspruchnahme Bismarcks für die deutsche Propaganda im Ersten

Weltkrieg wandte sich, wenn auch vergeblich, Friedrich Meinecke 1915: «Bismarck würde ohne Frage entsetzt gewesen sein, wenn er an die Möglichkeit der heutigen Weltgegnerschaft gedacht hätte, er würde im ersten Augenblick entweder an einen unverantwortlichen Leichtsinn oder an ein namenloses Ungeschick unserer Staatsmänner glauben.» Zit. nach Stefan Meineke: Friedrich Meinecke. Persönlichkeit und politisches Denken bis zum Ende des Ersten Weltkriegs, Berlin 1995, S. 227. Im Mai 1918 kritisierte der Soziologe Max Weber, dass «ein großer und jedenfalls der einflußreichste Teil der populären Bismarckliteratur ... für den Weihnachtstisch der Spießbürger zugeschnitten» sei, «der jene völlig unpolitische Art der Heldenvereherung bevorzugt, wie sie bei uns üblich geworden ist». Max Weber: Parlament und Regierung im neugeordneten Deutschland, in: ders.: Gesammelte Politische Schriften. 2. Aufl. Neu hrsg. von Johannes Winckelmann, Tübingen 1958, S. 307.

36 Karl Hampe: Kriegstagebuch 1914–1919. Hrsg. von Folker Reichert und Eike Wolgast, München 2004, S. 217.

37 Vgl. zum Beispiel die Tagebuch-Aufzeichnung des Vizeadmirals Hopman, 1.4. 1915: «Bismarcks 100jähriger Geburtstag. Was ist aus dem Werk des alten Recken geworden?» Albert Hopman: Das ereignisreiche Leben eines ‹Wilhelminers›. Tagebücher, Briefe, Aufzeichnungen 1901 bis 1920. Hrsg. von Michael Epkenhans, München 2004, S. 590.

38 Vgl. Heinz Hagenlücke: Deutsche Vaterlandspartei. Die nationale Rechte am Ende des Kaiserreichs, Düsseldorf 1997, S. 149–151.

39 K. Hampe: Kriegstagebuch 1914–1919 (wie Anm. 36), S. 776 (v. 10. 11. 1918).

40 Zit. nach Lothar Machtan (Hrsg.): Bismarck und der deutsche Nationalmythos, Bremen 1994, S. 35. Vgl. K. Hampe: Kriegstagebuch 1914–1919 (wie Anm. 36), S. 803 (v. 18. 12. 1918): «Ein Bismarck fehlte. Seine Figur wird sich, wenn die Flut der Humanitätsduselei sich verlaufen hat, wenigstens hinsichtlich der äußeren Politik doch noch mächtiger hervorheben.» – Zum Bismarck-Bild in der Weimarer Republik vgl. Wolfgang Hardtwig: Der Bismarck-Mythos. Gestalt und Funktionen zwischen politischer Öffentlichkeit und Wissenschaft, in: ders. (Hrsg.): Politische Kulturgeschichte der Zwischenkriegszeit 1918–1939, Göttingen 2005, S. 61–90, und neuerdings: Robert Gerwarth: Der Bismarck-Mythos. Die Deutschen und der Eiserne Kanzler, München 2007, S. 43 ff.

41 Victor Klemperer: Leben sammeln, nicht fragen wozu und warum. Tagebücher 1918–1924. Hrsg. von Walter Nowojski. Bd. 1. Berlin 1996, S. 408 (v. 19. 1. 1921). Vgl. zu den Reichsgründungsfeiern: Robert Gerwarth: Republik und Reichsgründung. Bismarcks kleindeutsche Lösung im Meinungsstreit der ersten deutschen Demokratie (1918–1933), in: Heinrich August Winkler (Hrsg.): Griff nach der Deutungsmacht. Zur

Geschichte der Geschichtspolitik in Deutschland, Göttingen 2004, S. 118 ff.

42 Hermann Kantorowicz: Bismarcks Schatten, Freiburg 1921, S. 5.

43 Zit. nach Sebastian Ullrich: Im Dienste der Republik von Weimar. Emil Ludwig als Historiker und Publizist, in: Zeitschrift für Geschichtswissenschaft 49, 2001, S. 130 f.; vgl. ders.: «Der Fesselndste unter den Biographen ist heute nicht der Historiker». Emil Ludwig und seine Biographien, in: Wolfgang Hardtwig/Erhard Schütz (Hrsg.): Geschichte für Leser. Populäre Geschichtsschreibung in Deutschland im 20. Jahrhundert, Stuttgart 2005, S. 35–56.

44 Zit. nach Jens Nordalm, Historismus und moderne Welt. Erich Marcks (1861–1938) in der deutschen Geschichtswissenschaft, Berlin 2003, S. 339.

45 Friedrich Thimme 1868–1938. Ein politischer Historiker, Publizist und Schriftsteller in seinen Briefen. Hrsg. von Annelise Thimme, Boppard am Rhein 1994, S. 311 (v. 7. 8. 1931).

46 Zit. nach Lothar Machtan (Hrsg.): Bismarck und der deutsche Nationalmythos (wie Anm. 40), S. 46. Vgl. zum Ruf nach einem «neuen Bismarck» auch Hans-Ulrich Wehler: Deutsche Gesellschaftsgeschichte. Bd. IV: 1914–1949, München 2003, S. 554 f.; R. Gerwarth: Der Bismarck-Mythos (wie Anm. 40), S. 148 ff.

47 Zit. nach R. Gerwarth: Republik und Reichsgründung (wie Anm. 41), S. 132. Vgl. ders.: Der Bismarck-Mythos (wie Anm. 40), S. 162 f.

48 So Lothar Machtan, Bismarck, in: Etienne François/Hagen Schulze (Hrsg.): Deutsche Erinnerungsorte. Bd. II, München 2001, S. 97.

49 Zit. nach ebd., S. 101.

50 Theodor Heuss: Das Bismarck-Bild im Wandel. Ein Versuch. Einführung zu: Otto von Bismarck: Gedanken und Erinnerungen. Reden und Briefe, Berlin 1951, S. 7.

51 Ulrich von Hassell, Vom anderen Deutschland. Aus den nachgelassenen Tagebüchern 1938–1944, Frankfurt/M. 1964, S. 20 (v. 1. 10. 1938).

52 Ebd., S. 319 (v. 10. 7. 1944).

53 Friedrich Meinecke: Die deutsche Katastrophe. Betrachtungen und Erinnerungen, Wiesbaden 1946, S. 26.

54 Vgl. Wilfried Schulze: Deutsche Geschichtswissenschaft nach 1945, München 1989, S. 224.

55 Gerhard Ritter: Das Bismarck-Problem, in: Lothar Gall (Hrsg.): Das Bismarck-Problem in der Geschichtsschreibung nach 1945, Köln-Berlin 1971, S. 121, 134. Vgl. auch Christoph Cornelißen: Gerhard Ritter. Geschichtswissenschaft und Politik im 20. Jahrhundert, Düsseldorf 2001, S. 507 ff.

56 Zit. nach Nicolas Berg: Der Holocaust und die westdeutschen Historiker. Erforschung und Erinnerung, Göttingen 2003, S. 179. Vgl. auch

Gerhard Ritter an Hans Rothfels, 11. 1. 1949: «Es wäre uns doch sehr viel daran gelegen, daß Sie ein Bismarck-Thema behandeln würden, denn es muß unbedingt auf diesem Historikertag über Bismarck gesprochen werden. Und gerade Sie darüber zu hören, wäre wichtig.» Zit. nach ebd., S. 180.

57 Hans Rothfels: Bismarck und das 19. Jahrhundert, in: L. Gall (Hrsg.): Das Bismarck-Problem, S. 95. Zur Reaktion auf den Rothfels-Vortrag vgl. Jan Eckel: Hans Rothfels. Eine intellektuelle Biographie im 20. Jahrhundert, Göttingen 2005, S. 230.

58 Typoskript der Rede Percy Ernst Schramms in: Archiv der Otto von Bismarck Stiftung, I/94.

59 So Helmut Seier: Bismarck und der «Strom der Zeit». Die neuen Biographien und ein Tagungsband, in: Historische Zeitschrift 256, 1993, S. 691 f.

60 So Christian Graf von Krockow, Bismarck, Stuttgart 1997, S. 8.

Nichts als ein Räuber

1 Johann Gottlob Schulz: Briefe eines Reisenden an den Ufern des Rheins 1803 und 1804, Altenburg 1805; zit. nach Heiner Boehncke/Hans Sarkowicz: Die deutschen Räuberbanden, Bd. II., Frankfurt/M. 1991, S. 150–152. Vgl. ferner den Bericht von Johann Conrad Friederich: Vierzig Jahre aus dem Leben eines Toten. Der Memoiren erster Teil, 1789–1806, Frankfurt/M. o. J., S. 218 f.

2 Vgl. Carsten Küther: Räuber und Gauner in Deutschland. Das organisierte Bandenwesen im 18. und frühen 19. Jahrhundert, 2. Aufl., Göttingen 1987, S. 32 ff.

3 J. C. Friederich: Vierzig Jahre (wie Anm. 1), S. 214, 216.

4 Peter Bayerlein: Schinderhannes-Chronik. Von Miehlen bis Mainz, Mainz 2003, S. 23.

5 Johan Nikolaus Becker: Actenmäßige Geschichte der Räuberbanden an den beyden Ufern des Rheins. Teil I, Köln 1804; zit nach H. Boehncke/H. Sarkowicz: Die deutschen Räuberbanden (wie Anm. 1), Bd. II, S. 58.

6 Abgedr. in Manfred Franke: Schinderhannes. Das kurze, wilde Leben des Jahannes Bückler, neu erzählt nach alten Protokollen, Briefen und Zeitungsberichten, Düsseldorf 1984, S. 30.

7 P. Bayerlein: Schinderhannes-Chronik (wie Anm. 4), S. 69.

8 Zit. nach M. Franke, Schinderhannes (wie Anm. 6), S. 63.

9 Vgl. C. Küther: Räuber und Gauner (wie Anm. 2), S . 46. Zu diesem Aspekt grundlegend Cilli Kasper-Holtkotte: «Jud, gib dein Geld her oder du bist des Todes». Die Banditengruppe des Schinderhannes und die Juden, in: Aschkenas. Zeitschrift für Geschichte und Kultur der Juden 3, Jg. (1993), S. 113–188.

10 Zit. nach P. Bayerlein: Schinderhannes-Chronik (wie Anm. 4), S. 121.
11 Abgedr. in ebda., S. 141.
12 Zit. nach M. Franke: Schinderhannes (wie Anm. 6), S. 286.
13 Faksimile in Adolf Heinzlmeier: Raub und Mord. Banditen und Sozialrebellen in Leben, Legende und Film, Frankfurt/M. 1981, S. 128.
14 M. Franke: Schinderhannes (wie Anm. 6), S. 289.
15 Ebda., S. 290.
16 Gerd Fuchs: Schinderhannes. Roman. Mit einem Nachwort von Jürgen Heitmann, Hamburg 2003, S. 262.
17 Zitate in Schinderhannes: Kriminalgeschichte voller Abentheuer und Wunder und doch streng der Wahrheit getreu». Wiedergefunden im Jahr 1977 und hrsg. von Manfred Franke, Berlin 1977, S. 26, 33, 60.
18 Zit. nach H. Boehncke/H. Sarkowicz: Die deutschen Räuberbanden (wie Anm. 1), Bd. II, S. 72.
19 Zit. nach Schinderhannes (wie Anm. 17), S. 14.
20 Vgl. C. Küther: Räuber und Gauner (wie Anm. 2), S. 111, 115.
21 Zit. nach M. Franke: Schinderhannes (wie Anm. 6), S. 357.
22 Vgl. ebda, S. 360 f.
23 Ebda., S. 362.
24 P. Bayerlein: Schinderhannes-Chronik (wie Anm. 4), S. 17.

So kalt, so pedantisch

1 Zit. nach Peter Nettl: Rosa Luxemburg, Frankfurt/M.-Zürich-Wien 1970, S. 110.
2 Annelies Laschitza: Rosa Luxemburg. Eine Biographie, Berlin 1996, S. 69.
3 Vgl. Gerhard A. Ritter/Klaus Tenfelde: Arbeiter im Deutschen Kaiserreich 1871 bis 1914, Bonn 1992, S. 637 ff.
4 Zit. nach P. Nettl (wie Anm. 1), S. 114.
5 Rosa Luxemburg: Gesammelte Werke, Bd. 1: 1893 bis 1905. Erster Halbband, Berlin 1970, S. 241. Vgl. Frigga Haug: Rosa Luxemburg und die Kunst der Politik, Hamburg 2007, S. 59 ff.
6 Zit. nach A. Laschitza (wie Anm. 2), S. 103.
7 Ebda., S. 136.
8 Zit. nach Elzbieta Ettinger: Rosa Luxemburg. Ein Leben, Bonn 1990, S. 221.
9 Zit. nach A. Laschitza (wie Anm. 2), S. 136.
10 Ebda., S. 98. Vgl. zur Haltung des zweiten Parteivorsitzenden Paul Singer: Ursula Reuter: Paul Singer (1844–1911). Eine politische Biographie, Düsseldorf 2004, S. 357 ff.
11 Zit. nach P. Nettl (wie Anm. 1), S. 243.
12 Zit. nach A. Laschitza (wie Anm. 2), S. 234.
13 Ebda., S. 252.

14 Rosa Luxemburg; Gesammelte Briefe, Bd. 2, Berlin 1892, S. 273.
15 Zit. nach A. Laschitza (wie Anm. 2), S. 168.
16 P. Nettl (wie Anm. 1), S. 290. Dem entsprach übrigens auch die Einschätzung der Obrigkeit. So bemerkte ein Polizeibericht über die Bewegung für eine preußische Wahlreform vom April 1910: «Die Frauen Zetkin, Luxemburg u. a. sind (wieder einmal) radikaler als die Männer: ‹Da werden Weiber zu Hyänen›.» Zit nach Tania Puschnerat: Clara Zetkin. Bürgerlichkeit und Marxismus, Essen 2003, S. 81. Das Schiller-Zitat des Beamten dürfte der Einstellung mancher SPD-Männer nahegekommen sein.
17 Rosa Luxemburg: Gesammelte Werke, Bd. 5, Berlin 1975, S. 433. Vgl. E. Ettinger (wie Anm. 8), S. 226.
18 A. Laschitza (wie Anm. 2), S. 301.
19 Ebda., S. 350.
20 Victor Adler: Briefwechsel mit August Bebel und Karl Kautsky. Gesammelt und erläutert von Friedrich Adler, Wien 1954, S. 510.
21 Ebda., S. 513.
22 Zit. nach A. Laschitza (wie Anm. 2), S. 366.
23 Ebda., S. 372.
24 Vgl. Sybille Quack: Geistig frei und niemandes Knecht. Paul Levi – Rosa Luxemburg. Politische Arbeit und persönliche Beziehung, Köln 1983, S. 80.
25 Vgl. Ottokar Luban: Demokratische Sozialistin oder «blutige Rosa»? Rosa Luxemburg und die KPD-Führung im Berliner Januaraufstand 1919, in: Internationale wissenschaftliche Korrespondenz zur Geschichte der deutschen Arbeiterbewegung (IWK), 35. Jg. (1999), H. 2, S. 176–207.
26 P. Nettl (wie Anm. 1), S. 541. Zum Mord an Rosa Luxemburg und Karl Liebknecht vgl. Klaus Gietinger: Eine Leiche im Landwehrkanal. Die Ermordung der Rosa L., Mainz 1993.
27 Zit. nach A. Laschitza (wie Anm. 2), S. 576.

Der deutsche Robin Hood

1 Heinrich von Kleist: Sämtliche Werke, Bd. 2, München 1961, S. 9.
2 Zeitungsausschnitte in: Bundesarchiv (BA) Berlin, Oberreichsanwalt beim Reichsgericht (ORA/RG) 13 J 493/23, Bd. 8. Wo nicht ausdrücklich Belege genannt werden, wird zurückgegriffen auf die Biografie des Autors: Volker Ullrich: Der ruhelose Rebell. Karl Plättner 1893–1945, München 2000.
3 Vossische Zeitung Nr. 548 v. 18. 11. 1923. «Der rote Schrecken». Plättner vor dem Staatsgerichtshof.
4 Der Plättner-Prozeß, in: Die Weltbühne, 19. Jg., Nr. 50 v. 13. 12. 1923, S. 609.

5 Bericht der Kriminalpolizei Leipzig, 17.6. 1921; BA Berlin, ORA/RG 13 J 493/23, Bd. 29.
6 Aussage des Obermatrosen Karl Köhler von der S. M. S. Ostfriesland, 20. 11. 1917; Stiftung Archiv der Parteien und Massenorganisationen der DDR im Bundesarchiv (SAPMO-BA) Berlin, St.2/3, Bd. 1.
7 Vgl. Volker Ullrich: Die Hamburger Arbeiterbewegung vom Vorabend des Ersten Weltkrieges bis zur Revolution 1918/29, 2 Bde., Hamburg 1976, Bd. 1, S. 73 ff.
8 Aussage Karl Plättners vor dem Schwurgericht in Halle, 26.6. 1923; SAPMO-BA Berlin, RY1/I2/711/8.
9 Vgl. Jost Grolle: Die Proletarier und ihre Stadt: Heinrich Laufenberg gibt der Arbeiterbewegung eine Geschichte, in: Hamburg und seine Historiker, Hamburg 1997, S. 77–98.
10 Aussage Plättners vor dem Schwurgericht in Halle, 26.6. 1923 (wie Anm. 8).
11 Vgl. Volker Ullrich: Trotz alledem! Der Konflikt um den Hamburger Jugendbund 1916, in ders.: Vom Augusterlebnis zur Novemberrevolution. Beiträge zur Sozialgeschichte Hamburgs und Norddeutschlands im Ersten Weltkrieg, Bremen 1999, S. 39–53.
12 Polizeipräsident Stürken an Stellv. Generalkommando IX. AK., 17.7. 1917; Staatsarchiv (StA) Hamburg, Kriegsakten des Senats A II p 197.
13 Aussage Plättners vor dem Schwurgericht in Halle, 26.6. 1923 (wie Anm. 8).
14 Vgl. die Vernehmungsprotokolle vom 22.12. 1917 bis 18.1. 1918; SAPMO-BA Berlin St 2/3, Bd. 2.
15 Karl Plättner an Frieda Göde, Juli 1918, Abschrift in: BA Berlin, ORA/RG C.147.17, Bd. 1.
16 Von Bremen aus unternahm Plättner am 8. Januar 1919 mit einer Gruppe Gleichgesinnter einen Abstecher nach Delmenhorst, um auch hier den Boden für eine Räterepublik zu bereiten. Allerdings scheiterte die Aktion bereits am 9. Januar. Vgl. Martin Gohlke: Der Delmenhorster Volks- und Soldatenrat in der deutschen Revolution von 1918/19, in: Arbeiterbewegung und Sozialgeschichte. Zeitschrift für die Regionalgeschichte Bremens im 19. und 20. Jahrhundert H. 8, 2001, S. 5–30 (bes. S. 16 ff.).
17 Peter Kuckuck (Hrsg.): Revolution und Räterepublik in Bremen, Frankfurt/M. 1969, S. 56, 109 f.
18 Karl Plättner, Der Weg zur Räte-Diktatur, Halle 1919, S. 11.
19 Polizeiverwaltung Aschersleben an Polizeiamt Leipzig, 19.4. 1919; BA Berlin, ORA/RG 13 J 493/23, Bd. 29.
20 Vgl. die Berichte über die Entwicklung der KAPD in Bremen vom Oktober 1920 bis Januar 1921; StA Bremen 4,65–508.

21 Erklärung Karl Plättners zum Beschluss der 2. Strafkammer des Landgerichts Halle, 13. 2. 1922, BA Berlin, ORA/RG 13 J 493/23, Bd. 16.

22 Bericht des Befehlshabers der Landespolizei über die Ereignisse im Bezirk Merseburg v. 21. 3. bis 2. 4. 1921; SAPMO-BA Berlin, St.12/5, Bd. 2.

23 Karl Plättner: Der organisierte rote Schrecken! Kommunistische Parade-Armee oder organisierter Bandenkampf im Bürgerkrieg, o. O. o. J. (Berlin 1921), S. 3 f., 15, 44.

24 Erklärung Plättners v. 13. 2. 1922 (wieAnm. 21).

25 Ein Exemplar in: BA Berlin, ORA/RG 13 J 493/23, Bd. 21.

26 Richard J. Evans: Rituale der Vergeltung. Die Todesstrafe in der deutschen Geschichte. 1532–1887, Berlin-Hamburg 2001, S. 639.

27 Plättner, Der organisierte rote Schrecken! (wie Anm. 23), S. 33; Flugblatt «Kriegsbericht von Halle-Bruckdorf» in: BA Berlin, ORA/RG 13 J 493/23, Bd. 8; Plakat «Kriegsbericht aus dem Plauenschen Grund» (wie Anm. 25).

28 Erklärung Plättners (Abschrift) v. 23. 7. 1922; BA-Berlin, ORA/RG 13 J 493/23, Bd. 16.

29 Ernst Hegewisch an Landgericht Halle, Ferienstrafkammer II, 9. 8. 1922; BA Berlin, ORA/RG 13 J 493/23, Bd. 11.

30 Aussage Karl Meißners vor dem Untersuchungsrichter des Landgerichts Halle, 8. 2. 1922; BA Berlin, ORA/RG 13 J 493/23, Bd. 28.

31 Karl Plättner: Die soziale Revolution. (Reprint), Berlin 1973, Vorwort, S. 41.

32 Juristische Zentralstelle der KPD-Reichstags- und Landtagsfraktion an Reichsminister der Justiz, 10. 3. 1926 (mit anliegender Erklärung Plättners); BA Berlin, ORA/RG 13 J 493/23, Bd. 34.

33 Vgl. die Berichte der Sächsischen-Arbeiterzeitung und des Polizeiamts Leipzig v. 19. 7. 1928; Sächs. StA Leipzig, Polizeipräsidium-St, Nr. 69.

34 Karl Plättner: Eros im Zuchthaus. Sehnsuchtsschreie gequälter Menschen nach Liebe. Eine Beleuchtung der Geschlechtsnot der Gefangenen, Berlin 1929.

35 Peter Panter (d. i. Kurt Tucholsky): Auf dem Nachttisch, in: Die Weltbühne 25. Jg., Nr. 42 v. 15. 10. 1929; S. 495 f.; Erich Mühsam:, Geschlechtsnot der Gefangenen, in: Fanal 3. Jg., Nr. 9 v. Juni 1929, S. 209–213.

36 Karl Plättner: Der mitteldeutsche Bandenführer. Mein Leben hinter Kerkermauern, Berlin 1930.

37 Bericht des 21. Polizeireviers Leipzig, 22. 11. 1935; Sächs. StA Leipzig, Polizeipräsidium-S, Nr. 2854/82.

38 Vgl. den Bericht des Buchenwald-Häftlings Ernst Federn v. 19. 6. 1945; abgedr. in: Dokumentationsarchiv des österreichischen Widerstands, Jahrbuch 1992, Wien 1992, S. 98–103. Ferner: Transportliste des KL Bu-

chenwald für Lublin, 25. 1. 1944 (Nr. 5573: K. Plättner); Gedenkstätte Buchenwald-Archiv.

39 Erinnerungsbericht Walter Reedes v. Pfingsten 1948 (im Privatbesitz). Reede wurde im Februar 1951 als «Parteifeind» aus der SED in Dresden ausgeschlossen. Vgl. die Vorgänge in Sächs. Hauptstaatsarchiv Dresden (Frdl. Mitteilung von Wulf Kirsten, Weimar). Ein ähnliches Schicksal hätte wohl auch Karl Plättner erlitten, wenn er nach Leipzig zurückgekehrt und dort wieder politisch aktiv geworden wäre.

Liebchen und der Harfner

1 Maximilian Harden: Präludium, in: Die Zukunft, Bd. 57, 17. 11. 1906, S. 265 f.

2 Zit. nach B. Uwe Weller: Maximilian Harden und die «Zukunft», Bremen 1970, S. 164.

3 Zit. nach Martin Kohlrausch: Der Monarch im Skandal. Die Logik der Massenmedien und die Transformation der wilhelminischen Monarchie, Berlin 2005, S. 164.

4 Zit. nach Helmuth Rogge: Holstein und Harden. Politisch-publizistisches Zusammenspiel zweier Außenseiter des Wilhelminischen Reichs, München 1959, S. 100.

5 Maximilian Harden: Dies irae, in: Die Zukunft, Bd. 57, 24. 11. 1906, S. 291.

6 Maximilian Harden: Abfuhr, in: Die Zukunft, Bd. 57, 8. 12. 1906, S. 374.

7 Maximilian Harden: Monte Carlino, in: Die Zukunft, Bd. 59, 13. 4. 1907, S. 44.

8 Maximilian Harden: Roulette, in: Die Zukunft, Bd. 59, 27. 4. 1907, S. 118.

9 Otto Hammann: Um den Kaiser. Erinnerungen aus den Jahren 1906–1909, Berlin 1919, S. 16.

10 Karl Rosner (Hrsg.): Erinnerungen des Kronprinzen Wilhelm. Aus den Aufzeichnungen, Dokumenten, Tagebüchern und Gesprächen, Stuttgart und Berlin 1922, S. 13.

11 John C. G. Röhl: Philipp Eulenburgs Politische Korrespondenz, Bd. III, Boppard am Rhein 1983, S. 2144 f.

12 Eulenburg an Wilhelm II., 5. 5. 1907, und Eulenburg an Bülow, 12. 5. 1907; ebda, S. 2145–2149.

13 Bülow an Eulenburg, 31. 5.1907; ebda., S. 2162. In Berliner Salons fand man es «empörend, wie er (der Kaiser) seine alten Freunde plötzlich, ohne sie anzuhören, über Bord geworfen habe». Harry Graf Kessler: Das Tagebuch. Bd. IV: 1906–1914; hrsg. von Jörg Schuster, Stuttgart 2005, S. 360 v. 10. 11. 1907.

14 Eulenburg an Bülow, 5. 6. 1907; Röhl (wie Anm. 11), S. 2164.

15 Zit. nach M. Kohlrausch (wie Anm. 3), S. 207.

16 Zit. nach ebda., S. 196.
17 Robert Zedlitz-Trützschler: Zwölf Jahre am deutschen Kaiserhof, Berlin und Leipzig 1924, S. 170.
18 Rudolf Vierhaus (Hrsg.): Am Hof der Hohenzollern. Aus dem Tagebuch der Baronin Spitzemberg 1865–1914, München 1965, S. 230.
19 Zit. nach H. Rogge (wie Anm. 4), S. 234.
20 Ebda.
21 Zit. nach B. U. Weller (wie Anm. 2), S. 191.
22 Hedwig Pringsheim: Meine Manns. Briefe an Maximilian Harden 1900–1922. Hrsg. von Helga und Manfred Neumann, Berlin 2006, S. 77 v. 27. 1. 1908.
23 H. Rogge (wie Anm. 4), S. 263.
24 Vgl. R. Zedlitz-Trützschler (wie Anm. 17), S. 183 f. v. 8. 1. 1908.
25 Zit. nach Röhl, Bd. III (wie Anm. 11), S. 2169.
26 H. Pringsheim (wie Anm. 22), S. 80 v. 16. 7. 1908.
27 Zit. nach Röhl, Bd. III (wie Anm. 11), S. 2168–2170.
28 Zit. nach B. U. Weller (wie Anm. 2), S. 196.
29 Auguste Fürstin zu Eulenburg an den Sohn Siegwart, 8. 5. 1908; Röhl, Bd. III (wie Anm. 11), S. 2178.
30 Eulenburg an Oberstaatsanwalt Isenbiel, 11. 5. 1908; Röhl, Bd. III (wie Anm. 11), S. 2179 f.
31 Wilhelm von Hahnke an Eulenburg, 26. 5. 1908; ebda., S. 2182.
32 Wilhelm II. an Bülow, 18. 7. 1908; H. Rogge (wie Anm. 4), S. 314.
33 Harden an Isenbiel, 7. 7. 1908; Röhl, Bd. III (wie Anm. 11), S. 2184.
34 Eulenburg an Conrad Haussmann, 1. 10. 1910; Röhl, Bd. III (wie Anm. 11), S. 2196.
35 Kessler, Bd. IV (wie Anm. 13), S. 352 v. 29. 10. 1907.
36 Ebda., S. 386 v. 19. 12. 1907.
37 Ebda., S. 355 v. 8. 11. 1907.
38 Ebda., S. 397 v. 4. 1. 1908.

Ein Totentanz, ein Menetekel

1 Text und Faksimilke des Artikels in Bernhard Fürst von Bülow: Denkwürdigkeiten, Bd. II, Berlin 1930, bei S. 353.
2 Erich Eyck: Das persönliche Regiment Wilhelms II. Politische Geschichte des Deutschen Kaiserreichs von 1890 bis 1914, Erlenbach-Zürich 1948, S. 493.
3 Otto Hammann: Um den Kaiser. Erinnerungen aus den Jahren 1906–1909, Berlin 1919, S. 66.
4 John C. G. Röhl: Kaiser, Hof und Staat. Wilhelm II. und die deutsche Politik, München 1987, S. 10.
5 Zur Vorgeschichte des Interviews vgl. Wilhelm Schüssler: Die Daily-Telegraph-Affäre. Fürst Bülow, Kaiser Wilhelm und die Krise des Zwei-

ten Reichs 1908, Göttingen 1952, S. 13 ff.; Friedrich Freiherr Hiller von Gaertringen: Fürst Bülows Denkwürdigkeiten, Tübingen 1956, S. 123 ff.; Bernhard Fürst von Bülow: Deutsche Politik, hrsg. und eingeleitet von Peter Winzen, Bonn 1992, S. 59 ff.

6 Zit. nach Alan Palmer: Kaiser Wilhelm II., Wien-Zürich-New York 1982, S. 176.

7 Denkwürdigkeiten des Generalfeldmarschalls Alfred Grafen von Waldersee. Hrsg. von Heinrich Otto Meissner, Bd. III, Berlin 1928, S. 220. Vgl. dazu Katherine A. Lerman: The Chancellor as Courtier: Bernhard von Bülow and the Governance of Germany 1900–1909, Cambridge 1990, S. 86 ff.

8 Zit. nach Wolfgang J. Mommsen: Max Weber und die deutsche Politik 1890–1920, 2. Aufl., Tübingen 1974, S. 159.

9 Viscount Burnham: The Daily Telegraph and the Kaiser, in: Daily Telegraph v. 7. 7. 1930; Auszug in deutscher Übersetzung in: Berliner Monatshefte, 8. Jg. (1930), S. 793.

10 Bülow: Denkwürdigkeiten, Bd. II (wie Anm. 1), S. 355. Zur Reaktion in England vgl. auch Lothar Reinermann: Der Kaiser in England. Wilhelm II. und sein Bild in der britischen Öffentlichkeit, Paderborn 2001, S. 332 ff.

11 Am Hof der Hohenzollern. Aus dem Tagebuch der Baronin Spitzemberg 1865–1914. Hrsg. von Rudolf Vierhaus, München 1965, S. 235 f. (v. 30. 10. und 1. 11. 1908). – Vgl. auch Maximilian Harden an Holstein, 29. und 30. 10. 1908: «Ich bin ganz unter dem Eindruck der beispiellosen Ungeheuerlichkeit des ‹Daily-Telegraph›-Interviews. Finis ... Etwas muß geschehen. Reden hilft hier nicht. Die Schmach ist anders nicht abzuwaschen.» Die Geheimen Papiere Friedrich von Holsteins, hrsg. von Norman Rich und M. H. Fisher. Deutsche Ausgabe von Werner Frauendienst, Bd. IV, Göttingen-Berlin-Frankfurt/M. 1963, S. 531.

12 Bernd Braun/Joachim Eichler (Hrsg.): Arbeiterführer, Parlamentarier, Parteiveteran. Die Tagebücher des Sozialdemokraten Hermann Molkenbuhr 1905 bis 1927, München 2000, S. 101 (v. 1. 11. 1908).

13 Zit. nach Emil Ludwig: Wilhelm II., München 1964, S. 255. Zur Reaktion in der deutschen Öffentlichkeit vgl. Martin Kohlrausch: Der Monarch im Skandal. Die Logik der Massenmedien und die Transformation der wilhelminischen Monarchie, Berlin 2005, S. 247 ff.

14 Gerd Fesser: Reichskanzler Bernhard Fürst von Bülow. Eine Biographie, Berlin 1991, S. 105.

15 Bülow: Denkwürdigkeiten, Bd. II (wie Anm. 1), S. 353.

16 Ebda., S. 353 f.

17 Ebda., S. 355 f.

18 Am Hof der Hohenzollern (wie Anm. 11), S. 237 (v. 1. 11. 1908).

19 Zit. nach Hiller von Gaertringen (wie Anm. 5), S. 152, Anm. 175.

20 Rudolf von Valentini: Kaiser und Kabinettschef. Hrsg. von Bernhard Schwertfeger, Oldenburg 1931, S. 99.
21 Zit. nach Hiller von Gaertringen (wie Anm. 5), S. 154.
22 Zit. nach E. Ludwig (wie Anm. 13), S. 255 f.
23 Zit. nach Hiller von Gaertringen (wie Anm. 5), S. 153.
24 Maximilian Harden: Gegen den Kaiser, in: Die Zukunft v. 7. 11. 1908; zit. nach W. Schüssler (wie Anm. 5), S. 43.
25 Zit. nach ebda., S. 44. Vgl. auch die Notiz des nationalliberalen Parteiführers Ernst Bassermann v. 8. 11. 1908: «Schwarze Stimmung. Erregung im Lande. Die Aktion richtet sich gegen den Kaiser, nicht den Kanzler, das ist das Resultat.» Zit. nach M. Kohlrausch (wie Anm. 13), S. 245.
26 Zit. nach Hiller von Gaertringen (wie Anm. 5), S. 159.
27 Zu den Reichstagsverhandlungen vgl. Theodor Eschenburg: Das Kaiserreich am Scheideweg. Bassermann, Bülow und der Block, Berlin 1929, S. 143 ff.; Hiller von Gaertringen (wie Anm. 5), S. 165 ff.; M. Kohlrausch (wie Anm. 13), S. 250 ff.
28 Zit. nach Hiller von Gaertringen (wie Anm. 5), S. 161.
29 Bülow: Denkwürdigkeiten (wie Anm. 1), Bd. II, S. 368 f.
30 Zit. nach Hiller von Gaertringen (wie Anm. 5), S. 169.
31 Vgl. Bülow: Denkwürdigkeiten (wie Anm. 1), Bd. II, S. 363 f.; Hiller von Gaertringen (wie Anm. 5), S. 170.
32 Th. Eschenburg: Das Kaiserreich (wie Anm. 27), S. 153.
33 Zit. nach Hiller von Gaertringen (wie Anm. 5), S. 171.
34 R. von Valentini (wie Anm. 20), S. 101.
35 Vgl. Graf Robert Zedlitz-Trützschler: Zwölf Jahre am deutschen Kaiserhof, Berlin-Leipzig 1924, S. 194, 197.
36 Ottokar Graf Czernin: Im Weltkriege, Berlin-Wien 1919, S. 72.
37 Vgl. zum folgenden R. v. Valentini (wie Anm. 20), S. 103.
38 Am Hof der Hohenzollern (wie Anm. 11), S. 238 (v. 17. 11. 1908).
39 Zit. nach Hiller von Gaertringen (wie Anm. 5), S. 176; vgl. auch Die Geheimen Papiere Friedrich von Holsteins (wie Anm. 11), Bd. IV, S. 535.
40 Bülow: Denkwürdigkeiten (wie Anm. 1), Bd. II, S. 377.
41 Ebda., S. 380. Vgl. auch Bülow an Holstein, 17. 11. 1908: «Stimmung gereizter, Widerstand hartnäckiger, Unterredung schwieriger, als ich ... angenommen hatte.» Die Geheimen Papiere Friedrich von Holsteins (wie Anm. 11), Bd. IV, S. 535.
42 Am Hof der Hohenzollern (wie Anm. 11), S. 239 (v. 17. 11. 1908).
43 Th. Eschenburg: Das Kaiserreich (wie Anm. 27), S. 157.
44 Vgl. dazu Fritz Fischer: Exzesse der Autokratie. Das Hale-Interview Wilhelms II. vom 19. Juli 1908, in: ders.: Hitler war kein Betriebsunfall. Aufsätze, München 1992, S. 104–135.

45 Erinnerungen des Kronprinzen Wilhelm. Hrsg. von Karl Rosner, Stuttgart-Berlin 1922, S. 93. Vgl. auch R. Zedlitz-Trützschler (wie Anm. 35), S. 194.
46 R. von Valentini (wie Anm. 20), S. 105.
47 Zit nach W. Schüssler (wie Anm. 5), S. 67. Vgl. auch G. Fesser (wie Anm. 14), S. 110.
48 Am Hof der Hohenzollern (wie Anm. 11), S. 239 (v. 26. 1. 1908). Hans Delbrück sprach gar von der «schwersten Niederlage Preußens seit Olmütz». Preußische Jahrbücher, Bd. 134 (1908), S. 575.
49 Th. Eschenburg: Das Kaiserreich (wie Anm. 27), S. 151.
50 Am Hof der Hohenzollern (wie Anm. 11), S. 238 (v. 11. 11. 1908).

«Wir haben ja nichts mehr zu verlieren ...»

1 Theodor Wolff: Der Journalist. Berichte und Leitartikel. Hrsg. von Bernd Sösemann, Düsseldorf 1993, S. 127.
2 Eberhard Kolb: Die Arbeiterräte in der deutschen Innenpolitik 1918–1919, Düsseldorf 1962, S. 30.
3 Jürgen Kocka: Klassengesellschaft im Krieg. Deutsche Sozialgeschichte 1914–1918, Göttingen 1973, 3. Aufl., Frankfurt/M. 1988.
4 Ebda., S. 64.
5 Volker Ullrich: Kriegsalltag. Hamburg im Ersten Weltkrieg, Köln 1982, S. 65.
6 Ute Daniel: Arbeiterfrauen in der Kriegsgesellschaft. Beruf, Familie und Politik im Ersten Weltkrieg, Göttingen 1989, S. 233.
7 V. Ullrich: Kriegsalltag (wie Anm. 5), S. 87.
8 Die Auswirkungen der Großen Sozialistischen Oktoberrevolution auf Deutschland. Hrsg. von Leo Stern, Bd. 4/2, Berlin (Ost) 1959, S. 521.
9 Vgl. Arthur Rosenberg: Entstehung der Weimarer Republik. Hrsg. von Kurt Kersten, Frankfurt/M. 1961, S. 181.
10 Vgl. Volker Ullrich: Der Januarstreik 1918 in Hamburg, Kiel und Bremen. Eine vergleichende Studie zur Geschichte der Streikbewegungen im Ersten Weltkrieg, in: Zeitschrift des Vereins für Hamburgische Geschichte, 71 (1985), S. 45–74.
11 Bernd Ulrich: Die Augenzeugen. Deutsche Feldpostbriefe in Kriegs- und Nachkriegszeit 1914–1933, Essen 1997, S. 74, Anm. 104; Frontalltag im Ersten Weltkrieg. Wahn und Wirklichkeit. Quellen und Dokumente. Hrsg. von Bernd Ulrich und Benjamin Ziemann, 2. Aufl., Frankfurt/M. 1995, S. 196.
12 Deutschland im Ersten Weltkrieg, Bd. 3: November 1917 bis November 1918, Berlin (Ost) 1970, S. 150f.
13 Berichte des Berliner Polizeipräsidenten zur Stimmung und Lage der Bevölkerung in Berlin 1914–1918. Bearb. von Ingo Materna und Hans-

Joachim Schreckenbach unter Mitarbeit von Bärbel Holtz, Weimar 1987, S. 263.

14 Ebda., S. 240.

15 Militär und Innenpolitik im Weltkrieg 1914–1918. Bearb. von Wilhelm Deist, T.2, Düsseldorf 1970, S. 1165.

16 Berichte des Berliner Polizeipräsidenten (wie Anm. 13), S. 253.

17 Militär und Innenpolitik (wie Anm. 15), T.2, S. 1172 f.

18 V. Ullrich: Kriegalltag (wie Anm. 5), S. 133.

19 Dominik Richert: Beste Gelegenheit zum Sterben. Meine Erlebnisse im Kriege 1914–1918. Hrsg. von Angelika Tramitz und Bernd Ulrich, München 1989, S. 291.

20 Berichte des Berliner Polizeipräsidenten (wie Anm. 13), S. 270 f.

21 Ebda., S. 273.

22 Ebda., S. 277.

23 Ebda., S. 278.

24 Ebda., S. 284 f.

25 Ebda., S. 285.

26 Frontalltag (wie Anm. 11), S. 74 f.

27 Militär und Innenpolitik (wie Anm. 15), T.2, S. 964.

28 Ebda., S. 1240.

29 U. Daniel: Arbeiterfrauen (wie Anm. 6), S. 228.

30 Wolfgang J. Mommsen: Bürgerstolz und Weltmachtstreben. Deutschland unter Wilhelm II. 1890 bis 1980, Berlin 1995, S. 695.

31 Karl-Ludwig Ay: Die Entstehung einer Revolution. Die Volksstimmung in Bayern während des Ersten Weltkrieges, Berlin 1968, S. 186 f.

32 U. Daniel: Arbeiterfrauen (wie Anm. 6), S. 241.

33 Felix Höffler: Kriegserfahrungen in der Heimat, in: Kriegserfahrungen. Studien zur Sozial- und Mentalitätsgeschichte des Ersten Weltkriegs. Hrsg. von Gerhard Hirschfeld u. a., Essen 1997, S. 72.

34 Innenansicht eines Krieges. Bilder, Briefe, Dokumente 1914–1918. Hrsg. von Ernst Johann, Frankfurt/M. 1968, S. 327.

35 Militär und Innenpolitik (wie Anm. 15), T.2, S. 964.

36 F. Höffler: Kriegserfahrungen (wie Anm. 33), S. 75.

37 Vgl. Berichte des Berliner Polizeipräsidenten (wie Anm. 13), S. 284; V. Ullrich: Kriegsalltag (wie Anm. 5), S. 152.

38 Krieg im Frieden. Die umkämpfte Erinnerung an den Ersten Weltkrieg. Quellen und Dokumente. Hrsg. von Bernd Ulrich und Benjamin Ziemann, Frankfurt/M. 1997, S. 36 f.

39 U. Daniel: Arbeiterfrauen (wie Anm. 6), S. 242.

40 Die deutsche Revolution 1918/19. Quellen und Dokumente. Hrsg. von Jörg Berlin, Köln 1979, S. 110.

41 F. Höffner: Kriegserfahrungen (wie Anm. 33), S. 76.

42 Vgl. Manfred Vasold: Pest, Not und schwere Plagen. Seuchen und Epidemien vom Mittelalter bis heute, München 1991, S. 270 ff.
43 Vgl. Wilhelm Deist: Die Politik der Seekriegsleitung und die Rebellion der Flotte Ende Oktober 1918, in: Vierteljahrshefte für Zeitgeschichte, 14 (1966), S. 341–368.
44 A. Rosenberg: Entstehung (wie Anm. 9), S. 224.

Die Stunde der Barone

1 Zit. nach Hagen Schulze: Otto Braun oder Preußens demokratische Sendung, Frankfurt/M.-Berlin-Wien 1977, S. 745.
2 Zit. nach ebda., S. 746.
3 Vgl. auch zum Folgenden die grundlegende Darstellung von Heinrich August Winkler: Weimar 1918–1933. Die Geschichte der ersten deutschen Demokratie, München 1993.
4 Zit. nach H. Schulze (wie Anm. 1), S. 729. Zur zunehmenden Resignation Brauns und Severings vgl. Thomas Albrecht: Für eine wehrhafte Demokratie. Albert Grzesinski und die preußische Polizei in der Weimarer Republik, Bonn 1999, S. 309 f.
5 Zit. nach H. Schulze (wie Anm. 1), S. 733.
6 Heinrich August Winkler: Der Weg in die Katastrophe. Arbeiter und Arbeiterbewegung in der Weimarer Republik 1930 bis 1933, Berlin-Bonn 1987, S. 612.
7 Zit. nach H. Schulze (wie Anm. 1), S. 736.
8 Franz von Papen: Der Wahrheit eine Gasse, München 1952, S. 215.
9 Karl-Heinz Minuth (Bearb.): Das Kabinett von Papen, Bd. 1: 1. Juni bis 3. Dezember 1932, Boppard am Rhein 1989, S. 23.
10 Joseph Goebbels: Tagebücher 1924–1945. Hrsg von Ralf Georg Reuth, Bd. 2: 1930–1934, München-Zürich 1992, S. 664 f.
11 Das Kabinett von Papen, Bd. 1 (wie Anm. 9), S. 57, 66.
12 Vgl. H. A. Winkler: Weimar (wie Anm. 3), S. 486.
13 Das Kabinett von Papen, Bd. 1 (wie Anm. 9), S. 191.
14 Ebda., S. 193.
15 Ebda., S. 205, 207.
16 Ebda., S. 212.
17 Vgl. Thomas Alexander: Carl Severing. Sozialdemokrat aus Westfalen mit preußischen Tugenden, Bielefeld 1992, S. 199.
18 Das Kabinett von Papen, Bd. 1 (wie Anm. 9), S. 240.
19 Karl-Dietrich Bracher: Die Auflösung der Weimarer Republik. Eine Studie zum Problem des Machtverfalls in der Demokratie, 3. Aufl., Villingen 1960, S. 581.
20 Das Kabinett von Papen, Bd. 1 (wie Anm. 9), S. 244 f.
21 Ebda., S. 257–262.
22 Ebda., S. 260.

23 Albert Grzesinski: Im Kampf um die Republik. Erinnerungen eines Sozialdemokraten. Hrsg. von Eberhard Kolb, München 2001, S. 271 f.
24 Ebda., S. 273; Vgl. Th. Albrecht (wie Anm. 4), S. 318.
25 Das Kabinett von Papen, Bd. 1 (wie Anm. 9), S. 263 f.
26 H. A. Winkler: Der Weg (wie Anm. 6), S. 660 f.
27 Ebda., S. 662.
28 Zit. nach H. A. Winkler: Weimar (wie Anm. 4), S. 500.
29 Goebbels-Tgb., Bd. 2 (wie Anm. 10), S. 675, 676.
30 Zit. nach H. A. Winkler: Der Weg (wie Anm. 6), S. 671.
31 Ebda., S. 679.
32 Vgl. Th. Albrecht (wie Anm. 4), S. 324.
33 Goebbels-Tgb, Bd. 2 (wie Anm. 10), S. 676.
34 K. D. Bracher (wie Anm. 19), S. 390.
35 Christopher Clark: Preußen. Aufstieg und Niedergang 1600–1947, München 2007, S. 741.

Wohlverhalten um jeden Preis

1 Zit. nach Karl Heinz Roth: Ökonomie und politische Macht: Die «Firma Hamburg» 1930–1945, in: Angelika Ebbinghaus/Karsten Linne (Hrsg.): Kein abgeschlossenes Kapitel: Hamburg im «Dritten Reich», Hamburg 1997, S. 141.
2 Vgl. Angelika Ebbinghaus/Heidrun Kaupen-Haas/Karl Heinz Roth: Heilen und Vernichten im Mustergau Hamburg. Bevölkerungs- und Gesundheitspolitik im Dritten Reich, Hammburg 1984; Justizbehörde Hamburg (Hrsg.): «Für Führer, Volk und Vaterland ...». Hamburger Justiz im Nationalsozialismus. Klaus Bästlein, Helge Grabitz/Wolfgang Scheffler (Red.), Hamburg 1992; Forschungsstelle für Zeitgeschichte in Hamburg (Hrsg.): Hamburg im «Dritten Reich», Göttingen 2005.
3 Vgl. Ursula Büttner: Politische Gerechtigkeit und sozialer Geist. Hamburg zur Zeit der Weimarer Republik, Hamburg 1985.
4 Vgl. Ursula Büttner: Hamburg in der Staats- und Wirtschaftskrise 1928–1931, Hamburg 1982.
5 Vgl. Thomas Krause: Hamburg wird braun. Der Aufstieg der NSDAP von 1921–1933, Hamburg 1987. Ursula Büttner: Der Aufstieg der NSDAP, in: Forschungsstelle (Hrsg.): Hamburg im «Dritten Reich» (wie Anm. 2), S. 27–64.
6 Vgl. Frank Bajohr: Hamburgs «Führer». Zur Person und Tätigkeit des Hamburger NSDAP-Gauleiters Karl Kaufmann (1900–1969), in: ders./Joachim Szodrynski (Hrsg.): Hamburg in der NS-Zeit. Ergebnisse neuerer Forschungen, Hamburg 1995, S. 59–91.
7 Vgl. Manfred Asendorf: Der Hamburger Nationalclub von 1919, der Keppler-Kreis und der Aufstieg Hitlers, in: 1999. Zeitschrift für Sozialgeschichte des 20. und 21. Jahrhunderts, 2. Jg. (1987), S. 106–150.

8 Zit nach K. H. Roth (wie Anm. 1), S. 15.

9 Hellmut Kalbitzer: Widerstehen oder Mitmachen. Eigensinnige Ansichten und sehr persönliche Erinnerungen, Hamburg 1987, S. 42.

10 Abgedr. in: Ursel Hochmuth/Gertrud Meyer: Streiflichter aus dem Hamburger Widerstand 1933–1945. Berichte und Dokumente, Frankfurt/M. 1980, S. 573 f.

11 Hamburger Echo (HE) v. 31. 1. 1933. Vgl. Friedrich Wilhelm Witt: Die Hamburger Sozialdemokratie in der Weimarer Republik unter besonderer Berücksichtigung der Jahre 1929/30–1933, Hannover 1971, S. 161 ff.

12 HE v. 6. 2. 1933.

13 Vgl. Léon Schirmann: Altonaer Blutsonntag 17. Juli 1932. Dichtungen und Wahrheit, Hamburg 1994.

14 Zit. nach Holger Christier: Sozialdemokratie und Kommunismus. Die Politik der SPD und der KPD in Hamburg 1945–1949, Hamburg 1975, S. 24.

15 HE v. 2. 2. 1933.

16 Zum Folgenden vgl. Henning Timpke (Hrsg.): Dokumente zur Gleichschaltung des Landes Hamburg 1933, Frankfurt/M. 1964, S. 29 ff.; Frank Bajohr: Die Zustimmungsdiktatur. Grundzüge nationalsozialistischer Herrschaft in Hamburg, in: Forschungsstelle (Hrsg.): Hamburg im «Dritten Reich» (wie Anm. 2), S. 69–120.

17 HE v. 22. 2. 1933.

18 Wiedergabe der Rede in: HE v. 24. 2. 1933.

19 Zit. nach Werner Johe: Hitler in Hamburg. Ein besonderes Verhältnis, Hamburg 1996, S. 92.

20 Abgedr. in: H. Timpke (wie Anm. 16), S. 95–97.

21 Zit. nach Werner Johe: Im Dritten Reich 1933–1945, in: Werner Jochmann (Hrsg.): Hamburg. Geschichte der Stadt und ihrer Bewohner, Hamburg 1986, S. 269.

22 Zit nach K. H. Roth (wie Anm. 1), S. 32.

23 F. Bajohr: Hamburgs «Führer» (wie Anm. 6), S. 71.

24 Vgl. Helmut Fangmann/Udo Reifner/Norbert Steinborn: «Parteisoldaten». Die Hamburger Polizei im «3. Reich», Hamburg 1987, S. 59 ff.; Detlef Garbe: Institutionen des Terrors und der Widerstand der Wenigen, in: Forschungsstelle (Hrsg.): Hamburg im «Dritten Reich» (wie Anm. 2), S. 519–571.

25 Vgl. Frank Bajohr: «Arisierung» in Hamburg. Die Verdrängung der jüdischen Unternehmer 1933–45, Hamburg 1997, S. 29 ff.

26 Vgl. Willy Klawe: «Im übrigen herrscht Zucht und Ordnung ...». Zur Geschichte des Konzentrationslagers Wittmoor, Hamburg 1987.

27 Vgl. Gedenkbuch «Kola-Fu». Für die Opfer aus dem Konzentrationslager, Gestapogefängnis und KZ-Außenlager Fuhlsbüttel, Hamburg 1987.

28 Vgl. Werner Johe: Neuengamme. Zur Geschichte der Konzentrationslager in Hamburg. 4. Aufl., Hamburg 1984; Hermann Kaienburg: Das Konzentrationslager Neuengamme 1938–1945, Bonn 1997.

29 Vgl. Michael Wildt: Der Hamburger Gestapochef Bruno Streckenbach. Eine nationalsozialistische Karriere, in: F. Bajohr/J. Szodrynski (Hrsg.): Hamburg in der NS-Zeit (wie Anm. 6), S. 93–123.

30 Vgl. Werner Johe: Die Hamburger Justiz im nationalsozialiastischen Staat, Frankfurt/M. 1966; Klaus Bästlein: Vom hanseatischen Richtertum zum nationalsozialistischen Justizverbrechen. Zur Person und Tätigkeit Curt Rothenbergers 1896–1959, in: Justizbehörde Hamburg (Hrsg.): «Für Führer, Volk und Vaterland ...» (wie Anm. 2), S. 74–145.

31 Vgl. Heinrich Breloer/Horst Königstein: Blutgeld. Materialien zu einer deutschen Geschichte, Köln 1982.

32 Arnold Zweig: Das Beil von Wandsbek. Roman, Frankfurt/M. 1982, S. 71 f.

33 Wilhelm Hoegner: Flucht vor Hitler. Erinnerungen an die Kapitulation der ersten deutschen Republik 1933, München 1977, S. 85.

34 Zum Folgenden vgl. Karl Ditt: Sozialdemokraten im Widerstand. Hamburg in der Anfangsphase des Dritten Reiches, Hamburg 1984.

35 Abgedr. in: ebda., S. 55–57.

36 Abgedr. in: ebda., S. 73.

Die schwierige Königsdisziplin

1 So Jürgen Oelkers: Biographie – Überlegungen zu einer unschuldigen Gattung, in: Neue politische Literatur 3 (1974), S. 299. Vgl. auch Hans Erich Bödeker: Biographie. Annäherungen an den gegenwärtigen Forschungs- und Diskussionsstand, in: ders. (Hrsg.): Biographie schreiben, Göttingen 2003, S. 11–63. Seine Position verteidigend: Hans-Ulrich Wehler: Literarische Erzählung oder kritische Analyse? Ein Duell in der gegenwärtigen Geschichtswissenschaft, Wien 2007.

2 Ulrich Raulff: Der große Lebenshunger. Erlösende Literatur: Das biographische Verlangen wächst, in: Frankfurter Allgemeine Zeitung Nr. 53 v. 4. 3. 1997.

3 Jan Romein: Die Biographie. Einführung in ihre Geschichte und ihre Problematik, Bern 1948, S. 27 f.

4 Wilhelm Dilthey: Die Biographie, in: ders.: Gesammelte Schriften, Bd. 7, 6. Aufl., Tübingen 1973, S. 246–251.

5 Jacques Le Goff: Ludwig der Heilige, Stuttgart 2000, S. 4 f.

6 Johann Wolfgang von Goethe: Werke. Hamburger Ausgabe in 14 Bänden, Bd. 9: Autobiographische Schriften I, München 1982, S. 9.

7 Hagen Schulze: Die Biographie in der «Krise der Geschichtswissenschaft», in: Geschichte in Wissenschaft und Unterricht, Jg. 29 (1978), S. 508–518 (Zitat S. 513).

8 Ian Kershaw: Hitler. Bd. 1: 1889–1936; Bd. 2: 1936–1945; Stuttgart/München 1998/2000.

9 Robert von Keudell: Fürst und Fürstin Bismarck. Erinnerungen aus den Jahren 1846 bis 1872, Berlin-Stuttgart 1901, S. 220 f.

10 Otto Pflanze: Bismarck. Bd. 1: Der Reichsgründer; Bd. 2: Der Reichskanzler, München 1997/98.

11 Hermann Kurzke: Das Leben als Kunstwerk. Geständnis eines Thomas Mann-Biographen, in: Kursbuch, H. 148: Die Rückkehr der Biographien, Berlin 2002, S. 127–137 (Zitat S. 131).

12 Antonia Grunenberg: Von Vagabunden und Bio-Mythen. Die Suche nach der wahren Biographie, in: Ebda., S. 10–23 (Zitat S. 13). Vgl. auch Joachim Fest: Was wir aus der Geschichte nicht lernen. Warum Historiker gut daran tun, die biografische Methode stärker zu achten, in: DIE ZEIT Nr. 13 v. 20. 3. 2003.

13 Pierre Bourdieu: L'illusion biographique, in: Actes de la recherche en sciences sociales H. 62/63 (1986), S. 69–72. Übersetzung in: Die biographische Illusion, in: BIOS, H. 1 (1990), S. 75–93 (bes. S. 75 f.).

14 Johannes Kunisch: Friedrich der Große. Der König und seine Zeit, München 2004.

15 Ebda., S. 209.

16 Johannes Willms: Napoleon. Eine Biographie, München 2005, S. 12.

17 Christian Meier: Von der Schwierigkeit, ein Leben zu erzählen. Zum Projekt einer Caesar-Biographie, in: Jürgen Kocka/Thomas Nipperdey: Theorie und Erzählung in der Geschichte, München 1979, S. 230. Vgl. auch ders.: Die Faszination des Biographischen, in: Frank Niess (Hrsg.): Interesse an der Geschichte, Frankfurt/M.-New York 1989, S. 100–111 (bes. S. 101: «Man muß sich den Helden also vom Leib halten.»).

18 Christian Meier: Caesar, Berlin 1982, S. 580.

19 Golo Mann: Wissen und Trauer. Historische Porträts und Skizzen, Leipzig 1991, S. 232–243 (Zitat S. 241).

20 Golo Mann: Briefe 1932–1992. Hrsg. von Tilmann Lahme und Kathrin Lüssi, Göttingen 2006, S. 140.

21 Ebda., S. 289.

22 Walter Mühleisen: Friedrich Ebert 1871–1925. Reichspräsident der Weimarer Republik, Bonn 2006.

23 Zit. nach Stefan Rebenich: Theodor Mommsen. Eine Biographie, München 2002, S. 218 .

24 Vgl. Sebastian Ullrich: Im Dienste der Republik von Weimar. Emil Ludwig als Historiker und Publizist, in: Zeitschrift fürt Geschichtswissenschaft 49 (2001), S. 119–140; ders.: «Der Fesselndste unter den Biographen ist heute nicht der Historiker». Emil Ludwig und seine Biographien, in: Wolfgang Hardtwig/Erhard Schütz (Hrsg.): Geschichte für Leser. Populäre Geschichtsschreibung in Deutschland im 20. Jahrhundert,

Stuttgart 2005, S. 35–56; ders.: Ernst H. Kantowocicz und Emil Ludwig: Zwei Kritiker der Weimarer Geschichtswissenschaft und die «Krisis des Historismus», in: Sozial.Geschichte. Zeitschrift für historische Analyse des 20. und 21. Jahrhunderts H. 2 (2006), S. 7–33.

Zeitgeschichte als Streitgeschichte

1 Zit. nach Jörg Requate: Journalismus als Beruf, Göttingen 1995, S. 11.

2 Vgl. Bernhard Grau: Kurt Eisner. 1867–1919, München 2001, S. 130ff.

3 Vgl. Paul Nolte: Die Historiker der Bundesrepublik. Rückblick auf eine «lange Generation», in: Merkur Jg. 53 (1999), S. 413–431.

4 Ebd., S. 429 f.

5 Michael Freund: Napoleon und die Deutschen. Despot oder Held der Freiheit, München 1969, S. 7.

6 Abgedr. in: Norbert Frei: 1945 und wir. Das Dritte Reich im Bewußtsein der Deutschen, München 2005, S. 7–22.

7 John Horne/Alan Kramer: Deutsche Kriegsgreuel 1914. Die umstrittene Wahrheit, Hamburg 2004.

8 Vgl. Volker Ullrich: Speers Erfindung. Wie die Legende um Hitlers Liebling entstand und welche Rolle Wolf Jobst Siedler und Joachim Fest dabei spielten, in: DIE ZEIT Nr. 19 v. 4. 5. 2005.

9 Zit. nach Stefan Rebenich: Theodor Mommsen. Ein Biographie, München 2002, S. 128.

10 Paul Sethe: Als Deutschland zur Weltmacht griff, in: DIE ZEIT Nr. 47 v. 17. 11. 1961; vgl. dazu Volker Berghahn: Die Fischer-Kontroverse – 15 Jahre danach, in: Geschichte und Gesellschaft, Jg. 6 (1980), S. 403–419.

11 So Klaus Große Kracht: Die zankende Zunft. Historische Kontroversen in Deutschland nach 1945, Göttingern 2005, S. 61.

12 Zit. nach Karl-Heinz Janßen: Gladiatoren, Claque und Galerie. Deutsche Historiker in Berlin, in: DIE ZEIT Nr. 42 v. 16. 10. 1964.

13 Jürgen Habermas: Eine Art Schadensabwicklung. Die apologetischen Tendenzen in der deutschen Zeitgeschichtsschreibung, in: DIE ZEIT Nr. 29 v. 11. 7. 1986; vgl. dazu Steffen Kailitz: Die politische Deutungskultur im Spiegel des «Historikerstreits», Wiesbaden 2001; Ulrich Herbert: Der Historikerstreit. Politische, wissenschaftliche, biographische Aspekte, in: Martin Sabrow/Ralph Jessen/Klaus Große Kracht (Hrsg.): Zeitgeschichte als Streitgeschichte. Große Kontroversen seit 1945, München 2003, S. 94–113.

14 Klaus Große Kracht: Die zankende Zunft (wie Anm. 11), S. 107.

15 So Gustav Seibt: Die Historische Sozialwissenschaft in der Bürgerlichen Öffentlichkeit, in: Paul Nolte u. a. (Hrsg.): Perspektiven der Gesellschaftsgeschichte, München 2000, S. 148.

16 Volker Ullrich: Hitlers willige Mordgesellen. Ein Buch provoziert einen neuen Historikerstreit, in: DIE ZEIT Nr. 16 v. 12.4. 1996; vgl. dazu Julius H. Schoeps (Hrsg.): Ein Volk von Mördern? Die Goldhagen-Kontroverse um die Rolle der Deutschen im Holocaust, Hamburg 1996; Norbert Frei: Goldhagen, die Deutschen und die Historiker, in: Martin Sabrow/Ralph Jessen/Klaus Große Kracht (wie Anm. 13), S. 138–152; Volker Ullrich: Eine produktive Provokation. Die Rolle der Medien in der Goldhagen-Kontroverse, in: ebd., S. 152–170.

17 Klaus Große Kracht: Die zankende Zunft (wie Anm. 11), S. 140.

18 Michael Schneider: Die «Goldhagen-Debatte». Ein Historikerstreit in der Mediengesellschaft, Bonn 1997, S. 8.

19 Peter Weingart/Petra Pansegrau: Reputation in der Wissenschaft und Prominenz in den Medien. Die Goldhagen-Debatte, in: Rundfunk und Fernsehen Jg. 46 (1998), S. 193, 195.

20 Jens Jessen: Schluss mit den Debatten, in: DIE ZEIT Nr. 18 v. 27.4. 2006.

21 Zit. nach Peter Schöttler/Michael Wildt (Hrsg.): Bücher ohne Verfallsdatum. Rezensionen zur historischen Literatur der neunziger Jahre, Hamburg 1998, S. 9.

22 Klaus-Dietmar Henke (Hrsg.): Die Dresdner Bank im Dritten Reich, 4 Bde., München 2006; Georg Bönisch: Vertraute der SS, in: DER SPIEGEL Nr. 4 v. 23. 1. 2006.

23 Vgl. Angelika Epple/Peter Haber (Hrsg.): Vom Nutzen und Nachteil des Internet für die historische Erkenntnis, Zürich 2005.

24 Vgl. Jan Eckel: Hans Rothfels. Eine intellektuelle Biographie im 20. Jahrhundert, Göttingen 2005; Götz Aly: Hitlers Volksstaat. Raub, Rassenkrieg und nationaler Sozialismus, Frankfurt/M. 2005.